자녀가 간절히 바라는 **사랑**,
부모가 진심으로 원하는 **존경**

Love & Respect in the family

부모가 진심으로 원하는
자녀가 간절히 바라는

사랑, 존경

가족

에머슨 에거리치 지음

이지혜 옮김

국제제자훈련원

사랑과 존경을 담아
우리 가족에게 이 책을 바칩니다.

아내에게

내가 아빠 노릇한 것보다 훨씬 더 훌륭하게 엄마 노릇을 해주어서 고맙습니다.

성경 말씀을 빌려 당신을 이렇게 칭찬하고 싶습니다.

"그의 자식들은 일어나 감사하며 그의 남편은 칭찬하기를 덕행 있는 여자가 많으나

그대는 모든 여자보다 뛰어나다 하느니라"(잠 31:28-29).

조나단, 데이비드, 조이에게

우리가 너희의 부모라는 게 자랑스러울 만큼

성숙하고 따뜻하고 책임감 있게 자라주었구나.

돌이켜보면 사랑과 존경을 받지 못해

엄마 아빠를 용서해야 했던 순간이 많았다는 걸 안다.

하지만 우리는 주저앉지 않고 다시 일어나 너희와 함께 성장할 수 있었지.

고맙다, 우리 아이들!

엄마와 나는 너희를 볼 때마다 시편 127편 3절이 떠오른단다.

"보라, 자식들은 여호와의 기업이요 태의 열매는 그의 상급이로다."

감사의 글

경건하고 지혜로운 아내 사라의 기도와 조언, 그 솔직함에 감사의 마음을 전합니다. 말로는 다할 수 없는 아내의 도움 덕분에 이 책을 쓸 수 있었습니다. 아내는 저라면 포기했을 법한 일을 만났음에도 엄마라는 이름으로 아이들을 키워냈습니다. 덕분에 이 책이 나왔으니 실은 아내가 이 책을 쓴 셈입니다. 여보, 고마워!

이 책을 쓰는 동안 각 장을 읽고 솔직하게 의견을 들려준 세 자녀 조나단, 데이비드, 조이에게도 고맙다는 말을 전합니다. 아이들이 없었다면 이 책을 쓸 생각도 하지 못했을 것이고, 쓸 수도 없었을 것입니다.

지난 2년 동안 저와 함께 일한 프리츠 리드너에게 감사를 표합니다. 프리츠는 제가 35년간 기록해온 방대한 정보를 일일이 살피면서 유용한 자료를 선별해주었습니다. 그는 자료 정리를 도와주었을 뿐만 아니라 내 곁을 지키는 친구가 되어주었습니다. 그 고마움은 영원히 잊지 못할 것 같습니다. 프리츠는 이제 팔십대에 접어든 인생 선배입니다. 그분과 함께 지내면서 저 역시 그와 같이 강건하고 지혜로우며 재치 있는 사람으로 나이 들고 싶다는 소망을 품게 되었습니다. 프리츠는 정말 놀라운 사람입니다.

아내의 대학 시절 친구인 조앤 팀스는 집필 막바지에 원고를 꼼꼼히 검토해주었습니다. 그분에게도 고마움을 전합니다. 조앤의 편집력은 그녀가 생각하는 것 이상으로 프리츠와 제게 축복이 되었습니다. 말 그대로 우리에겐 선물과 같은 존재였습니다.

이 책의 원고를 읽고 최종 편집 단계에서 도움을 준 예쁜 며느리에게도 감사 인사를 전합니다. 우리 며느리에게는 아무도 찾아내지 못하는 것을 발견하는 재주가 있습니다.

오랜 세월 자신의 가족 안에서 '사랑과 존경'을 실천해온 많은 분들이 제게 편지를 보내 감동적인 이야기를 나누어주셨습니다. 그분들에게도 감사의 말씀을 전합니다. 편지를 읽는 동안 감동에 북받쳐 눈물을 많이 흘렸죠. 사생활 보호를 위해 가명으로 고치고, 세부 내용을 조금 각색하긴 했지만, 이 책에 담긴 편지 사연은 모두 진실입니다.

"가족 안에 사랑과 존경을"(Love & Respect in the Family)이라는 비전을 전 세계에 전파하기 위해 애쓰고 있는 '얼라이브 커뮤니케이션'(Alive Communications)의 릭 크리스천과, 토머스 넬슨(Thomas Nelson) 출판사의 매트 바우어 및 모든 직원들에게 고마움을 전합니다.

부모와 자녀들에게 큰 도움이 될 거라며 이 책을 집필할 수 있도록 기도와 후원으로 확신을 심어준 "사랑과 존경"의 직원들과 이사회에도 감사합니다.

제가 대학교에 갓 입학했을 때 우리 부모님께서는 그리스도를 영접했습니다. 그때를 생각하면 얼마나 감사한지 모릅니다. 부모님께서 마음을 연 그때부터 우리 가족은 변하기 시작했죠. 과거는 용서하고, 지금 이 모습대로 서로를 사랑하고 존경했으며, 주님과의 영원한 삶을 소망했습니다. 부모님은 지금 예수님이 낙원이라 부르신 곳에 계십니다. 그곳에서 하나님의 완전한 사랑과 영광을 영원토록 누리시기를 기도합니다. 이제 두 분의 빈자리를 대신하여 사랑스런 누이 앤이 저를 위해 기도해주고 있습니다. 앤이 곁에 있음을 주님께 감사드립니다.

부모를 존경하는 자녀와, 자녀를 사랑하는 부모에 관한 놀라운 진실을 알려주시고, 어떤 일이 닥치더라도 주님의 뜻대로 자녀를 양육해야 함을 깨닫게 하신 사랑의 주님, 감사합니다.

우리 집 아이들
이야기

　아이들이 성인이 되면 꼭 책을 써보리라 생각하면서 지금까지 기다렸다. 이제 세 아이 모두 삼십대를 훌쩍 넘겼다. 때가 온 것 같다. 우선 자녀들을 소개한 뒤에 그들의 이야기를 들려주고 싶다.

　큰아들 조나단은 해군에서 임상심리학자 겸 중위로 4년을 복무하고, 미시건 주 그랜드래피즈에서 '사랑과 존경' 상담 사무소를 열었다. 큰 아들은 군대 주둔지 재배치라든가 부부 갈등, 영적 의구심과 같은 중대한 삶의 문제를 직면한 사람들에게 도움을 주고 싶어 한다. 조나단은 사람들의 삶에 변화를 일으킬 수 있는 전문 임상심리학자가 되기 위해 열심히 노력 중이다.

　둘째아들 데이비드는 영상 제작과 관련된 재능을 살려서 '모티비티 픽쳐스'(Motivity Pictures)라는 회사를 운영하고 있다. 우리가 사랑과 존경 메시지를 비디오로 제작할 때 데이비드가 큰 도움을 주었다. 둘째는 우리의 양육 방식을 때로는 견디기 힘들어했지만, 그래도 지금은 자기가 아버지의 가장 열렬한 지지자라며 뿌듯해한다. 얼마 전에는 결혼한 자기 친구들에게 좋은 부모가 되는 법을 강연해달라고 내게 부탁해오기도 했다. 둘째는 친구들이 중요한 것을 놓치고 있는 것 같다며 이렇게 말했다. "다른 사람은 몰라도 아버지의 말씀이라면 제 친구들이 귀담아들을 것 같아요. 제 친구들은 아버지가 하시는 말씀을 꼭 들어야 해요."

우리 부부의 사랑과 존경 사역을 돕고 있는 막내딸 조이는, 별도로 자기 또래를 위한 사역을 시작했는데, 그 모임에서 딸아이는 인간관계에 생명력을 불어넣는 지혜의 말씀을 전하고 있다. 딸아이는 웹사이트(loveandrespectNOW.com)를 통해 자신이 발견한 지혜를 공유한다. 최근에는 딸아이와 함께 '일루미네이션 프로젝트'(Illumination Project)라는 동영상 시리즈를 제작했다. 이 시리즈는 18세에서 35세에 이르는 젊은이를 대상으로 하는데, 사람을 만날 때 어떻게 사랑과 존경을 실천할 수 있는지를 실감나게 보여주기 위해 나와 우리 딸이 나눈 대화를 동영상으로 담았다. 감추고 싶은 우리의 단점까지 낱낱이 드러낼 만큼 솔직한 대화였기에 동영상을 접한 젊은이들에게 많은 도움이 되리라 기대한다.

"얘들아, 너희는 아빠가 쓴 이 책에 대해서 어떻게 생각하니?"

첫째 조나단: 임상심리학자로 살다 보니 상담자들에게 자신의 부모님 이야기를 자주 듣습니다. 그들은 형편없는 부모, 부모이길 포기한 부모, 심지어는 악마 같은 부모에 대한 이야기를 들려줍니다. 그런 말을 듣다 보면 슬프기도 하고, 화가 날 때도 있습니다. 개중에는 과거의 상처를 극복한 후에 새로운 삶을 살고 싶어 하는 분들이 많습니다.

부모에게서 받은 상처를 대물림하기 싫다고 생각하면서 부모와는 다른 길을 걷고 싶은 거죠. 그들은 삶을 변화시킬 만한 지식과 도구, 지혜를 얻길 바랍니다. 아버지가 이 책을 쓰겠다고 하셨을 때 제가 적극 지지했던 이유가 바로 여기에 있습니다.

좀 더 개인적인 이유도 있습니다. 어떤 부모가 좋은 부모인지를 생각할 때면 저는 늘 부모님을 떠올립니다. 조금 오글거린다고요? 그렇더라도 양해해주세요. 이런 긍정적 편애를 갖게 된 것은 부모님의 사랑과 수고 덕분이었습니다. 부모님이 완벽했기 때문은 아닙니다. 어린 시절에는 우리 부모님이 이상적인 부모상과는 거리가 한참 멀다는 생각이 들 때가 많았으니까요. 하지만 온갖 바람과 이슬을 맞으며 포도가 익어가듯, 세상을 살면서 저의 생각도 무르익었습니다. 오랜 세월 보관 중인 맛 좋은 와인을 꺼내듯이 우리 부부도 부모님의 지혜를 음미하면서 이제 출발선에 선 우리 가정을 이끌어가려고 합니다.

마지막으로 덧붙이고 싶은 말이 있습니다. 아버지는 당신이 자식 농사에 성공한 사람은 아닌 것 같다며 한동안 이 책의 집필을 주저했습니다. 제 생각은 달랐습니다. "아버지, 무슨 말씀이세요? 두 분은 정말 훌륭하셨어요. 그 이상이었죠. 아버지와 어머니는 그리스도를 따르면서 최선을 다하려고 애쓰셨어요. 이 책은 사람들에게 도움이 될 거에요. 꼭 쓰세요." 우리를 키워주신 부모님의 수고와 헌신, 그리고 그 과정과 깨달음이 주위에 긍정적인 영향을 미칠 것을 확신하면서 진심으로 이 책을 추천합니다. 이 책이 더욱 특별한 까닭은 아버지의 지혜와 분별이 담겨 있기 때문입니다. 제게 이런 아버지가 계셔서 정말 감사합니다.

둘째 데이비드: 예전에 어머니께서 유방암으로 투병 생활을 하신 적이 있습니다. 아버지로서는, 그날 이후 두 번째로 힘든 일이 이 책을

쓰는 작업인 것만 같았습니다. 책을 쓰시던 2년 동안, 아버지는 우리를 키우면서 경험했을 자잘한 실수까지 생각나셨는지 많이 힘들어하셨습니다. 어머니와 함께 애쓰셨던 양육 과정에서의 기억과 부모로서 부족했던 모습까지 모두 책에 담으려고 하다 보니 마음고생이 심하셨죠.

물론 부모님의 양육 방식 때문에 힘겨운 적도 있었습니다. 하지만 저에게 있어 두 분은 세상 어디에서도 찾아볼 수 없는 최고의 부모입니다. 어떻게 그럴 수 있느냐고요?

아버지는 당신의 체면을 세우기 위해서가 아니라 부모와 자녀의 관계가 어떠해야 하는지를 보여주기 위해 최대한 솔직하게 이 책을 쓰셨기 때문입니다. 읽다 보면 어린 시절 우리가 저지른 수많은 실수와 그 실수를 바로잡기 위해 더 큰 실수를 빚어내는 부모님의 모습을 만나게 될 것입니다.

셋째 조이: 세상의 모든 부모들은 완벽한 가정을 만들기 위한 공식 따위를 찾으려고 혈안이 되어 있지만, 우리에게는 오히려 아버지가 실수 속에서 깨달은 통찰과 경험과 같은 사실들이 더 필요하다고 생각합니다. 여러분은 이 책 곳곳에서 지혜와 조언뿐 아니라 우리 부모님이 저질렀던 실수담도 듣게 될 겁니다(그 실수 때문에 힘겨워하던 시절은 이제 지났습니다). 자녀를 완벽하게 키워야 한다고 믿으며 스스로를 지나치게 압박하고 있는 부모라면 이 책을 통해 평안을 얻게 되길 바랍니다. 세상에 완벽한 가족은 없습니다. 이 책에는 완벽한 공식 대신 망가진 지붕을 수리하고 창틀을 고칠 수 있을 정도의 몇 가지 유용한 도구가 담겨 있습니다.

세 자녀가 입을 모아 말했듯이, 이 책에는 아이들을 키우며 겪은 성공담과 실패담이 고스란히 담겨 있다. 우리를 절망에 빠뜨렸던 힘든 사건들을 공개하는 이유는 다음과 같은 메시지를 전달하기 위함이다.

- 완벽한 가족은 없다. 그 말은 '늙은 아기'나 '빠른 거북'처럼 모순에 가깝다. 가족은 끊임없이 성숙해가는 과정 속에 있기 때문에 미성숙한 게 정상이고, 언제나 책임질 일이 발생하기 때문에 무책임하게 보일 수 있으며, 경건하길 사모하기 때문에 현재의 모습에 불만을 느끼는 게 자연스럽다. 그렇다. 가족은 완벽할 수가 없다.

- 하지만 우리 부부에게는 희망이 있었다. 설령 모자란 게 있어도 포기하지는 말자는 마음으로 소망을 품었다. 우리 이야기가 위안이 되기를 바란다. 우리는 이를 '부정적 위안'이라고 부르는데, 우리의 부족한 모습을 보고 나면 하나님께서 여러분의 가족에게 베푸신 축복을 발견할 것이기 때문이다.

- 아이들이 가끔 제멋대로 굴 때도 있었다. 그러나 그런 순간에도 하나님의 뜻에 따라 양육하려고 했다. 우리에겐 따로 비결이 없었다. 무조건 하나님의 계획을 따르는 게 비결이라면 유일한 비결이었다. 그분의 계획대로 키운다면 하나님 보시기에도 성공적인 양육이 될 것이라고 믿었다. 이 책은 그러한 하나님의 양육 계획을 설명하기 위한 나의 보잘것없는 시도라고 할 수 있다.

자녀를 키울 때도
'사랑과 존경' 전략이 효과가 있을까

당신도 한 번쯤 겪었을 일이다.

카트를 끌고 마트 계산대에 가서 물건을 꺼내고 있는데, 다섯 살 먹은 아이가 떼를 쓰고 있다. 막대 사탕을 못 사게 했기 때문이다. 땅바닥에 누워 발버둥을 치며 울던 녀석이 "엄마 아빠 날 사랑하지 않아!" 하며 꽥꽥 소리를 질러대는 바람에 저만치 뒤에서 햄버거를 빚고 있던 정육점 직원까지 이쪽을 쳐다보았다.

당황한 우리는 아이를 일으켜 세운 다음, 귀에 대고 이렇게 말한다. "이 녀석, 정말 버르장머리가 없구나. 뚝 그치고 당장 일어나지 못해!" 아이는 아랑곳하지 않는다. 울음소리는 떠나갈 듯 커진다. 우리는 당혹감과 좌절감, 실망감에 사로잡혀 도망치듯 가게 문을 빠져나온다. 늘 이런 식이다.

도대체 지금 무슨 일이 벌어진 것일까? 평화롭던 쇼핑이 왜 갑자기 아수라장으로 변한 걸까?

얼마 전에 운전면허를 따고 자동차 열쇠를 빌리려던 여고생 켈리도 비슷한 행동을 한다. 아빠는 이렇게 말한다. "켈리, 오늘 밤엔 안 되겠구나. 미안하다." 켈리는 입을 삐죽 내밀고 투덜거린다. "왜 이러세요? 나한테는 전혀 관심도 없죠? 난 지금 차가 필요하다고요! 운전해도 좋다고 했잖아요! 다들 나만 미워해!"

태초 이래 거의 모든 아이들은 자기들이 정당한 사랑이나 관심을 받지 못하고 있으며, 심지어 '나만 미워하는 것 아니냐'는 마음을 이처럼 과격한 방식으로 표현해왔다. 아이들은 자기가 원하는 것을 얻지 못할 때 어떻게 해야 부모의 마음을 움직일 수 있는지 본능적으로 알고 있는 것 같다. 그런데 그들이 단순히 원하는 것을 얻으려고 그런 불만을 터뜨리는 것일까? 만일 아이가 정말로 사랑받지 못한다고 느끼는 것이라면 어떻게 할 텐가? 아이의 진심이 무엇인지 알기 힘든 그런 순간이 제법 많다.

한편 부모 입장에서는 아이의 반응을 이해하기가 쉽지 않다. 충분히 납득할 만한 이유를 들어 설명한 것 같은데 왜 아이는 받아들이지 못할까? 그럴 때 부모는 무시당했다고 느낀다.

왜 이런 일이 반복될까?

자녀의 연령대나 성별과 상관없이 부모가 쓸 수 있는 전략을 하나 알려주겠다. 이 전략을 제대로 활용하기 위해, 부모 자녀 관계에서 동일하게 발견되는 두 가지 기본 원리를 살펴보기로 하자.

1. 자녀는 사랑받기 원한다.
2. 부모는 존경받기 원한다.

말을 듣지 않는 아이 때문에 속이 터지는 부모 가운데 "넌 날 사랑하지 않는구나!"라고 말하는 사람은 없다. 그보다는 "왜 이렇게 버릇이 없니?" 하고 꾸짖는 경우가 흔하다. 부모는 존경받길 원하는데, 특히 갈등 상황인 경우에는 더욱 그렇다. 반대로, 화가 났을 때 "엄만 날 존경하지 않아요"라고 칭얼대는 아이는 없다. 그보다는 입을 뿌루퉁하게 내민 채 이렇게 말한다. "엄만 날 사랑하지 않아." 아이들은 사랑받길 원하는데, 특히나 부모와 대립 중인 경우에 더욱 그렇다.

반가운 소식은, 아이는 자신이 사랑받는다고 느낄 때 부모에게 긍정적으로 반응할 준비가 되며, 부모도 자신이 존경받는다고 느낄 때 아이를 다정하게 대하려는 마음이 생긴다는 사실이다. 이처럼 서로 간에 사랑과 존경이 충족될 때 가정에 행복이 찾아온다.

물론 반대의 경우도 비일비재하다. 사랑받지 못했다고 느끼는 자녀는 버릇없는 행동으로 부모 속을 뒤집어놓는다. 존경받지 못했다고 느낀 부모는 사랑을 갈구하는 자녀의 마음에 생채기를 낸다. '가는 말이 고와야 오는 말이 곱다'라는 말처럼 누군가에게서 시작된 부정적인 작용은 상대방에게 똑같은 수준의 부정적인 반작용을 불러일으킨다. 가정에서 벌어지는 작용 – 반작용의 역학은 가족 관계의 악순환(Family Crazy Cycle)으로 이어지면서 가정을 차가운 암흑 상태로 바꿔버린다. 사랑받지 못한 자녀는 부모를 무시하는 행동으로 대응하고, 존경받지 못한 부모는 자녀가 사랑을 느낄 수 없는 방식으로 대응한다.

성경에서도 사랑이 필요한 자녀와 존경이 필요한 부모에 대한 언급이 있다. 부모는 존경받기를 원하며, 이는 부모의 마땅한 권리라고 분명히 지적한다. "네 부모를 공경하라"(출 20:12)는 자녀들에게 부모를 존경하라고 누누이 말씀하시는 수많은 구절 중 하나다. 또한 자녀들은 사랑과 세심한 이해를 필요로 하고 이를 갈구하는데, 성경도 부모들에게 그런 사랑을 베풀어야 한다고 가르친다. 디도서 2장 4절, 에베소서 6장 4절, 골로새서 3장 21절 등 부모의 책임을 언급하거나 묘사한 구절을 찾아보라.

부모라면 누구나 알다시피, 성장기 아이들이 한결같은 모습으로 부모를 존경하고 공경하는 것은 아니다. 버릇없이 구는 자녀에게 한없이 인자한 모습으로 사랑을 베푸는 것은 쉽지 않다. 가령, 마트 계산대 앞에서 잔뜩 심술을 부리며 굴욕감을 안겨주는 어린 자녀에게 부모가 어떻게 따뜻한 시선을 보낼 수 있겠는가? 브로드웨이 무대에 세워도 손색없을 연기를 펼치며 "엄마는 세상에서 제일 나빠" 하며 소리 지르는 사춘기 딸을, 부모가 어떻게 꼭 끌어안아 줄 수 있을까?

우리 부부 역시 세 아이를 기르는 동안 일촉즉발의 사태를 많이 만났다. 전투에서는 승리했지만 전쟁에서는 졌다는 말이 무엇인지도 알게 되었다. 아내가 들려주는 다음 이야기를 들어보면 이 글을 쓰는 우리도 여러 불완전한 부모들 중 하나일 뿐임이 잘 드러난다.

어느 날 대화 중에 큰아들 조나단이 이렇게 말했어요. "엄마, 엄마는 완벽한 가족을 원하셨는데 뜻대로 되지 않았네요!" 저는 깜짝 놀랐죠. 그런 말은 입 밖에도 낸 적이 없었지만 암묵적으로 그런 낌새를 내비쳤던 모양이에요. 어린 시절 편모슬하에서 자랐던 까닭에 내 가정만큼은 불완전하게 만들고 싶지 않았어요. 하지만 큰아들의 말을 듣는 순간, 간담이 서늘해졌어요. 응접실에 혼자 남아 아들의 말을 곱씹다 보니 눈물이 쏟아졌어요. 저는 하나님께 부모님의 실수를 보상해달라고 자주 기도하곤 했죠. 그 보상으로 하나님이 완벽한 아이들을 주실 거라 생각했던 걸까요? 이 책을 보면 아시겠지만 우린 완벽한 부모가 아니며 우리 아이들도 완벽하지 않습니다. '완벽한 가족'이란 없으니까요! 기운 내세요. 우린 모두 비슷한 처지거든요.

이 책을 준비하면서 창세기부터 계시록까지 성경을 모두 뒤져보았는데 생각보다 많은 구절이 자녀 양육에 관한 내용을 담고 있었다. 그 말씀들을 여러분과 함께 나누고, 내가 실수를 통해 배운 일이나 제법 잘해낸 일을 비롯해 사적인 경험담도 소개하려고 한다. 이제 서른 줄에 접어든 아이들은 가정사의 행불행을 모두 공개해도 좋다는 데 동의했으니 염려는 붙들어매도 좋다.

그렇다면 이제 어떻게 이야기를 풀어볼까?

이 책에서 나는 부모와 자녀가 사랑과 존경을 주고받을 때 일어나는 놀라운 변화에 대해 말하려고 한다. 이를 통해 우리는 다음과 같은 사실들을 배우게 될 것이다.

- 가정이 가정다워지려면 사랑과 존경이 필요하다.
- '가족 관계의 악순환' 고리를 끊는 방법을 배운다.
- G-U-I-D-E-S라 부르는 여섯 가지 성경 원리를 따라 자녀를 올바로 양육하는 법을 배운다.
- 반항심을 잠재우고 어리광을 눈감아주는 법을 배운다.
- 성숙한 어른이 되는 법을 배운다. 양육은 오롯이 어른이 감당할 몫이기 때문이다.
- 자녀의 성별에 따라 팀으로 활동하는 법을 배운다.
- 설령 자녀가 부모를 무시하는 순간에도 자녀에 대한 사랑을 놓지 않는 법을 배운다.

양육은 믿음을 향해 떠나는 모험이다. 우리가 "그리스도께 하듯" 자녀를 양육한다면 하나님의 말씀처럼 "각 사람이 무슨 선을 행하든지 종이나 자유인이나 주께로부터 그대로 받을" 것이다(엡 6:8).

어쩌면 당신은 양육 과정에서 좌절감에 사로 잡혀 두 손 두 발 다 들고 싶은 시절을 지나고 있는지도 모르겠다. 그럴 때마다 당신에게 버틸 수 있는 힘이 되었으면 하는 바람으로 이 책을 썼다. 자녀가 어리다면 아직 조금 더 여유가 있을 테고, 설령 사춘기 자녀라고 해도 관계를 개선할 시간은 충분하다. 나아가 자녀가 이미 어른이 되어 부모 품을 떠났다고 해도 이 진리의 말씀은 부모 자녀 관계에 변함없이 적용된다.

　　사랑과 존경의 원리만큼 부모와 자녀의 관계를 효과적으로 개선하는 것을 찾기는 쉽지 않다. 이제 사랑과 존경이 어떻게 우리 가정을 변화시켰는지를 하나씩 살펴보자.

　　　　　　　　　　　　　　　　　　　　　에머슨 에거리치

1부

가족 관계의
악순환

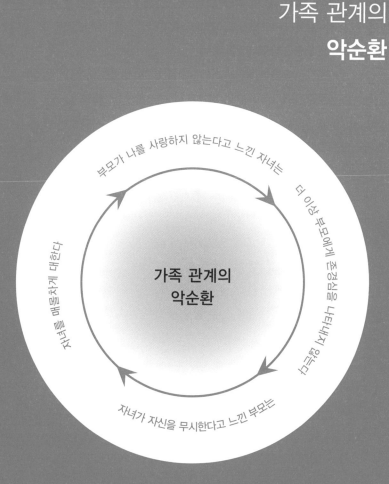

부모가 나를 사랑하지 않는다고 느낀 자녀는

더 이상 부모에게 존경심을 나타내지 않는다

**가족 관계의
악순환**

자녀를 매몰차게 대한다

자녀가 자신을 무시한다고 느낀 부모는

부 모 입장에서 성경을 다시 읽어보니 몇 가지 흥미로운 점이 눈에 들어왔다. 우선, 자녀들에게 부모를 '공경하라'는 말씀은 있었지만, 자녀들에게 부모를 '사랑하라'고 하는 명령은 나오지 않는다.

이와 유사하게, 부모들에게는 자녀들을 '존경하라'는 명령은 주어지지 않았고, '사랑하라'는 명령만 주셨다(딛 2:4). 이 말씀에 나오는 '사랑'은 '필레오'(phileo), 즉 우정 어린 사랑이며, 하나님의 조건 없는 사랑인 '아가페'(agape)로 자녀를 사랑하라고 명하지는 않는다.

나는 하나님이 부모 마음에 자녀들을 향한 아가페 사랑을 두셨다고 믿는다[1]. 그러나 본능적으로는 부모가 아이에게 아가페 사랑을 느낀다 하더라도, 어떤 일로 좌절하거나 화가 났을 때에는 불친절한 모습이 나타날 수 있기 때문에, 그때 아이는 사랑받지 못한다고 느낄 수 있다. 그런 상황에서 아이는 부모에게 버릇없이 행동할 가능성이 있다.

이것이 바로 "가족 관계의 악순환"이다! 즉, 사랑받지 못했다고 느낀 아이는, 부모 편에서 보면 불손하다고 느낄 수 있는 방식으로 반응한다. 또한 존경받지 못했다고 느낀 부모는, 아이 입장에서는 사랑을 못 받고 있다고 느껴지게끔 대응한다. 이런 악순환은 특단의 조치를 취하지 않는 한 꼬리에 꼬리를 물고 이어지며, 때로는 하루 종일 되풀이되기도 한다.

가족 관계의 악순환이 극에 달했을 때는 어떻게 해야 할까? 1부에서는 사태가 악화될 때 나타나는 징후와 이를 해독하는 방법을 배우고, 갈등이 통제 불능 상태에 빠지기 전에 사태를 수습할 수 있는 전략을 함께 살펴보려고 한다.

1

아이들이 말만 잘 들으면,
세상에 '나쁜 부모'는 없겠지

1986년 어느 무더운 여름날이었다. 우리 가족은 즐거운 휴가를 마친 후 차를 타고 집으로 돌아오는 길이었다. 무척 평화로운 시간이었다. 하지만 바람결에 불행의 씨앗이 날아들었다. 집까지는 300킬로미터쯤 남았을 무렵이었다. 당시 열 살, 여덟 살, 네 살이었던 조나단, 데이비드, 조이가 사소한 일로 말싸움을 벌이기 시작했다. 우리는 "당장 그만두라"고 주의를 주었지만 아이들은 들은 척도 하지 않고 계속 싸웠다. 아이들의 말싸움은 휴게소에 들러 점심을 먹을 때까지도 계속되었다. 우리는 이쯤에서 말싸움이 그치길 바랐지만 사태는 진정될 기미가 보이지 않았다. 조이는 끊임없이 조나단을 들볶았고 데이비드는 형과 동생 모두에게 툴툴거리고 있었다. 참다못한 아내가 폭발했다. "다 그만두고 싶어!" 아내는 자리를 박차고 일어나 저만치 떨어진 빈 테이블로 가서 털썩 주저앉았다. 나는 얼른 아이들을 불러 모아 화장실로 데려갔다.

탁자에 앉아 있던 아내는 한 무리의 오토바이 여행객들을 물끄러미 쳐다보고 있었다. 그들은 목을 축이고 잠시 햇빛을 피하기 위해 그

늘을 찾아든 모양이었다. 군화에 소매 없는 진 재킷을 입고 팔에 문신을 새긴 사람들이 오토바이에 오른 후 시동을 걸고 사라지는 모습을 아내는 넋 놓고 지켜보고 있었다. 그 순간 아내는 이런 생각을 했다고 한다. '육아라는 이 무거운 짐을 다 내려놓고 저렇게 저녁노을 속을 내달리는 기분은 과연 어떤 것일까?' 아내는, 정말로 가족을 포기하려 했던 건 아니었지만 부모 노릇이 너무 힘든 나머지 도망치고 싶었던 것 같다고, 그래서 더럭 겁이 났노라고 그때를 떠올렸다.

아이들을 데리고 돌아와 차에 태운 다음, 아내가 앉아 있는 탁자로 다가가자 아내는 속마음을 털어놓기 시작했다. 결론부터 이야기하자면, 진절머리가 난다는 말이었다. (실제로는 1분 남짓한 시간이었지만) 영원과도 같은 침묵이 흐르는 동안 우리 두 사람은 멍하니 허공을 바라보았다. 이제 남편이 나설 차례인 듯했다. 우스갯소리로 분위기를 전환하고 싶은 마음에 "혼자만 가려고? 가려면 같이 갑시다!" 뭐, 그런 비슷한 말을 던졌던 것 같다. 하지만 아내의 표정을 보니 더는 말을 붙일 수가 없었다. 차로 돌아오는 내내 어색한 침묵만 흘렀다. 아내는 어깨를 축 늘어뜨리고 눈물이 그렁그렁한 눈으로 이렇게 말했다. "모든 게 다 엉망진창이에요. 낙오자가 된 기분이라고요."

위로의 말을 건네고 싶었지만 아내의 얼굴에는 절망감이 가득했다. 그때 아내는 패배감에 빠져 있었고, 솔직히 말해, 나도 똑같은 기분이었다.

최근에 이 이야기를 다시 꺼냈을 때 아내는 이렇게 고백했다. "당신 말고는, 누구에게도 이 이야기를 꺼낸 적이 없어요. 왜 그렇게 자포자기하는 심정에 빠졌는지 스스로도 용서하기 힘들었거든요."

어쩌면 당신에게도 이런 경험이 있을지 모른다. 내가 이끄는 한 워크숍에 어느 젊은 엄마가 참석했다. 그녀는 행사를 마친 후 날 만나러 와서는 그날 아침에 있었던 일을 털어놓았다. 그녀는 세 아이들과 한바탕 난리법석을 떤 끝에 사건의 주동자인 아홉 살짜리 아들을 앉혀 놓고 이렇게 으박질렀다고 한다. "너, 예수님 만나고 싶어?" 그러고는 아들이 대답하기도 전에 재빨리 이렇게 덧붙였다. "당장 그만두지 않으면 지금 당장 그렇게 될 줄 알아!"

물론 자신이 내뱉은 말을 실행하려는 의도는 없었다. 마치 내 아내가 오토바이를 타고 가족을 떠나 먼지 속으로 사라지는 상상에 몸을 맡겼듯, 그녀도 정신이 번쩍 들도록 아들에게 경고를 던지고 싶었을 뿐이었다. 그게 어떤 기분인지 부모라면 다 안다. 아이들이 말만 잘 듣는다면 아주 간단히 해결될 일이다. 하지만 대부분은 일이 그렇게 간단치 않다. 아이가 버릇없이 굴 때면 부모들은 도대체 뭐가 잘못되었는지 이유를 캐내려고 애쓰지만, 오히려 그럴수록 아이는 더 버릇없이 날뛸 뿐이다.

이럴 때는 어떻게 해야 할까? 상황은 제각각이다. 크고 작은 말싸움이 벌어질 때도 있고, 쌓였던 분노가 폭발할 때도 있다. 혹은 계속 징징거리며 달라붙는 경우도 있다. 그때는 두려워하지 말고 "이제 가족 관계의 악순환이 시작되었구나"라고 인정하는 것으로 시작해보자.

23쪽에 나오는 가족 관계의 악순환 도표를 보라. 부모가 아이를 사랑으로 대하지 않으면(또는 아이가 사랑을 느끼지 못하면) 아이는 부정적으로 반응한다. 그리고 아이가 말을 듣지 않거나 버릇없이 굴면 당신은 무시당했다고 느낀다. 존경받지 못한 부모는 부정적인 반응을 보이는데(실제로 자주 그렇다) 이런 모습은 아이에게 더욱 매정하게 느껴진다. 그러면 아이는 '사랑받고 싶다'는 마음을 표현하기 위해 징징대거나 꾸물거리는 등 점점 더 심술궂게 행동한다. 그렇게 악순환은 이어진다.

불행으로 막을 내린 우리 가족 휴가의 경우는, 사랑받지 못했다고 느껴서 저희들끼리 티격태격 싸운 것은 아니었다. 비좁은 차에 너무 오래 갇혀 있다 보니 으레 짜증이 났을 뿐이다. 그런 갈등은 주위에서도 심심치 않게 접할 수 있는 광경이다. 조나단은 책을 읽고 싶었고, 조이는 무료함을 달래기 위해 조나단의 관심을 끌고 싶었다. 조이가 조나단을 가만두지 않자 조나단이 짜증을 낸 것이다. 그림을 그리고 싶었던 데이비드는 조이가 팔꿈치를 쳐서 그림을 망쳤기 때문에 화가 났다.

문제는 아이들을 조용히 시키려는 우리 부부의 끈질긴 노력에도 불구하고 아이들이 싸움을 그치지 않았다는 데 있었다. 아내와 나는 무시당했다고 느꼈고, 이럴 때는 어떻게 대처해야 좋을지 답을 찾지 못했다. 아이들이 고분고분 말을 듣지 않을 경우 대개 부모는 무시당했다고 느낀다.

그날의 경험을 통해 우리는 가족 관계의 악순환이 시작될 무렵에 유용하게 사용할 수 있는 질문 세 가지를 추려냈다.

1. 아이는 자신이 사랑받지 못하고 있다고 느끼는가?
2. 부모는 존경받지 못하고 있다고 느끼는가?
3. 이런 상황에도 불구하고 어떻게 하나님의 뜻에 따라 아이들을 키울 수 있을까?

가족 관계의 악순환을 다루는 이번 장에서는 처음 두 가지 질문을 살펴볼 것이다. 가장 중요한 세 번째 질문에 대해서는 2부 "힘이 되는 선순환"과 3부 "보상을 받는 선순환"에서 살펴보기로 하자. 그럼, 이제부터 언제, 왜 아이가 사랑받지 못한다고 느끼는지, 그리고 언제, 왜 당신이 존경받지 못한다고 느끼는지에 대해 좀 더 깊숙이 들어가 보도록 하자.

첫 번째 질문에 대해 말하자면, 나는 필요 이상으로 아이들을 엄격하게 훈육해서는 안 된다고 강조하고 싶다. 아이들은 어린아이 특유의 무책임과 이기심, 심지어는 공공연한 반항심 때문에 부모 속을 시시때때로 뒤집어놓는다. 기분이 나쁘거나 자기 뜻대로 되지 않을 때 아이도 그 사실을 당신에게 알리고 싶어 한다. 아이들 입장에서는 지금 당장 사랑이 필요하거나 혹은 최소한 관심이라도 끌어야 할 때가 있다. 유치하고 어설픈 방법이지만, 어쨌거나 아이가 칭얼거리거나 짜증을 내면 사랑을 원한다는 뜻이다. 아이는 부모에게서 사랑을 공급받는다. 아이는 당신의 사랑을 필요로 하며, 언제나 어떤 순간에서나 부모의 사랑을 갈구한다.

막내딸 조이가 다섯 살이었을 때다. 조이는 아프다고 칭얼거리면서 아빠가 옆에 있어주길 바랐다. 마침 나는 설교 준비 때문에 마음이 바빴지만 짜증을 잠시 접어두고 아이 옆에 누웠다. 조이는 이렇게 말했다. "안아주세요." "그래, 조이. 사랑받을 시간이 필요했던 거구나." 그때 들은 딸아이의 대답을 나는 평생 잊지 못할 것이다. "당연하죠. 아빠라면 그 정도는 아셔야죠." 내가 딸아이를 여러 번 안아주자 조이는 거짓말처럼 나았다. 잠시 후, 조이는 신이 나서 뒤도 돌아보지 않고 놀러 나갔다. 그날 이후로 나는 "우리 아이는 지금 사랑받지 못하고 있다고 느끼는 것인가?"라는 물음이 중요하다는 사실을 배웠다.

그리고 그때 내 마음속에 똬리를 틀고 있던 또 다른 질문이 있었다. "나는 존경받지 못하고 있다고 느끼는 건가?" 그렇게 느낄 때가 종종 있었지만, 다 큰 어른이 이런 기분에 사로잡히는 게 괜찮은 것인지 솔직히 확신이 서지 않았다. 내가 너무 아이처럼 구는 건 아닌지 고민스러웠다. 어쩌면 아이들은 그저 자기 나이에 맞게 행동했을 뿐인데 내가 너무 예민한 것은 아닌지 헷갈렸다.

가족 관계의 악순환이 첫 번째 국면을 맞이하여 아이들이 부정적인 행동을 드러낼 때 당신은 그 상황을 어떻게 받아들이는가? '이 녀석이 지금 버릇없이 굴고 있네. 아이들이라면 부모에게 순종해야지. 이런 행동을 그냥 두고만 볼 수는 없어!' 하고 생각한다면 당신은 본능적으로 반응하는 것이다. 세상의 모든 부모는 부모가 된 순간부터 자녀라면 무조건 부모를 존경해야 한다고 생각한다. 대부분의 부모들은 "네 부모를 공경하라"(출 20:12)는 제5계명도 알고 있다. 사도 바울은 에베소서 6장 1-2절에서 하나님의 제5계명을 상기시키며 이렇게 적었다. "자녀들아… 너희 부모에게 순종하라… 네 아버지와 어머니를 공경하라."

이처럼 부모의 권위를 뒷받침해주는 성경 말씀을 접한 우리는 아이들을 순종적으로 키워야 한다는 강박에 시달리면서, 지나치게 엄격히 훈육하다가 뜻대로 되지 않는 아이 때문에 좌절하고 분노한다. 아이로서는 그저 또래 아이답게 행동했을 뿐인데, 부모가 과민 반응을 보이면서 가족 관계의 악순환이 시작되는 경우다. 뜻하지 않은 부모의 꾸지람에 아이들은 자신이 부당한 대접을 받았다고 여긴다. 이렇게 해서 가족 관계의 악순환에 말려들게 된다.

"내가 존경받지 못하고 있는 것 같아"라고 느낀다면 이렇게 자문해보자. "그런데 내가 그렇게 느껴야 하는 건가?" 곧바로 답변할 문제는 아니다. 깊이 생각하면서 중심에서 대답을 이끌어내야 하는 중대한 질문이다. 아이에게 불손한 의도가 없다면 화를 내는 게 이상할 수 있다. 무책임한 행동과 불손한 행동은 다르다. 무책임한 행동이 불손하게 느껴질 수 있다는 점은 나도 인정한다. 예를 들어 아이에게 우유 컵을 쏟지 않도록 조심하라고 여러 번 주의를 주었는데도 아이가 팔꿈치로 컵을 쳐서 쓰러뜨렸다. 이때가 중요한 순간이다. 그때 무시당했다는 기분이 들 수도 있다. 조심하라고 몇 번이나 당부했잖아! 하지만 지금이야말로 오래된 격언을 되살릴 순간이다. "이미 엎질러진 우유를 어쩌겠는가!" 그렇다. 아이가 식탁을 우유 바다로 만든 것은 사실이지만, 애들이란 원래 주의가 산만한 게 당연하지 않나? 자녀가 때때로 무책임할 때도 있지만 이를 불순함과 혼동해서는 안 된다.

"하지만 제가 하루에도 몇 번이나 애들 뒤치다꺼리 때문에 애를 먹는지 당신은 모르실 거예요." 나도 잘 안다. 우리 세 아이는 우유 쏟는 데 비상한 재주를 타고났다. 그럼, 우리 부부는 모범적인 방법으로 아이들을 대했을까? 물론 아니다. 오히려 아내는 솟구치는 화를 가라앉히기 위해 이렇게 기도해야만 했다. "주님, 제가 감정적으로 반응하지 않도록 도와주세요."

사실 아이들은 자기가 사랑받지 못한다고 느끼기 때문이 아니라 아직 어리기 때문에 그러는 것인데 부모는 욱하는 감정을 참지 못하거나 혹은 부모 역할에 좌절감을 느끼거나 혹은 단순히 피곤해서 짜증을 낼 때가 있다. 한 번만 더 우유를 엎질렀다간 화산이 폭발할지도 모른다. 바로 그 순간 우리는 설령 무시당했다고 느끼지는 않더라도 부정적으로 반응할 확률이 높다. 하지만 우리가 이때 기억해야 할 것이 있다. 우리의 차가운 눈초리를 보면서 아이들은 '엄마가 나를 사랑하지 않는가 보다' 하고 느낀다는 점이다. 이렇게 가족 관계의 악순환 고리가 작동하기 시작한다.

그럴 때마다 우리 모두는 이렇게 기도해야 한다. "주님, 제가 감정적으로 반응하지 않도록 도와주세요." 사람은 순간적인 감정을 참지 못하고 죄성을 드러낼 수도 있지만, 하나님께 도움을 구하면 마음을 진정시킬 수 있다. 부모인 우리는 하나님의 긍휼(시 103:13)—아버지가 자녀에게 보이는 긍휼에 빗대어 묘사했던 바로 그 긍휼—을 보여줄 필요가 있다. 하나님은 이 방면에서 좋은 본이 되신다.

영화 〈후크〉(Hook)를 본 사람이라면 피터 배닝(로빈 윌리엄스 분)이 아들 잭과 함께 비행기를 탄 장면을 기억할 것이다. 피터는 주변 사람들을 끊임없이 짜증 나게 만드는 아들 때문에 좌절한 나머지, 결국 이렇게 말한다. "이런 젠장, 뭐가 문제야? 대체 언제까지 애처럼 굴 건데?" "하지만 전 아직 앤데요"라고 잭이 대답하자 아빠 피터가 재빨리 쏘아붙인다. "제발 나잇값 좀 해라!"

웃자고 만든 장면이긴 하지만, 피터 배닝은 그 순간 제대로 부모 노릇을 하지 못했다. 로빈 윌리엄스와 비슷한 성격의 아버지를 두었던 내 경험으로 미루어보자면, 무뚝뚝한 부모의 차가운 한마디는 아이를 자극하고 격분케 하여 결국 영혼을 좀먹게 만든다.

그런 순간이 내 기억에도 생생히 남아 있다. 내가 아직 채 세 살도 되지 않았을 때, 아버지가 어머니 목을 조르려고 두 손을 뻗는 장면을 목격했다. 나는 아버지에게 달려들어 조그만 주먹으로 때리기 시작했다. 아버지는 내 머리를 휘갈겼고 나는 울며 주저앉았다. 아버지는 어머니를 놓아주었고, 잠시 후 어머니는 흐느끼기 시작했다. 이 사건 이후 어린 나는 수없이 자문했다. "아빠는 나를 사랑하는 걸까?"

아버지는 시종일관 나를 부관심한 태도로 대했고, 나는 불손한 행동으로 반응했다. 왜 이런 일이 벌어지는지를 알 수 없었지만, 나는 아버지에게 변함없는 부성애를 갈구하고 있었던 것 같다. 하지만 원하던 일은 일어나지 않았다. 어린 시절 내내, 아버지는 내게 당혹감과 거부감을 안겨주었다.

언젠가 뒤뜰에서 뭔가를 하고 계시던 아버지를 도와드린 적이 있었는데 별 도움이 되지 못했다. 아버지는 무척 짜증을 내셨다. 지금도 아버지가 던졌던 그 말이 귓가에 쟁쟁하다. "이런 쓸모없는 놈 같으니! 앓느니 죽지!" 그 말에 자신감을 잃은 나는, 커서 아무것도 할 수 없을 거라고 생각했다.

어머니가 아니었다면 나는 아버지에게 완전히 마음의 문을 닫아버렸을 것이다. 어머니는 사랑이 넘치는 분이었고, 그 손길은 어린 시절 내 마음에 스며들었다. 아버지에게서 받은 상처와 좌절감, 분노를 어머니에게 말씀드리면 어머니는 이렇게 대답하시곤 했다. "글쎄다, 네 아빠는 백일이 채 못 되어 아버지를 여의어서 아빠가 된다는 게 뭔지 잘 모를 게다. 아빠는 아빠 없이 자랐거든. 그래서 아빠 노릇이 서투른 거야."

어머니의 대답은 유년 시절을 보내는 데 어느 정도 도움이 됐다. 그러나 십대에 접어들자 어머니는 생각을 고쳐먹었다. 내가 아버지와 함께 지내면 계속 악영향을 받을 거라고 생각했던 것 같다. 어머니는 나를 사관학교에 보내려고 했다. 아버지도 반대하지 않았다(십대 아들과 사사건건 부딪치는 게 껄끄러웠기 때문일 것이다). 열세 살부터 열여덟 살까지 나는 사관학교에 다녔다. 열여섯 살 되던 해에 나는 그리스도를 나의 주님이자 구세주로 모시게 되었고, 하나님이 "모든 것이 합력하여" 나에게 선을 이루심을 보고 믿게 되었다(롬 8:28).

이렇게 하여, 어린 시절의 상처로 인해 사랑받지 못한다고 느끼는 아이의 내적 갈등과 필요에 대해 나는 그 누구보다 충분히 이해하게 되었다. 버릇없이 굴려는 의도가 없었는데도 제대로 이해받고 사랑받지 못한다고 느끼는 많은 아이들의 마음을 공감할 수 있었다.

하지만 부모가 된다는 것은 또 다른 일이었다. 목사가 되어 여름 캠프에서 설교하던 때였다. 저녁 예배 설교를 시작할 시간이 되었는데 열 살 먹은 둘째아들 데이비드가 버릇없이 굴기 시작했다. 둘째는 그때 하고 싶은 게 있었다. 그러나 우리는 여유 부리고 있을 시간이 없었다. 당시의 기분이 선명히 떠오른다. '이 녀석이 지금 일부러 반항하는 거야. 제멋대로 못하게 하니까 앙갚음하려고 무례하게 구는 거라고.'

나는 데이비드를 데리고 나와 차에 태웠다. 둘만 있는 공간에서 녀석을 설득할 참이었다. 데이비드는 뒷자리에, 나는 앞자리에 앉았다. 나는 데이비드에게 말을 건넸지만 냉랭한 침묵이 돌아왔다. 점점 더 무시당하는 느낌이었다. 데이비드의 무례함에 화가 난 나는 아이에게 고함을 질렀다. 아들은 후회하거나 잘못했다는 기색 없이 입을 꾹 다문 채 창밖을 내다보았다. 상황은 점점 꼬여만 갔다. 설교 시간이 임박했다. 데이비드를 데리고 다시 강당으로 들어갔다. 위선자가 된 기분이었지만 감정을 추스르고 설교에 집중하려고 애썼다. 이날의 사건이 흥미로운 이유는, 나는 당시의 사건과 감정을 생생히 기억하는 반면 데이비드는 전혀 기억하지 못한다는 점이다. 아이들은 우리가 얼굴을 붉히며 들춰낸 아픈 사건에 대해서는 거의 기억하지 못했지만, 우리가 전혀 떠올리지 못하는 일에 대해서는 마음 깊은 곳에서 끄집어내는 경우가 많았다. 부모 노릇이 다 이렇다!

그날 일을 곰곰이 되짚어본다. 아들이 떼를 쓴 이유는, 사랑받지 못했다고 느꼈기 때문은 아닌 것 같다. 어쩌면 데이비드는 단지 나와 함께 있기를 원했던 것뿐인데 아버지가 설교 준비에 쫓겨 시간을 내주지 못하자 문득 소외감을 느낀 것일 수도 있다. 만일 그때 내가 한 걸음 물러서서 아이의 마음을 이해하고 침착하게 대처했더라면 갈등을 피할 수 있었을까? 단정할 수는 없다. 데이비드는 정말 제멋대로 하고 싶은 나머지 말도 안 되는 생고집을 부렸던 것일지도 모른다. 그 나이의 아이가 떼를 쓸 때는 종종 아무 이유가 없지 않은가. 정확한 이유가 무엇이었든 한 가지는 확실하다. 내가 분노를 터뜨리면서 데이비드를 버릇없는 아이로 몰아간 일은 아이의 마음을 여는 데 전혀 도움이 되지 못했다는 사실이다.

우리 눈에 버릇없어 보이는 행동 때문에 아이들에게 망신을 준 경우는 이외에도 많았다. 아내는 이렇게 말했다. "아이들이 보내는 암호에 대해 우리가 좀 더 여유를 가지고 푸는 일을 하지 못한 것 같아요. 제 기억으론 우린 늘 즉각 반응했어요. 충분히 생각하면서 기다렸다가 천천히 다가갈 수도 있었을 텐데." 나도 동의한다. 우리는 준비도 없이, 조준하기도 전에 총을 쏜 셈이다. 육아에 있어서 우리는 늘 팽팽한 긴장 상태에 놓여 있었다.

　나도 이런 말을 했던 게 생각난다. "이런 일은 우리 어머니처럼 해결해야 할 것 같아. 어머니는 어떤 말씀이나 행동을 하기 전에 조용히 앉아 생각하곤 하셨거든."

　만일 내가 어머니와 같았다면 차 안으로 끌고 가는 대신 데이비드와 캠프의 밤을 보내면서 아이의 암호를 좀 더 해독할 수도 있었을 것이다. 하지만 지금 알고 있는 것을 그때는 몰랐다. 양육은 오롯이 어른 몫이라는 분명한 사실을 시행착오를 거듭하면서 배워야만 했다. 그렇다. 부모인 우리가 아이의 암호를 해독하고 먼저 움직여야 한다. 암호 해독은 예술이다. 2장에서는 아이가 보내는 암호에 어떻게 다가가야 좋을지를 좀 더 깊숙이 파헤쳐보자.

2

가족 관계의 악순환 끊기 ①
암호를 해독하라

둘째아들 데이비드가 이십대 시절, 어린이 야구 리그에서 심판을 보고 있을 때였다. 어느 날 학부모 한 명이 술에 취한 채 야구장에 나타났는데, 하필이면 바로 그때 그 사람의 여덟 살 먹은 아이가 외야 중앙에서 한쪽 안경알을 잃어버렸다. 아이 아버지는 야구장을 어슬렁거리며 안경알을 찾다가 아들을 다그치기 시작했다.

데이비드는 타임아웃을 요청한 뒤 외야 쪽으로 사람들을 데리고 가서 안경알을 함께 찾았다. 그런데 그 아버지는 계속해서 아들을 윽박지르고 욕설을 퍼붓는 것이 아닌가. 그러더니 누가 말릴 틈도 없이 어린 아들의 얼굴에 주먹을 날렸다. 아이는 나가 떨어졌다. 인사불성인 아버지는 비틀거리며 구장을 빠져나갔다.

아이는 충격을 받은 듯 가만히 누워 있었다. 잠시 후 눈물을 삼키며 일어나 앉았다. 울지 않기로 마음먹은 것 같았다. 데이비드는 아이에게 다가가 꼭 끌어안아 주며 부드럽게 말했다. "걱정 마. 일부러 잃어버린 것도 아니잖아. 안경알은 우리가 찾아줄게. 아무 일 없을 거야.” 그제야 아이는 울음을 터뜨렸다.

데이비드에게서 처음 이 이야기를 듣고는 마음이 무척 아팠다. 데이비드도 그날의 사건이 자꾸 눈에 밟히는지 종종 화제로 꺼내곤 했는데 매번 들을 때마다 눈물이 솟았다. 데이비드가 아이를 어루만진 순간, 어린 소년은 흐느껴 울었다. 아이의 여린 영혼이 사랑에 반응한 것이다.

당신이 여덟 살 때 어땠는지 기억나는가? 이 자그마한 소년은 안경알을 잃어버린 후 혼란에 빠졌다. 아마도 어린 마음에, 안경알을 잃어버리는 '나쁜 짓'을 해서 부끄럽다고 생각했을지 모른다. 자신이 일부러 그러지 않았다는 것은 알지만 그 나이에 의도적인 잘못과 실수를 구분하기는 어렵다. 단지 아버지가 단단히 화를 내는 것을 보니 자신이 뭔가 분명 나쁜 짓을 저질렀다고 느끼는 것이다. 그래서 아이는 다른 사람들도 자신에 대해 아버지와 똑같이 생각하고 있다고 믿었다. 세상의 손가락질과 차가운 눈초리를 떠올리며 이 어린아이는 그 순간 얼마나 부들부들 떨었겠는가.

이 작은 사람들을 업신여기지 말라

지금쯤 당신은 고개를 갸웃할지도 모른다. 이런 슬픈 이야기와, 부모가 풀어야 할 암호 사이에 어떤 관계가 있다는 말인가? 술 취한 그 아버지는 어떤 암호를 해독할 수 있는 상태가 아니었다. 내가 이 소년의 사례를 언급한 이유는 이런 이유 때문이다. 현재 눈앞에서 벌어지는 일 때문에 부모가 존경받지 못한다는 느낌을 받을 때조차도 아이들은 부모의 사랑을 간절히 필요로 하며, 부모는 아이들의 마음과 현재의 상황을 해석해야 함을 강조하려는 의도였다. 어떤 상황이 벌어지든 우리는 첫 번째로 이런 질문을 던져야 한다. "이게 무슨 상황이지?

뭐가 문제인 거야?" 아이 안경에서 안경알이 빠졌다는 것은 겉으로 드러난 문제일 뿐이다. 하지만 아버지가 아이에게 욕설을 퍼붓고 때려 눕히면서 근본적인 문제가 튀어 나왔다. 그 일로 아이는 "우리 아빠는 나를 사랑하지 않는구나"라는 거부할 수 없는 감정에 사로잡혔다.

안경알을 잃어버렸다는 죄책감과 두려움 때문에 아이는 극심한 고통에 휩싸인다. 아버지의 고함소리에 영혼이 짓밟히고, 아버지의 주먹에 마음이 부서졌다. 하나님은 그 아이를 사랑받는 존재로 창조하셨지만, 그때만큼은 버려졌다. 적어도 아이 입장에서는 그렇게 생각할 수밖에 없었다. 그래서 아이는 눈물을 삼켰다. 자신이 그 상황에서 울음을 터뜨리면 사태는 악화될 것이라고 아이는 지레짐작했다. 너무나 외롭고 두려웠다.

바로 그때, 누군가가 자기 어깨에 손을 올리고 팔로 감싸 안는 것을 느꼈다. 어떤 어른의 부드러운 목소리도 들렸다. "걱정 마. 일부러 잃어버린 것도 아니잖아. 안경알은 우리가 찾아줄게. 아무 일 없을 거야." 그 말에 아이는 울음을 터뜨렸다. 그것은 사랑이고 존경이었다. 모든 사람은 사랑받고 또한 존경받기를 갈망하며 부르짖는다. "누구날 사랑해줄 사람 없나요? 내가 누군가에게 특별한 존재이기는 한 건가요?"

잠언의 저자는 "마음의 근심은 심령을 상하게 하느니라"(잠 15:13)라고 말하고, "심령이 상하면 그것을 누가 일으키겠느냐?"(잠 18:14)라는 예리한 질문도 던진다.

소년의 이야기는 우리가 쉽게 상상하기 힘든 극단적이면서도 위협적인 비극의 속살을 정확히 드러낸다. 내가 이 아픈 이야기를 끄집어내는 까닭은 당신이 그런 아버지와 같을 것이라고 생각해서가 아니라, 아이들에게는 연약하고 상처받기 쉬우며 동시에 존귀한 영혼이 있음을 상기시키기 위해서다.

아이들의 영혼이 위축되고 상처 입었다는 것은 심각한 문제다. 골로새서 3장 21절에서 사도 바울은 "아비들아, 너희 자녀를 노엽게 하지 말지니"라고 경고한다. 왜 그랬을까? 그들이 "낙심할까 함이라." '낙심'이라는 단어가 특히 의미심장한데 아이가 위축되었을 때 어떤 일이 일어나는지 매우 적절히 설명하고 있기 때문이다. 아이들의 축 처진 어깨와 침울한 얼굴빛, "다 필요 없어!" 하고 외치는 소리에서 그런 낙심을 읽을 수 있다.

아이를 때리는 것만 아이를 위축시키는 것이 아니다. 가혹한 말이나 차가운 눈초리, "너는 왜 네 언니처럼 성적이 좋지 않은 거야?"처럼 비교하는 말로도 아이는 위축될 수 있다. 화가 나거나 짜증이 난다고 아이를 패배감에 빠뜨리거나 낙심케 하는 일이 없도록 항상 조심해야 한다. 아이들은 마음이 연약하여 쉽게 당혹감에 빠지고 어떻게 해야 부모를 기쁘게 할 수 있을지 몰라 혼란스러워 한다. 아이들의 영혼이 차갑게 얼어붙을수록 그들은 우리에게서 조금씩 멀어진다. 아이들이 낙심할수록 우리는 아이들의 마음을 잃는다.

● 사랑받지 못한 영혼은 분노를 통해 자신을 표현한다

하지만 위축된 영혼만 문제가 되는 것은 아니다. 사랑받지 못한 아이는 또한 분노하는 모습을 보인다. 어떤 아이들은 어깨를 움츠리기보다는 분노를 폭발시킨다. 그런 아이들은 마치 자신의 정서적인 생존이 거기에 달린 듯 강렬하게 저항한다. 사도 바울이 말했듯이 어떤 아이들은 부모로 인해 노여워하기도 한다(엡 6:4). 나의 어린 시절을 돌아봐도 아버지는 툭하면 나를 화나게 했다. 아버지가 '의도적으로' 그랬던 것은 아니라고 확신한다. 실제로 아버지는 좋은 분이었지만 변덕스런 기질이 있어서 내 속을 그렇게 긁어놓았던 것이다.

유독 떠오르는 사건이 하나 있다. 나는 어머니가 계시는 부엌으로 들어가 고기 자를 때 쓰는 큰 칼을 서랍에서 꺼낸 다음, 아버지를 죽이겠다고 어머니에게 말했다. 나는 용감한 척 온갖 소란을 다 피웠지만 솔직히 다 허세였다. 화가 난 건 사실이었지만 아버지를 죽일 생각은 없었다.

내 본심을 알 턱이 없는 어머니는 기겁을 했다. 그토록 두려움에 벌벌 떠는 어머니를 본 적이 없었다. 충격에 빠진 어머니의 모습에 나는 덜컥 겁이 났다. 나의 그 말 한마디가 어머니를 벼랑 끝까지 몰아붙였음을 깨달은 순간, 나는 칼을 내놓으라는 어머니의 부탁에 순순히 칼을 넘겨드렸다.

부모님은 이 사건에 대해 철저히 함구한 걸로 기억한다. 아마도 어머니는 아버지께 한마디도 꺼내지 않았을 것이다. 만일 두 분이 나에게 이렇게 물어보셨다면 어땠을까? "아들아, 무슨 생각을 한 거니? 우리가 네게 관심이 없다고 생각하니? 이야기 좀 해보렴." 만약 아버지가 내가 몹시 화난 것을 알아차리고 이렇게 다가오셨더라면 어떻게 되었을까? "아빠한테 화가 많이 난 것 같은데, 내가 어떻게 화나게 만들었는지 말해보렴. 너에게 용서를 구해야겠구나." 나는 사랑받지 못한다고 느꼈고 그래서 무례하게 행동했다. 그러나 아버지는 침묵으로 일관했고, 그런 침묵은 나에 대한 무관심의 다른 표현 같았다.

골로새서 3장 21절에 나온 '위축된 영혼'과 에베소서 6장 4절에 기록된 '분노한 영혼'은 둘 다 문제이지만[2] 이 가운데서도 분노는 종종 끔찍한 결과로 이어진다. 사랑받지 못하는 아이는 분노에 불타올라 격앙된 상태로 스스로를 몰고 가거나 혹은 자신의 분노를 마음 깊이 꼭꼭 숨겼다가 궁지에 몰렸을 때 폭발시킨다.

이런 이야기들은 잊을 만하면 한 번씩 뉴스에 등장한다. 어떤 아이(주로 십대)가 총을 들고 등교하여 친구들과 교사들에게 무차별 난사를 퍼붓는 사건 말이다. 화가 났다고 해서 모두 총을 집어 드는 건 아니지만 가능성은 늘 잠재되어 있다. 물론 학생들이 저지르는 총기 난사 사건에 그 부모가 직접적인 책임이 있는 것은 아니다. 3부 "보상을 받는 선순환"에서 살펴보겠지만, 아이들은 부모의 영향력과는 무관하게 스스로 결정을 내리는 존재다. 그럼에도 사도 바울은 분명히 경고한다. "아비들아, 너희 자녀를 노엽게 하지 말고"(엡 6:4). 부모들은 이 명령을 가슴에 새겨야 한다. 아이가 지은 죄를 부모가 책임질 필요는 없지만(겔 18:1-3, 20), 성경은 아버지의 죄가 삼사 대 후손까지 영향을 미칠 수 있다고 가르친다(출 20:5). 부모 역할은 너무나 중요하며 가깝게는 자식에게, 멀게는 손자와 증손에게까지 영향을 끼친다.

지금 무슨 일이 벌어지고 있는 것일까

아이를 위축시키거나 화를 북돋는 일은 늘 벌어진다. 사랑받지 못했다고 느끼는 아이는 무례하게 행동하며, 이로 인해 존경받지 못했다고 느끼는 부모는 또다시 바보 같은 짓을 저질러서 아이를 패배자로 만든다. 사소했던 문제가 점점 커져 심각한 문제로 발전한다. 일단 가족 관계의 악순환 구조가 작동하기 시작하면 벌어진 일과 무관하게 아이는 부모의 애정을 확인하려고 한다. 기억하라. 암호를 해독하는 첫 번째 단계는 우리의 마음에서 무슨 일이 벌어지는지 '분별하는' 것이다. 이것은 두 단계로 진행된다.

1. 내 아이의 마음속에서는 무슨 일이 일어나고 있는가?
2. 내 마음속에서는 정말로 무슨 일이 일어나고 있는가?

아이의 영혼이 위축되거나 분노로 폭발하면 부모는 반드시 이런 질문을 던져보아야 한다. "우리 아이는 지금 사랑받지 못했다고 느낀 건가?" 부모의 영혼이 위축되거나 분노로 폭발하면 또다시 자문해보아야 한다. "지금 나는 존경받지 못했다고 느낀 건가?"

아이의 행동이 부모를 화나게 하고 짜증 나게 만들었다면 부모는 한 걸음 물러서서 그 상황을 바라보고 스스로에게 질문해야 한다. "나는 왜 이 일로 화를 내는가, 내 아이는 왜 화가 났는가? 아무것도 아닌 사소한 문제가 왜 이렇게 큰일이 되어버렸을까?" 이런 생각은 방을 어지럽히고, 잠자리에 들지 않겠다고 고집 부리고, 통행금지 시간을 어기는 일처럼 사소한 일상사에서 시작되지만 곧 사태는 악화되어 아이나 부모, 또는 양쪽 모두의 마음 깊숙한 곳에 상처를 남긴다.

● 사소한 일은 어떻게 악화되는가

사소한 일상사가 걷잡을 수 없이 큰 문제로 변질되었다는 말은, 아이의 영혼과 부모의 영혼에 전혀 다른 상황이 벌어지고 있다는 뜻이다. 이 점을 이해하는 것이 매우 중요하다. 다음 세 가지 시나리오를 통해 사소한 문제가 어떤 식으로 큰 문제로 악화되는지 살펴보자.

에피소드 1

놀이 시간이 끝났으니 낮잠을 자야 한다는 말을 들은 네 살배기 여자아이는 화가 머리끝까지 나서 장난감 상자가 있는 다른 방으로 달려가 곰 인형과 아기 인형들을 끄집어냈다. 엄마는 아이의 팔을 꽉 붙잡고 소리를 지른다. "안 돼! 그만! 이제 잘 시간이야!" 엄마는 소리 지르며 발버둥치는 딸아이를 붙잡아 침실로 데려간다. 딸아이를 침대에 눕히고 한숨을 돌린 엄마는 혼잣말로 속삭였다. "얘는 왜 이리 고집이 셀까? 가끔이라도 말을 좀 들어주면 얼마나 좋아?"

낮잠 시간이니 그만 놀아야 한다는 사소한 문제가 서로에게 상처를 주는 큰 문제가 되어버렸다. 짜증 나고 지친 엄마는 상념에 빠진다. '왜 딸아이는 내 말을 듣지 않는 걸까?' 마찬가지로 네 살배기 딸아이는 스스로 불행하다고 여기면서 이불 속에서 소리를 지르며 흐느끼다 잠이 든다. "엄마는 나를 사랑하지 않아!"

에피소드 2

소파 위 쿠션에다 야구공을 던지는 열 살짜리 아들을 아빠가 혼내고 있다. 불과 며칠 전 아빠는 아들에게 집 안에서 공 던지기를 하지 말라고 타일렀다. 아들이 "까먹었어요"라고 답하자 아버지는 버럭 소리를 질렀다. "까먹은 게 아니잖아. 자꾸 거짓말하면 오늘 오후 야구 경기에 못 나갈 줄 알아!"

풀이 죽은 아들이 소파 위에 벌렁 드러누웠다. 이제 사태는 사랑과 존경이라는 문제로 번진다. 아빠가 아들에게 고함을 지른 이유는 소파 옆에 깨지기 쉬운 값비싼 전등이 놓여 있기 때문이다. 그는 며칠 전에도 아들에게 경고장을 던졌기 때문에 "까먹었다"는 아들의 말을 믿을 수 없다. 그는 아들이 솔직하지 못할 뿐 아니라 거짓말마저 늘어놓고 있다고 느낀다. 존경받지 못하고 무시당했다는 감정이 아빠를 곧 사로잡기 시작한다. 아들은 자신이 부당하게 대우받고 있으며 사랑받지 못했다고 느낀다. 소파에 드러누운 아들은 울상이 되어 '아빠는 나쁜 사람이고 억울하게도 자기를 거짓말쟁이로 몰았다'고 믿는다.

에피소드 3

방을 치우지 않는 열다섯 살짜리 딸에게 소리를 지르는 엄마와, 더 큰 목소리로 맞고함을 지르는 딸도 있다. 이쯤 되면 더 이상 지저분한 방이 문제가 아니다. 딸아이는 방 정리를 하라는 잔소리를 들으며 어린아이 취급을 당했기 때문에 기분이 언짢다. 그렇다면 엄마는? 이번 주에만 벌써 세 번이나 방 정리를 하라고 잔소리를 했던 터라 이번에는 완전히 무시당했다는 느낌을 받는다. 사춘기의 딸아이는 엄마 말에 순종하지 않는다. 성경은 분명 "자녀들아, 네 부모를 공경하라"라고 권면한다. 엄마는 딸아이 뒤를 쫓아다니며 버릇없는 행동을 꾸짖으려 하지만, 가족 관계의 악순환이 시작되면 성경 말씀은 가볍게 무시당한다.

당신도 오늘 아침이나 어젯밤에 이런 세 가지 유형 중에 하나쯤은 겪었을지 모른다. 어떤 일이 벌어졌는지와는 상관없이 결론적으로 아이는 사랑받지 못한다고 느끼고 부모는 존경받지 못한다고 느낀다.

암호 해독의 첫 단계는 위축되거나 폭발한 아이의 영혼에 집중하는 것이다. 그 다음에는 스스로에게 물어보라. "우리 아이가 사랑받지 못한다고 느끼고 있는가?" 그와 동시에 혹시라도 부모 자신의 영혼이 위축되거나 폭발한 상태는 아닌지에 대해서도 분별할 수 있어야 한다. 당신이 이것을 알아차렸다면 스스로에게 물어보라. "나는 존경받지 못하고 있다고 느끼는가?"

● 아이 때문에 기분이 상했다면 그렇다고 인정하라

부모들은 자신이 존경받지 못하고 있다는 느낌을 부인하는 경향이 있다. 감정이 상해서 화를 낸다고 인정하기 싫은 것이다. 하지만 눈앞에 벌어진 사태를 파악한 후에는(암호 해독) 자기감정을 깔끔하게 인정하는 편이 훨씬 낫다. 당신은 화가 나고, 존경받지 못한다고 느끼며, 어쩌면 휴가에서 돌아오는 길에 들렀던 휴게소에서 아내가 느꼈던 것과 동일한 기분에 사로잡힐 수도 있다. "모든 게 다 엉망진창이야. 난 형편없는 부모라고."

일단 자신이 가족 관계의 악순환에 빠졌음을 알게 되었다면 어떻게 해야 할까? 자, 앞서 살펴본 세 가지 에피소드로 되돌아가 보자.

나는, 십대 자녀들과 갈등을 겪고 있으면서도 그 이유를 몰라 답답해하는 부모들과 이야기할 기회가 많다. 세 아이를 키우면서 비슷한 일을 경험했기 때문에 그런 부모들에게 공감하는 편이다. 당신은 십대 딸(이나 아들)이 찬바람을 쌩쌩 일으키거나 무뚝뚝하게 구는 모습을 보며 이렇게 생각한다. '뭐가 문제지? 부모를 이런 식으로 대하면 안 되지!' 십대들은 번번이 당신의 심기를 불편하게 만든다.

가장 먼저 찾아오는 유혹은 잘잘못을 철저히 가려 당신을 무시한 딸아이를 꾸짖으려는 마음이다. 하지만 당신도 알다시피 그건 별로 현명한 방법이 아니다. 우리는 아이 마음속에서 무슨 일이 일어나고 있는지를 먼저 해독해야 한다. 이때는 이런 질문을 던져본다. "딸아이가 무례한 것일까, 아니면 아직 아이라서 자기중심적인 것일까?" 일반적으로 십대들은 자신의 요구와 욕망에 사로잡혀 있을 뿐, 타인의 요구와 욕망에는 별 관심이 없다.

이런 이유 때문에, 쉽지는 않겠지만 한 발짝 뒤로 물러서서 이렇게 자문하는 것이 좋다. "다른 십대들도 다들 비슷하게 행동하는 걸까?"(다시 말해, 지금 이 아이의 미성숙함과 자기중심성은 또래에게서 흔히 볼 수 있는 일반적인 것인가?) 그 대답은 "아마도… 아니, 솔직히 말하자면 그렇긴 하지"일 것이다.

다음으로 심호흡을 크게 하고 스스로에게 던져야 할 질문은 이것이다. "아이가 고의적으로 무례하게 행동한 것이라고 단정 지을 것인가, 아니면 냉정을 잃지 않고 무슨 일이 일어나고 있는지 관찰할 것인가?"

존경받지 못한다고 느낄 때 이런 질문을 던지는 것이 쉽지 않음을 나도 인정한다. 하지만 가족 관계의 악순환을 끊고 싶다면 힘을 내야 한다. 당신이 느끼는 그 불쾌함의 정체를, 아이들이 부모를 무시하는 탓이라고 해석해서는 안 된다. 이부자리가 널브러져 있고 옷가지는 방바닥을 뒹굴고 있는 모습을 보면서 속이 터져도 아이가 당신을 무시한다고 속단해서는 안 된다. 그런 때에는 아이의 말을 무조건 믿어주는 편이 훨씬 낫다. 부모와 한바탕 난리를 겪으면서 십대들은 조금씩 어른이 되어가며, 다른 사람을 배려하는 법을 배운다.

에피소드로 돌아오면, 열다섯 살 먹은 딸은 방을 치우려고 했는데 학교에 전학 온, 귀여운 남자아이를 놓고 친구와 문자메시지를 주고받느라 깜빡했을 수도 있다. 이럴 때 오가는 문자메시지가 한두 개에 그치지 않으리라는 것은 너무 당연한 일 아닌가. 남자아이를 화제 삼아 수다를 떠는 건 스웨터를 옷걸이에 걸거나 빨랫감을 바구니에 넣는 일보다 훨씬 더 흥미진진하다. 딸아이가 무책임하게(미성숙하고 자기중심적으로) 행동한 것은 사실이다. 그렇다고 해서 꼭 무례하다고 볼 필요는 없다.

물론 나 역시 이런 문제로 딸아이와 다툰 적이 있다. 딸아이가 십대였을 때는, 만약 이웃집 세 살짜리 꼬마가 딸아이 방에 들어간다면 그 난장판에서 길을 잃어 꼬박 이틀간 수색해야 꼬마를 찾을 수 있을 것이라고 말했다. 하지만 보시라, 이제 성숙하고 유능한 청년이 된 조이는 더 이상 그렇게 살지 않는다. 적어도 대부분의 시간은 그렇다. 성탄절이 되어 집에 오면 옛날 버릇이 다시 도지기는 하지만.

규칙을 무시하는 자녀를 무조건 용납하라는 말은 아니다. 오히려 아이가 무책임하고 미성숙하거나 자기중심적이라는 생각이 들수록 최대한 인내심을 발휘하되 단호하게 대처해야 한다. 십대인 딸아이와 방을 깨끗이 정리정돈하기로 이미 합의했고 당신이 어떤 모습을 기대하는지 아이가 알고 있다면, 당신은 아이에게 약속을 일깨워주고 왜 아직도 방을 치우지 않았는지 설명해보라고 요구하면 된다. 방을 치우지 않으면 어떤 벌을 감수하기로 했는지 합의한 바가 있다면 그 내용을 아이에게 알려주라(예를 들면, 핸드폰 사용 제한 등). 그 합의 사항을 이번 일에 적용할지 말지는 당신이 결정한다(아이들의 무책임을 다루는 부분은 7장을 참고하라).

우리 부부가 경험을 통해 터득한 원리가 있다. 아이들에게 스스로 성장하고 책임감 있게 행동할 수 있는 기회를 충분히 주라는 것이다. 점점 더 커질 수밖에 없는 사춘기 자녀의 독립심을 존중해줄수록 아이는 더욱 사랑받고 있다고 느낄 것이다. 아이가 자라 사춘기에 접어들수록 사랑도 필요하지만 존중받고 싶어 하는 욕구 또한 커진다. 그러므로 정중하게 대우받고 싶다면 그에 따른 책임도 있음을 알게 하라. 아이들의 무책임한 행동을 못 본 척 넘어가는 것은 존중이 아니며 도리어 상호간의 신뢰를 무너뜨리는 계기가 된다. 당신도 부모에게 이렇게 물었던(최소한 생각만이라도 해보았던) 적이 있지 않은가? "왜 내 생각은 존중해주지 않죠? 왜 날 믿어주지 않으세요?"(11장 "분홍 공주, 파랑 왕자 양육법"을 참고하라.)

소파 쿠션에 야구공을 던지던 열 살짜리 아이는 어떤가? 당신 아이가 그 또래라면 이 상황에 쉽게 공감할 것이다. 고함을 지르고 야구 경기장에 데려가지 않겠다고 협박하기보다는, 잠시 멈추어 가족 관계의 악순환의 고리가 가속되고 있음을 우선 인지하라. 그 악순환이 갑작스레 속도를 올려 미친 듯이 굴러가게 해서는 안 된다.

집 안에서 공놀이를 하지 말라고 여러 번 타이른 것은 사실이다. 아이는 아마도 당신의 말을 잊어버리고 충동적으로 공을 던졌을 것이다. 아이가 작정하고 당신에게 반항하려고 그렇게 한 것은 아니다. 따라서 지금 아이에게 필요한 것은 엄한 질책과 훈육이지, 고함을 지르고 거짓말쟁이라고 비난하는 게 아니다. 이런 감정적 반응은 가족 관계의 악순환을 지속시킬 뿐이다.

그렇다면 낮잠을 거부하고 계속 놀고 싶어 했던 네 살배기 꼬마는 어떤가? 이런 경우 나는 미취학 아동을 키우는 엄마들을 많이 이해하는 편이다. 제멋대로인 아이는 쫓아가서 잡아다가 침대에 눕혀야 한다. 달리 무슨 방법이 있겠는가? 대충 넘어가고 포기하여 아이가 제멋대로 굴도록 내버려둘 참인가? 그래서는 곤란하다. 이런 기 싸움에서는 엄마가 이겨야 한다.

아이가 울다 지쳐 잠이 들었다고 죄책감을 느껴야만 할까? 그렇지 않다. 그만 놀고 낮잠을 자라는 엄마의 부탁을 딸아이가 들어주지 않았다고 해서 존경받지 못한다고 느껴야 할까? 단연코 그렇지 않다. 딸아이는 그저 네 살답게 행동한 것뿐이다. 애처럼 굴긴 했지만 무례한 것은 아니었다.

울다 지쳐 잠이 든 딸아이는 사랑받지 못한다고 생각했을까? 그랬을지도 모른다. 하지만 그보다는 동물 인형 친구들을 모아놓고 하소연을 했을 가능성이 크다. 잊지 말라. 이 아이는 네 살이고 무척 까다로운 고집불통이다.

내 요점은 이렇다. 아이의 마음속에서 무슨 일이 벌어지고 있는지 해독하는 과정에서, 아이가 악착같이 부모 말을 듣지 않으려 한다고 속단해서는 안 된다. 이부자리가 정돈되어 있지 않고 야구공이 거실을 날아다니거나 낮잠 시간을 지키지 않는다고 하더라도 말이다. 아이가 몇 살이건 간에 당신이 엉뚱한 결론을 내린다면 불쾌함과 분노를 느낄 수밖에 없다. 격앙된 반응은 십중팔구 과잉반응으로 이어진다. 그렇게 사랑받지 못한다고 느끼는 아이는 당신이 존경받지 못한다고 느낄 수 있는 방식으로 반응한다. 이런 상황에 이르면 방이 지저분하다든가, 조심성 없이 공을 던진다든가, 잠을 자지 않는다든가 하는 사소한 문제들이 심각한 문제로 변질되고, 가족 관계의 악순환이 시작된다.

맹렬한 전투 중에도 냉정을 유지하라

당신의 애정 없는 반응과 아이의 위축되거나 화가 난 대답은 가족 관계의 악순환에 올라탈 수 있는 두 장의 탑승권이다. 그런 상황에서 당신이 가장 먼저 떠올려야 하는 것은, 아이가 미성숙하고 자기중심적이긴 하지만 그렇다고 해서 버릇없는 것은 아니라고 가정하는 것이다. 우리는 젖 먹던 힘까지 다하여 '버릇없다'는 생각이 떠오르지 못하도록 막아야 한다. 그렇지 않으면 흔히 다음과 같은 일이 일어난다.

- 소리 지르는 아이를 향해 똑같이 소리 지르기
- 화가 나서 땅바닥에 나뒹구는 아이에게 불같이 화를 내기
- 세상에서 가장 나쁜 부모라는 말에 대해 "넌 세상에서 제일 못된 아이야!"라고 맞받아치기
- 아이들이 거짓말을 했을 때 받게 될 징계에 대해 부풀려 말하기
- 아이들이 낙심할 정도로 짜증 내기
- 뾰로통하게 화가 나 아이들 앞에서 신세 한탄하기
- 아이들의 불합리함에 똑같은 수준의 불합리함으로 맞서기
- 아이들의 어리석은 말과 행동을 우리의 어리석음과 조급함 때문이라고 연관 짓기

요점은 이것이다. 미성숙하고 자기중심적이며 무책임하게 보이는 아이의 행동을 전부 싸잡아서 '버릇없음'으로 정의해버린다면, 당신은 앞으로도 자주 오판을 내릴 뿐 아니라 그러한 당신의 엄격함은 가족 관계의 악순환을 부추기게 될 것이다.

해결책은 사랑과 존경에서 찾을 수 있다. 아이들이 우리에게서 존경받을 권리를 잠시 빼앗아간 것처럼 보이더라도 우리는 아이들에게

서 사랑받을 권리를 빼앗아서는 안 된다. 양육은 오롯이 어른들의 몫이다. 매일매일 벌어지는 가족 간의 사소한 싸움에서 우리는 성숙한 자세로 대처해야 한다. 맹렬한 전투 중에도 우리는 냉정하고 침착하며 정돈된 모습을 유지할 수 있어야 한다.

암호 해독은 우리에게 중요한 일이지만, 그와 동시에 꼭 밟아야 하는 두 번째 단계가 있다. 무슨 일이 있어도 아이들을 사랑한다는 행동을 확실히 보여줌으로써 그 상황에서 긴장을 풀어야 한다. 이것은 쉬운 일이 아니지만 하나님이 도우시면 가능하다. 그것이 왜, 어떻게 가능한지는 다음 장에서 설명하겠다.

3

가족 관계의 악순환 끊기 ②
긴장을 풀어라

2장에서 우리는 가족 관계의 악순환을 끊기 위해 밟아야 할 첫 단계가 무엇인지 살펴보았다. 당신과 아이의 영혼에 무슨 일이 벌어지고 있는지 해독하는 일이 우선이었다. 가벼운 일상사가 순식간에 감당하기 힘든 갈등으로 커지는 모습을 우리는 많이 보았다. 아이는 사랑받지 못한다고 느끼고, 당신은 무시당한다고 느끼면서 문제가 증폭된다.

암호 해독은 중요하긴 하지만 가족 관계의 악순환을 끊기 위한 첫 걸음에 불과하다. 시한폭탄의 스위치가 켜지고 주인공은 5분 안에 파란 전선과 빨간 전선 가운데 하나를 끊어야 하는 영화의 한 장면을 기억할 것이다. 진땀을 흘리던 주인공은 떨리는 손으로 뇌관을 제거하고 기폭 장치의 작동을 중지시킨다. 시한폭탄은 '0:01'에서 멈춘다.

사실 부모들은 하루에도 수차례 터지기 일보 직전의 상황을 만난다. 그 짧은 시간 동안 부모는 왜 이런 문제가 계속 생기는지 파악해야 할 뿐 아니라 빨리 뇌관을 제거해야 한다. 어떻게 해야 자녀들의 폭발을 멈추고 가정을 평화롭게 지킬 수 있을까? 또한 부모 스스로도 부정적인 감정의 격랑을 진정시킴으로써 눈앞에 던져진 화약에 불을 붙이지 않으려면 어떻게 해야 할까?

하나님은 아이들이 사랑받고 싶어 안달하도록 만드셨다. 하지만 불행하게도, 죄성을 지닌 우리 아이들은 사랑받지 못한다고 느낄 때면 부모에게 버릇없이 행동한다. 하나님은 그런 때를 만나면, 부모인 우리가 아이들 안에 잠재된 애통함과 원망의 마음을 없애기 위해 힘쓰라고 말씀하신다. 또한 하나님은 부모들이 존경받고 싶어 하도록 만드셨다. 불행하게도, 죄성을 지닌 우리는 존경받지 못한다고 느낄 때면 자녀를 차갑게 대한다. 우리는 자신 안에 잠재된 경솔함과 성마름을 없애야 한다.

어떻게 그렇게 할 수 있을까? 문득 정신을 차리고 보니 가족 관계의 악순환이 슬슬 시동을 걸고 있거나 이미 그 악순환에 빠져버렸다면? 이럴 때 당신은 다섯 단계를 밟아가며 문제를 해결해야 한다. 그 다섯 단계 중 일부를 앞서 2장에서 다루었고, 이번 장에서는 암호 해독 단계를 거쳐 긴장 제거 단계로 옮겨 갈 때 당신이 따라야 할 몇 가지를 살펴보고자 한다.

- 타임아웃을 외치라.
- 무턱대고 아이가 무례하다고 짐작하지는 말라.
- 가족 관계의 악순환에 대한 기본 지식을 가르치라.
- 아이에게 부모의 사랑을 확인해주라.
- 불완전함을 인정하라.

때로는 이 다섯 단계를 전부 거쳐야 하는 경우도 있다. 반면 타임아웃을 외치는 것만으로도 충분할 때도 있다. 각 단계가 다른 단계와 중복되는 부분도 있지만 어쨌든 이 다섯 단계는 당신이 가족 관계의 악순환을 끊는 데 도움을 줄 것이다.

흥분이 고조되면 타임아웃을 외쳐라

잠언 17장 14절은 '타임아웃'에 관해 멋진 비유를 들어 설명하고 있다. "다투는 시작은 둑에서 물이 새는 것 같은즉 싸움이 일어나기 전에 시비를 그칠 것이니라." 언쟁이나 의견 충돌로 인해 불꽃이 일기 시작하면 그 즉시 갈등을 수습해야 한다. 그러고는 모두가 흥분을 가라앉힌 후에 그 문제를 되짚어보는 것이다.

부모들과 대화를 나누면서 알게 된 사실인데 대다수의 가정이 불필요한 갈등을 겪고 있었다. 최초에 일어난 마음의 불꽃이 힘을 얻어 커질 때까지 아무도 손을 쓰지 않기 때문에 그런 일이 벌어진다. 우리 모두는 그런 때에 손을 놓고 있다가 분노의 불길이 사방으로 번졌던 일을 경험했다. 성경적(이고 실용적)인 해결책은 일이 눈덩이처럼 커지기 전에 말싸움을 그만두는 것이다. 어린아이라면 자기 방으로 들어가거나 의자에 앉거나 아니면 어떤 식으로든 물러나서 흥분을 가라앉힐 필요가 있다. 좀 더 큰 아이라면 평정심을 되찾기 위해 10분 정도는 차분히 기다릴 수 있을 것이다. 어른인 우리도 마찬가지다. 타임아웃은 짜증이 분노로 돌변하지 못하도록 막아준다.

나는 우리 아이들에게 이렇게 말하곤 했다. "우리 열 좀 식히자." 열을 올리면 문제를 제대로 다룰 수 없다. 서로 흥분을 가라앉히고 존중하는 목소리, 사랑스러운 말투로 대화를 나누어야 상대방의 말에 귀를 기울일 수 있다. 타임아웃을 사용할 때는, 몇 분 후에는 각자 의견을 말할 수 있다고 아이들에게 알렸다. 대신 대화를 나눌 때는 꼭 지켜야 할 한 가지 조건이 있었다. 아이들은 존경심이 담긴 태도로 이야기하고 우리는 아이들에게 애정을 담아 이야기해야 한다는 것이었다. 그래야 공평하지 않은가.

비유로 말하자면, 아이들에게는 '사랑의 산소통'이 있고, 부모에게는 '존경의 산소통'이 있다. 사랑의 산소통에는 공기 호스가 연결되어 있는데 우리가 그 호스를 밟으면(혹은 우리가 그렇게 했다고 아이들이 생각하면) 아이들은 숨이 막혀 발끈하며 달려들 것이다. 반대로, 존경의 산소통에도 공기 호스가 있는데 아이들이 그 호스를 밟고 있으면 우리 역시 숨을 못 쉬어 버럭 화를 낸다.

이때가 바로 전쟁이 벌어지기 직전의 긴장 상태다. 이 긴장을 제거하려면 흥분을 가라앉히고 서로의 산소통에 사랑과 존경을 불어넣으며 대화를 시도해야 한다. 이때가 바로 "주님, 제가 감정적으로 반응하지 않고, 잘 대처할 수 있도록 도와주소서"라고 기도해야 할 때다.

잠언 10장 12절도 기억해야 할 구절이다. "미움은 다툼을 일으켜도 사랑은 모든 허물을 가리느니라." 당신의 공기 호스가 밟힐 때마다 '당신이 어른'이라는 사실을 기억하라. 감정이라는 불꽃이 탁탁 튀는 자리에서 폭탄의 뇌관을 해체할 수 있는 능력은 아무래도 좀 더 성숙한 인격체인 부모 쪽에 더 있다.

당신은 아이에게 자주 화를 내는가? 성경은 이렇게 말한다. "분을 쉽게 내는 자는 다툼을 일으켜도 노하기를 더디 하는 자는 시비를 그치게 하느니라"(잠 15:18). 평소에는 차분하고 화를 더디 내는 부모라도 순식간에 그 성품을 잃는 경우가 분명 있다. 하지만 당신이 그렇게 자제력을 잃은 것은 당신 문제이지 아이들 문제가 아니다. 아이들이 도화선에 불을 댕길 수는 있지만 그 불을 끌 것인지, 아니면 그냥 터지도록 내버려둘 것인지는 당신의 선택이다.

솔직히 말하자면, 부모와 자녀의 갈등은 아이들보다는 부모의 미성숙함 때문에 더욱 격해지고 악화된다. 아이들이 우리를 화나게 하는 것이 아니다. 도리어 우리가 욱하고 성질을 냈기 때문에 아이들이 거칠게 행동한다. 부모인 우리가 태도를 새롭게 할 필요가 있다. 화내기를 더디 하고, 흥분을 가라앉히기 위해 타임아웃을 갖고, 그 사이에 긴장을 제거하자.

방법은 간단하다. 팽팽한 긴장의 끈이 느껴지는 순간 타임아웃을 외치기만 하면 된다. 때론 너무나 간단하게 사태가 해결되기도 한다. 두 살 먹은 우리 손자 잭슨도 이 방법을 이미 알고 있다. 며느리가 이런 문자를 보내왔다. "잭슨이 저에게 장난감 기차의 트랙 하나를 내밀면서 '망가졌어. 건전지'라고 말하더라고요. 잭슨에게 건전지를 바꾼다고 고칠 수 있는 게 아니라고 이야기하고 네가 망가뜨렸느냐고 물었더니 그렇다고 하면서 타임아웃이 필요하다고 하네요. 제가 '얼마나?' 하고 물으니 '3분'이라고 대답했어요. 아이 키우기가 이렇게 쉽다면 좋을 텐데요!"

● 지레짐작하지 말라

물론 타임아웃만으로 안 될 때도 있다. 당신이 가까스로 타임아웃을 외쳤다고 해보자. 그래도 당신은 여전히 흥분한 상태이고 존경받지 못한다고 느끼는 상황이다. 흥분을 가라앉히고 이 상황을 차분히 생각해볼 필요가 있다. 2장에서 보았듯 아이들은 확실히 무책임하지만 그렇다고 아이가 무례하다고 단정할 수는 없다. 항상 기억하라. 무책임한 것과 무례한 것은 다르다.

아이들이 고집불통이고 평소 부모가 하는 말은 잘 듣지 않더라도 아이들이 항상 '의도적으로' 부모를 골탕 먹이려 한다고 결론지어서는 안 된다. 아이들은 현재에 충실한 것일 뿐, 새벽부터 부모를 어떻게 골탕 먹일까 고민하는 짓은 하지 않는다.

설령 아이들의 행실이 바르지 않더라도 그들의 의도만큼은 의심하지 말아야 한다. 부모는 아이를 혼내기 전에 이렇게 자문해야 한다. "아이들의 잘못을 못 본 척 넘어가야 하나?" 대부분의 경우 그렇다. 그러면 가족 관계의 악순환은 거기서 멈춘다.

우리 아들들이 툭하면 사소한 일로 싸움을 벌이던 시절, 나는 수없이 타임아웃을 외치고 둘을 떼어낸 다음 진정시켰다. 보통은 타임아웃만 불러도 문제가 해결되어 10분만 지나면 둘은 아무 일 없었다는 듯이 공 던지기를 하고 놀았다. 아이들의 관계가 순조로이 풀렸던 건 두 아이의 다툼에 부모가 지나치게 간섭하지 않았기 때문이다. 나는 잠언 26장 17절에 나오는 경고의 말씀을 기억했다. "길로 지나가다가 자기와 상관없는 다툼을 간섭하는 자는 개의 귀를 잡는 자와 같으니라."

개들의 싸움을 말리기 위해 개의 귀를 잡고 세게 잡아당기는 건 바보나 하는 짓이다. 그렇지만 이렇게 말하는 나도 타임아웃 도중에 어리석게도 '개의 귀를 잡으려' 불쑥 끼어들었다가 관계를 심각하게 만들었던 적이 있음을 인정해야겠다. 싸우지 말라고 분명히 경고했는데 두 녀석이 치고받고 싸움질을 이어가면 내 말을 정면으로 거역하는 것처럼 보였다. 그럴 때면 나는 영락없이 사관학교 교관으로 돌아갔다. 그 시절, 대위로 진급한 나에게는 하급생들을 훈육하고 그들의 예의범절을 교정해야 할 책임이 있었다. 간부 후보생들은 내 명령에 복종해야 했는데, 그들의 앞길을 꼬이게 만들 만한 권한이 내게 있었기 때문이다.

무의식중에 나는 우리 아이들이 간부 후보생처럼 행동하기를 기대했지만 가정은 사관학교가 아님을 뼈저리게 깨달았다. 유난히 스트레스를 많이 받은 날이면 나는 어리석게도 아이들이 아빠를 무시한다고 생각했는데, 실상 아이들은 그저 자기들끼리 말다툼하는 것에 불과했다. 아이들이 못되게 굴면, 나는 아이들이 나쁜 의도를 갖고 있다고 단정지었다. 나는 한 녀석 혹은 두 녀석을 불러 놓고 한바탕 연설을 시작하여 꺼져가던 불길에 풀무질을 하곤 했다. 나는 잠언 20장 3절에 나오는 현명한 충고를 잊어버린 부모였다. "다툼을 멀리하는 것이 사람에게 영광이거늘 미련한 자마다 다툼을 일으키느니라."

● 가족 관계의 악순환에 대해 가르치라

그런 악순환에 말려들기 시작하면 누구나 감정적으로 혼란에 빠진다. 도대체 이런 순간에 무슨 긍정적인 행동을 할 수 있을까? 생각 자체가 막혀버려 사태는 더욱 암담해진다. 하지만 그래선 안 된다. 이 순간이야말로 아이들에게 "가족 관계 악순환의 기본"에 대해 가르칠 수 있는 최적의 타이밍이다. 우선, 당신이 흥분했던 것을 사과하고 긴장을 푼 다음 이렇게 말하라. "있잖아, 우린 지금 가족 관계의 악순환에 빠진 거야." 그러고는 사랑받지 못하는 아이는 무례하게 굴고 존경받지 못하는 부모는 차갑게 대한다는 사실을 아이가 알아들을 수 있는 말로 설명하라.

아이들이 몇 살쯤 되어야 이것을 제대로 이해할 수 있을까? 개인적으로는, 아이들이 논리적으로 부모를 설득하고 자신의 동기를 설명할 수 있을 정도의 나이가 되어야 한다고 생각한다. 대부분의 아이들은 예닐곱 살이면 가능한데, 그보다 더 시간이 필요한 아이들도 있다. 아이가 잘 이해하는지의 여부는 부모인 당신이 알아차릴 수 있을 것이다. 아이들이 십대가 되거나 혹은 성년으로 접어들었다면 아이들끼리의 관계를 정립하는 데 성별이 중요한 고려 사항이 된다. 아들 녀석들은 애정이라곤 찾아볼 수 없이 누이에게 매몰차고 퉁명스럽게 말한다. 그런가 하면 딸아이들은 상대방을 무시하는 단어와 제 잘났다는 말투로 오라비를 발끈하게 한다. 아이들은 자신이 말하려는 내용이 아니라 그 방식이 관계를 어렵게 만든다는 점을 이해해야 한다.

아이들에게 가족 관계 악순환의 기본 원리를 가르칠 때에는, 몸이 불편하거나 일진이 나쁜 날이면 공연히 기분이 언짢고 짜증이 날 수 있다는 것, 그래서 사랑받지 못한다고 느껴질 수 있다는 점부터 설명하라. 건방지고 무례하게 보이는 말이나 행동을 한 경우, 결국 주변 사람들을 언짢게 만들어 그들 역시 사랑이나 존경을 받지 못한다고 느낄 수 있다. 때로는 부모가 아이들의 기분에는 무관심한 것처럼 엄하게 대하기도 하는데, 그럴 때 아이들은 기분이 상하여 무례함과 분노를 일부러 더 많이 표출한다. 이렇게 해서 가족 모두가 빙글빙글 계속되는 관계의 악순환에 빠져들게 됨을 조목조목 알기 쉽게 이야기하자. 그런 다음에는 아이들에게 함께 이 흥분 상태에서 벗어나자고 권하라.

아이들도, 때로는 자기 의사와는 전혀 무관하게 건방지고 무례하게 구는 것처럼 보일 수 있다는 사실을 이해한다. 사랑이나 존경을 충분히 받지 못하면 우리는 도를 넘어서서 무례하거나 애정 없는 태도로 말하는 법이다.

좀 더 큰 아이들에게는 이렇게 이야기할 수도 있다. "네가 버릇없이 굴 때면 아빠는 어떻게 반응해야 좋을지 모르겠어. 마음을 가라앉히고 지금 상황이 어떤지 생각해보자. 아빠는 네가 아빠에게 예의를 갖추어 말을 했으면 좋겠다. 아빠가 네 마음의 소리를 들을 수 있게 예쁘게 말할 수 있겠니?" 아이들은 이런 대화를 통해 자신이 하고 싶은 말을 차분히 건네는 방법과 부정적 성향을 줄이는 법을 배운다.

한 어머니는 아이들로 하여금 형제들 사이에서도 예의를 갖추어 말할 수 있도록 했다. 그녀는 이런 편지를 보내왔다.

저희 집 세 아이는 나이 터울이 크지 않아 별것 아닌 일에도 자주 말다툼을 벌입니다. 언젠가는 두 아들과 딸을 앉혀놓고 가족 관계의 악순환에 대해 이야기해주었죠. 10분쯤 이야기를 한 것 같은데 어쩌면 아이들에게는 몇 년처럼 느껴졌을지도 모르겠다고 걱정했죠. 그런데 오늘 아침 큰아들이 이렇게 말했어요. "엄마, 저랑 동생은 악순환이 아니라 선순환에 있어요. 서로 잘해주고 있거든요." 자기는 동생보다 좀 더 '어른처럼' 굴고 싶어서 잘해주는 것이라고 하더군요. 저는 웃음이 나려는 걸 참으면서 아이에게 '그것도 좋다'고 말했어요. 가끔씩은 저도 어른답게 굴어야지 하는 생각으로 대할 때가 있으니까요.

사랑과 존경의 관계에 대해 하루아침에 다 가르칠 수는 없다. 실상 사랑과 존경은, 아이들이 유치원에 가기 전부터 시작해서 고등학교를 졸업한 후에도 꾸준히 배워야 하는 가르침이다. 그런 의미에서 부모는 자녀들이 관계의 기술을 잘 소화할 수 있도록 돕는 코치가 되어야 한다.

● 부모의 사랑을 확인해주어라

자녀를 향한 당신의 사랑은 한시도 변한 적이 없지만, 자녀 입장에서 본다면 당신의 사랑을 느끼지 못하는 순간도 생기게 마련이다. 특히 우리는 아이들을 사색이 되도록 만들고도 자신이 무슨 짓을 했는지 모르는 경우도 있다. 아이들은 예민한 까닭에 부모의 부정적 반응을 보면 자신에게 화가 났다거나 미워하는 것이라고 받아들이는 경향이 있다. 부모는 아이들을 위해서라면 '죽을 수도 있다'고 생각하지만, 반대로 아이들은 부모가 할 수만 있다면 자신을 '죽일 수도 있다'고 생각한다.

지나친 말로 들리는가? 그럴지도 모른다. 그러나 아이들은 남의 말을 의심할 줄을 모른다는 점을 기억하라. 아이들은 들은 그대로 믿는다. 그러므로 아이들을 질책하기 전에 먼저 말과 행동을 통해 우리의 사랑을 확인해주어야 한다. 이러한 확인 과정은 가족 관계의 악순환을 곧장 멈추는 효과가 있다. 아이가 어릴수록 효과는 더욱 신속 정확하다. 어쩔 수 없이 아이를 꾸짖어야 할 때도 있지만 가능한 한 부드러운 분위기 속에서 이를 진행해야 한다는 사실을 잊지 말자.

아바 아버지께서 자신의 사랑을 우리에게 확인해주셨듯이 우리도 마음속에 품은 사랑을 때때로 확인해주어야 한다. 우리는 로마서 8장에 나오는 하나님의 본을 따라야 한다. "만일 하나님이 우리를 위하시면 누가 우리를 대적하리요"(31절). "그러나 이 모든 일에 우리를 사랑하시는 이로 말미암아 우리가 넉넉히 이기느니라"(37절). 아무것도 "우리를 우리 주 그리스도 예수 안에 있는 하나님의 사랑에서 끊을 수 없으리라"(39절). 하나님의 말씀이 우리에게 중요한 것처럼, 우리의 말도 아이들을 향해 이와 같은 확신과 사랑을 줄 수 있어야 한다.

그래도 의문은 남는다. 아이들에게 부모의 사랑을 전할 때 부모로서 느낀 실망감과 화는 감춰야만 하는가? 나는 조심스런 태도를 유지하면서 사랑을 확신시키는 말들을 곁들이면 우리가 가진 불만을 아이들에게 부드럽게 전달할 수 있다고 믿는다. 사랑을 표현할 때 우리는 많이 누그러진다. 이러한 사랑의 말들은 우리 영혼에 영향을 미쳐 자제력을 잃지 않도록 돕는다. 예를 들어 우리는 아이들의 눈을 바라보며 진심을 담아 이렇게 말할 수 있다.

"엄마는 너를 정말 많이 사랑하지만, 네가 엄마 말을 듣지 않으면 날 무시하는 것처럼 느껴져서 화가 난단다."

"얘야, 아빠는 너를 사랑하지만 네가 한 짓은 받아들일 수가 없구나."

"엄마는 널 사랑하지만 많이 실망스럽다. 침대 정리도 안 하고, 옷도 안 갈아입고, 아침 식사 시간에도 늦었어. 사흘 내내 말이야. 방으로 올라가서 침대 정리하고 옷 입고 와. 안됐지만 식은 계란을 먹게 생겼구나."

하지만 현실은 현실이다. 우리가 제아무리 부정적인 감정을 감추려고 해도 아이들은 상처를 받는다. 그리고 가끔씩은 도저히 감정을 참지 못해 일을 그르치기도 한다. 그런 경우, 부모가 아이에게 사과하는 것이 갈등을 봉합하는 길이다. 아래에 소개하는 어떤 아버지의 편지는 사과에 그런 효과가 있음을 잘 보여준다.

아들이 네 살쯤 되었을 때였어요. 녀석은 저를 도와 후식으로 먹을 아이스크림을 접시에 담겠다고 했습니다. 아이스크림이 너무 딱딱해서 저는 그다지 내키지 않았죠. 하지만 하도 졸라대는 바람에 아들 녀석을 싱크대 옆에 있는 의자 위에 세운 다음, 아이스크림 뚜껑을 열고 숟가락을 건넸습니다. 숟가락질에 힘이 없다 보니 겉만 살짝 뜨는 바람에 작은 덩어리가 주방을 가로질러 바닥으로 떨어졌습니다. 저는 그 즉시 아들 손에서 숟가락을 빼앗으며 "내 이럴 줄 알았다"와 비슷한 말을 내뱉고, 직접 아이스크림을 뜨기 시작했습니다. 아들은 아무 말 없이 의자에서 내려오더니 아무렇지도 않다는 듯 거실로 나가더군요. 하지만 주님은 그때 제가 아들 손에 숟가락을 쥐어주고 아이 손을 잡고서는 끝까지 도와주는 것이 좋겠다고 하셨습니다. 저는 곧장 아들 녀석에게 가서 아빠가 잘못했다고 설명하고 사과했습니다. 녀석은 눈물을 뚝뚝 흘리며 제 목을 꼭 껴안고는 저를 용서해주었습니다.[1]

엄밀히 말하자면, 이 부자는 가족 관계의 악순환을 겪지는 않았다. 아버지는 갈등을 잘 해소했을 뿐만 아니라 아들이 마음속으로 입었을 상처와 부정적인 영향을 제거했다. 진심이 담긴 사과는 마음을 어루만진다.

　부모 입장에서 일을 그르쳤을 경우, 우리는 아이들과 하나님께 모두 용서를 구해야 한다. 우리가 부모 노릇을 제대로 하지 못하면 하늘에 계신 아버지는 마음 아파하신다. 하나님이 우리에게 부모의 사명을 주셨기 때문이다. 우리는 먼저 하나님께 우리의 부족함을 고백하고 나서 아이들에게 사과해야 한다. 우리가 아이들을 화나게 만들거나 격분하게 하여 아이들이 좌절하고 낙심하는 지경이 되었다면(엡 6:4; 골 3:21) 일을 망쳤음을 주님께 먼저 고백하고 나서 아이들에게 용서를 구해야 한다.

　다행스러운 것은 하늘 아버지는 너그러우시며 아이들도 그렇다는 것이다. 어떤 아버지는 이렇게 말했다. "부모가 범하는 실수를 아이들은 대부분 용서해줍니다. 아이가 부모의 진심어린 사랑을 알고 있다면 말이죠." 중요한 것은 우리기 용서를 바라는 만큼 용서해야 한다는 것이다. 우리는 아이들이 그럴 의도가 전혀 없는데도 버릇없는 것처럼 보일 수 있다는 것을 안다. 그러므로 아이들의 잘못된 행동을 보면서 들었을 언짢은 느낌에 집착하지 말고, 못 본 척 넘어갈 수 있어야 한다. 어쨌거나 그저 아이처럼 굴었을 뿐인 아이들 때문에 흥분할 필요는 없다.

● 불완전함을 인정하라

　나의 이런 제안에 대해 아마도 당신은 이런 생각을 했을지도 모른다. '박사님, 다 좋은 말씀입니다. 항상 그렇게 간단하면 얼마나 좋겠습니까마는 아이들이 막무가내로 말을 듣지 않을 때는 어쩌죠? 아이가 정말 버릇없이 굴 때는 그런 방법들이 전혀 먹히지 않아요.'

아들 조나단은 이 책의 원고를 집필하는 나에게 이런 말을 들려주었다. "우리 삼남매는 부모님께 끔찍한 악몽이었던 것 같아요."

"그래, 네 엄마와 나는 이 모든 상황이 그저 나쁜 꿈이길 바란 적도 있었지."

하지만 꿈이길 빌었던 그 일들은 우리에게 현실이었다. 매일매일, 모든 면에서 아이들은 계속 아이들처럼 굴었다. 아이의 미성숙과 비협조적인 태도로 인해 내가 제안한 갈등 해소법이 먹히지 않을 때가 있음을 나도 인정한다. 예수님이 말씀하신 탕자 비유에서, 아버지는 큰아들과의 갈등을 해소하려고 애쓴다. 큰아들은 아버지가 동생을 위해 살찐 송아지를 내오고, 흥겨운 음악을 연주하는 등 성대한 잔치를 베풀고 즐거워하자 분노와 질투에 휩싸인다. 큰아들은 반항심 때문에 뿌루퉁해 있다. 아버지 곁에 머물며 수년을 하루같이 성실히 순종한 자신에게는 단 한 번도 베풀어준 적이 없었던 잔치였다. 그런데 재산과 인생을 탕진한 동생이 부끄러운 모습으로 집에 돌아오자 극진하게 영웅 대접을 해주는 게 아닌가! 아버지가 간곡히 부탁했지만 큰아들은 끝내 잔치에 얼굴을 내밀지 않았다. 겉으로 보면 아버지의 행동은 불에 기름을 들이부은 격이 되었고 그는 실패한 부모가 된 것만 같다.

나는 이런 의견에 동의하지 않는다. 아버지는 사랑이 넘치는 행동을 했다. 아버지는 두 아들을 늘 사랑했고 지금도 사랑하고 있다. 하지만 아버지는 한 아들이 "죽었다가 살아났으며 내가 잃었다가 얻었기"(눅 15:32) 때문에 기뻐한다.

예수님의 비유는 부모라면 누구나 아는 진리를 극적으로 강조한다. 아이들은 제멋대로 구는 존재이며, 언제든 어깨를 으쓱하면서 혓바닥을 메롱 내밀 준비가 되어 있다. 그렇다. 아이들을 진정시키려고 애쓸수록 녀석들은 더욱 부정적으로 변하여 정말로 무례해질 수도 있다. 사랑을 보여주지 못한 일에 대해 사과하고 용서를 구하려는 우리를 향해 콧방귀를 뀌며 토라진 모습을 보이기도 한다. 아무리 애를 써도 아이는 마음을 누그러뜨릴 줄 모른다. 가족 관계의 악순환이 계속되지는 않는다 하더라도 불화의 가능성은 늘 안고 사는 셈이다.

이번 장을 쓰면서 우리 아이들에게 물어보았다. "너희가 무시당하거나 오해받거나 좌절감에 빠졌을 때 엄마나 아빠가 너희 마음을 풀어주지 못한 적이 있었니?"

조이는 이렇게 대답했다. "제가 어떤 일로 완전 풀이 죽어 있는데 아버지는, '모든 일에 감사하자'라는 듣기 좋은 말만 하셨어요. 그럴 때면 창밖으로 뭔가를 집어던지고 싶었죠!"

조나단의 대답은 이랬다. "부모님이 해주신 말씀과는 상관없이 스스로가 이 세상에서 가장 끔찍한 죄인처럼 느껴질 때가 많았어요. 아버지가 그걸 아셨다면 절 미워하실 것 같았죠. 하나님이 저를 아시는 만큼이나 아버지도 저를 안다고 생각했거든요. 저를 압도했던 수치심 때문에 한동안은 마음을 모질게 먹기도 했어요. 스스로를 경멸했고 부모님과 하나님을 두려워했어요. 목사의 아들로 태어나지 않았더라면, 차라리 부모님의 사랑을 몰랐더라면 얼마나 좋았을까 생각했던 것 같아요." 데이비드는 자신이 "오해받고 있다"라고 느꼈기 때문에 여전히 갈등이 가시지 않았던 경우가 많았다고 기억했다.

아이들의 이야기를 들어보면, 부모가 제아무리 애정과 진심을 가지고 부정적 성향을 해소하려고 노력하더라도 항상 좋은 결과를 얻는 것은 아님을 알 수 있다. 부모의 행동이 도를 넘을 수도 있고, 적용을 잘못할 수도 있으며, 아이들이 정말로 원하는 것이 무엇인지 알지 못할 수도 있다. 한편 아이들은 대개 자기 마음을 잘 모르고, 부모의 현명한 충고를 받아들일 준비가 되어 있지 않거나 그럴 의지가 없을 수도 있다. 우리도 돌아보면 아이들을 키우는 동안 화를 내지 않고 지나간 적이 단 하루도 없었다.

솔직하게 이야기해보자. 에덴동산은 사라졌다. 완벽한 가정을 꾸리는 것은 이 세상에선 불가능하다. 만에 하나 우리가 완벽함에 도달한다고 하더라도 거기에 만족할 수 있겠는가? 알 수 없는 일이다. 하와에게는 완벽했던 에덴동산이 있었지만 그녀는 더 많은 것을 원했고, 그 후로 우리 모두는 그 대가를 치르고 있지 않는가.

다행스러운 것은, 하나님은 부정적인 순간을 활용하여 아이들의 내면에 반항적이고 고집스러운 본성이 있음을 일러주신다는 점이다. 아내는 어린 시절 자신을 홀로 키운 엄마를 대하던 자신의 태도를 돌아보며 죄책감을 느낀다고 했다. 그러한 양심의 가책 때문에 아내는 구세주를 찾게 되었다. 성령은 언제나 역사하시며 양심의 가책은 하나님께서 예비하신 완벽한 타이밍에 맞춰 그 목소리를 낸다. 당신의 아이가 언제 구세주 예수님을 찾을 것인지 당신은 짐작하기 어렵다.

무례함이 확실히 문제가 될 즈음엔 훈육(Discipline)을 뜻하는 D 전략으로 넘어가야 한다. 나는 훈육을 부정적으로 보지 않고, 긍정적인 과정이라고 생각한다. 갈등 해소와 훈육은 종이 한 장 차이에 불과할 때가 많기에 당신은 하루에도 몇 번이고 그 사이를 왔다 갔다 할 것이다. 당신이 분명하게 말한 규칙들에 대해 아이들이 따르지 않고 의도적으로 무례하게 군다면, 당신은 아이들에게 분명하게 말하고 잘못을 고쳐주고 필요하다면 논리적이고 상식적인 답을 찾아 이를 이행해야 한다. 다시 한번 강조하지만, 많은 갈등 해소 상황이 그렇듯, 그러한 과정에서도 아이들이 당신의 사랑을 알 수 있도록 하고, 당신의 말을 잘 따랐을 때는 그에 합당한 상을 주라(7장 "훈육하라"를 보라).

갈등 해소를 넘어 힘이 되는 단계로

그래도 여전히 어려운가? 이런 때 우리는 체념하고 포기해야만

하는가? 절대 그렇지 않다. 결코 굴복해서는 안 된다. 절대로! 현실감
각이 있는 부모라면 앞으로 세 걸음 나가면 뒤로 한 걸음 물러나는 것
을 당연하게 생각한다. 그들은 실패하더라도 다시 일어설 수 있음을
안다.

　가족 관계의 악순환을 이해한 후에 아이들의 암호를 해독하며 갈
등을 해소한다면 가정에는 더 많은 평화가 올 것이다. 그 이상의 결과
도 가능하다. 가족 관계의 악순환을 수동적으로 방어하는 수준을 벗어
나 사랑과 존경으로 가족에게 힘을 주는 선순환으로의 전환도 가능하
다. 2부 "힘이 되는 선순환"에서 그 구체적인 방법을 설명하겠다.

2부

힘이 되는
선순환

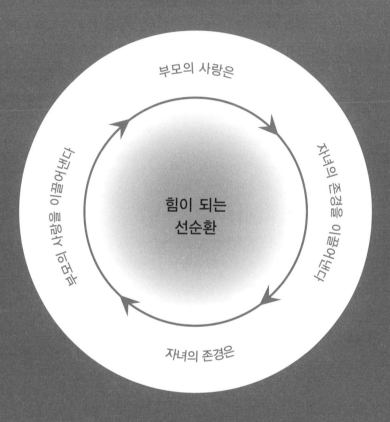

부모의 사랑은

자녀의 존경을 이끌어내고

힘이 되는
선순환

부모의 사랑을 이끌어내고

자녀의 존경은

2부에서는 사랑과 존경의 힘을 활용하여 가정에 힘이 되는 선순환을 만드는 방법을 보여주려고 한다. 힘이 되는 선순환이란, 부모의 사랑이 자녀의 존경을 불러오고 자녀의 존경이 부모의 사랑을 불러오는 구조를 말한다.

십계명 가운데 부모를 공경하라는 명령이 있는 것은 우연이 아니다. '공경'이란 '존경'의 다른 말이다. 아이로부터 존경받는 부모는 아이를 더욱 사랑할 수 있다. 하나님은 아이들에게 존경하는 마음을 심어 놓으셔서 부모의 긍정적인 사랑에 반응하도록 만드셨다. 나중에 자세히 설명하겠지만, 힘이 되는 선순환을 일으키고 그 순환을 유지하려면 부모-자식 관계에서 대부분의 책임이 부모에게 있다는 사실을 인정해야 한다. 부모는 성숙한 어른이기 때문이다.

우리는 G-U-I-D-E-S라는 머리글자를 사용하여 성경에 적혀 있는 바와 같이 하나님의 뜻대로 양육하는 방법을 공유하려고 한다.

Give: 베풀라. 아이의 기본적인 욕구를 채워줄 수 있다(마 7:9-11; 고후 12:14).

Understand: 이해하라. 아이가 짜증 내거나 화내는 일이 현저히 줄어든다(엡 6:4; 골 3:21).

Instruct: 가르치라. 아이는 하나님의 지혜를 알고 적용할 수 있다(잠 4:1; 엡 6:4b; 딤후 3:15).

Discipline: 훈육하라. 아이는 잘못된 선택을 바로잡을 수 있다(왕상 1:5-6a; 엡 6:4b; 히 12:9).

Encourage: 격려하라. 아이는 하나님이 주신 은사를 계발할 수 있다(살전 2:11).

Supplicate in prayer: 기도로 간구하라. 아이는 하나님의 간섭과 진리를 경험할 수 있다(삼하 12:16; 대상 29:19; 마 19:13, 19).

대부분의 경우, 이 G-U-I-D-E-S를 적용하면 아이에게 힘을 북돋워주고 동기를 부여할 수 있다. 그 이유를 알아보자.

4

베풀라 Give :
너무 많지도, 적지도 않게

G-U-I-D-E-S라는 머리글자를 활용하여 아이를 사랑하는 법에 대해 알아보자. 제일 먼저 'Give'(베풀라)의 원칙에 대해 설명하겠다.

내가 여덟 번째로 맞은 성탄절 아침, 거실로 들어서자 부모님이 크리스마스트리 곁에 서 있었다. 로봇 장난감이 내 눈에 들어왔다. 눈부시게 반짝이는 은빛 로봇은 거의 내 키만 했다. 100미터 전력질주라도 한 것처럼 내 가슴은 쿵쾅쿵쾅 방망이질 쳤다. 이 로봇을 움직일 수 있는 조종기는 어디에 있는 걸까?

하지만 얼마 지나지 않아 나는 그 로봇이 셀로판지로 둘둘 말려 있고, 머리와 팔은 종이상자로 가려진 것을 발견했다. "얼른 풀어 봐." 어머니는 신이 나서 말씀하셨지만 나는 그러고 싶지 않았다. "네 선물은 그 포장지 안에 있다니까." 어머니가 말했다.

내가 얼마나 실망을 했는지 어머니는 전혀 알지 못했다. 로봇을 살펴보는 사이, 뭔가가 눈에 들어왔다. 눈썰매였다. 교묘하게 상자 하나를 덧붙여 머리처럼 보이게 하고, 종이상자로 만든 팔을 썰매 손잡이에 붙여 전체적으로는 마치 로봇처럼 보이도록 만든 것이었다. 로봇처럼 보였던 것은 모두 내 상상 속의 결과물이었다. 내 영혼은 마치 구멍 난 풍선처럼 맥이 빠져버렸다. 내가 원한 것은 바보 같은 썰매가 아니라 전원 스위치가 달린, 움직이는 진짜 로봇이었기 때문이다. 나는 실망했고 불행하다고 느꼈다. 그런 내 모습을 보고 어머니도 실망했다. 그날 이후 어머니는 내 기대감을 부풀게 만드는 어떤 시도도 하지 않았다.

그날 아침, 나는 원하는 것을 다 얻을 수는 없다는 뼈아픈 교훈을 얻었다. 모든 부모가 자녀에게 가르쳐야 할 교훈이다. 아이들은 원하는 것을 다 얻을 수는 없으며, 그렇게 해서도 안 된다. 과유불급(過猶不及)이다. 잠언 25장 26절은 이렇게 말한다. "너는 꿀을 보거든 족하리만큼 먹으라. 과식함으로 토할까 두려움이라."

솔로몬은 우리 모두가 잘 알고 있는 사실을 다시 한번 강조했는데, 곧 우리의 필요와 욕망 사이에는 큰 차이가 있다는 점이다. 부모들도 아이의 욕망을 만족시키는 것보다 필요를 채워주는 일이 훨씬 간단하다는 사실을 잘 안다. 가진 것이 별로 없는, 심지어 무일푼의 부모라도 아이들의 필요(의식주와 같은 기본적인 필요)를 채워주길 원한다. 하나님은 부모에게 자녀들을 돌보라는 마음을 심어두셨는데, 부모가 하나님이 주신 본능대로 살지 못해 자신의 책임을 완수하지 못하면 그 마음의 상심이 얼마나 클지 우리 모두는 잘 알고 있다.

예수님의 핵심적인 가르침은 '베풀라'는 것이다. 끊임없이 구하고 찾고 문을 두드리라고 제자들에게 격려하신 말씀을 기억하는가? 예수님은 하늘 아버지가 응답하신다는 사실을 제자들에게 알리시기 위해 그들의 눈높이에 맞는 쉬운 비유를 드셨다. "너희 중에 아버지 된 자로서 누가 아들이 생선을 달라 하는데 생선 대신에 뱀을 주며 알을 달라 하는데 전갈을 주겠느냐?"(눅 11:11-12)

예수님의 이 질문에는 굳이 답하지 않아도 됐다. 부모는 자녀들에게 필요한 것을 준다. 부모에게는 자녀의 필요를 채워야 한다는 의무감이 있기에 매 순간 세심하게 그 의무를 다한다(물론, 당신은 양육 때문에 지친다. 첫아이 때는 땅에 떨어진 공갈젖꼭지를 끓는 물에 소독하지만 둘째부터는 바지에 쓱 닦고 만다).

성경은 보살핌과 긍휼을 부모의 역할에 빗대어 자주 이야기한다. 예를 들면 이런 말씀이다. "여인이 어찌 그 젖 먹는 자식을 잊겠으며 자기 태에서 난 아들을 긍휼히 여기지 않겠느냐?"(사 49:15) 바울은 자신이 데살로니가 교인들에게 베푼 따뜻한 보살핌을 이렇게 표현했다. "유모가 자기 자녀를 기름과 같이 하였으니"(살전 2:7).

하지만 안타깝게도 부모의 사랑이 언제나 제대로 베풀어지는 것은 아니다. 자녀를 방치하는 부모들 때문에 어떤 아이들은 상처를 간직하며 살아간다. 그런 일이 불신자들에게만 나타나는 것도 아니다. 미시간 주 이스트 랜싱에서 목회자로 살던 시절, 어렸을 때 부모가 이혼했다는 미시간 주립대학 학생에게서 다음과 같은 이야기를 들었다. 이 학생의 아버지는 미국 땅 정반대편으로 이사를 가버린 후 연락이 끊겼고, 어머니 홀로 그를 돌보았다. 그가 자라는 동안, 모자는 가난하여 입에 풀칠하기도 힘들었다. 그런데 그의 아버지는 모자를 남기고 떠난 후 예수님을 영접하고 큰돈을 번 뒤 재혼까지 하고 대형교회 주일학교에서 교사 노릇을 하고 있었다. 그 학생은 뒤늦게 이 사실을 알고는 충격에 빠졌다. 지독한 실망감에 빠진 학생이 내게 물었다. "하나님을 믿는다는 사람이 어떻게 자식을 이렇게 방치할 수 있죠?"

얼마나 원통한 일인가? 사도 바울은 자기 가족을 내버린 사람에게 강력히 경고한다. "누구든지 자기 친족 특히 자기 가족을 돌보지 아니하면 믿음을 배반한 자요 불신자보다 더 악한 자니라"(딤전 5:8). 바울은 가족을 돌보지 않는 자칭 그리스도인은 비그리스도인보다도 못하다고 말하고 있다. 우리가 가족의 필요를 채워주지 못한다면, 우리에게 있다고 주장하는 바로 그 믿음을 자기 스스로 부인하는 셈이다.

우리 부부의 오랜 친구 중에 경제적으로 어려움에 처한 부부가 있었다. 그 부인에게 남편은 어떻게 지내고 있는지 안부를 묻자 답장이 왔다. "하나님은 남편에게 창문 닦는 일을 주셔서 경제적으로 많은 도움을 주셨습니다. 전에는 둘 다 생각도 못한 일이지요. 자존심을 접고 우리 가족을 먹여 살리기 위해 애쓰는 남편이 그저 고맙기만 합니다. 대학 나오고 석사 학위까지 받은 남자가 이런 힘든 지경에 놓인 이유를 믿기는 힘들지만, 분명 이유가 있겠지요. 지금으로선 저희도 하나님의 어떤 뜻이 있다고 믿고 있습니다."

이 남편은 자신이 해야 하는 일을 하고 있다. 진정한 그리스도인에게 이 밖에 다른 선택의 여지가 있을까?

● 아이를 망치는 지름길

지금쯤 당신은 이렇게 생각할지도 모르겠다. '좋아요, 박사님, 잘 알겠어요. 아이의 필요를 채우는 것이 기본이고, 저도 젖 먹던 힘을 다해 그렇게 할 생각입니다. 하지만 아이들이 원하는 것은 어떻게 하죠? 필요와 욕망 사이에는 커다란 차이가 있죠. 사실 우리 아이들은 매번 자기가 원하는 것이 곧 필요한 것이라며 사달라고 조르거든요!'

나도 그 어려움을 잘 안다. 아이들은 뛰어난 협상 전문가라서 우리는 기준을 확실히 정해두어야 한다. 그렇지 않으면 너무나 쉽게 설득당하고 만다. 아이를 망치기는 쉽다. 《메시지》는 잠언 29장 15절을 이렇게 풀어 쓴다. "버릇없이 자란 사춘기 청년은 부모를 난처하게 만든다." 굳이 청소년이 아니어도 마찬가지다. 제멋대로 자란 아이들은 나이를 불문하고 부모를 망신시킨다. 부모를 미치도록 짜증 나게 하는 것은 말할 필요도 없다.

그러므로 우리는 우선 이런 질문을 던져야 한다. "왜 아이가 원하는 것을 들어주려 하는 거지? 목적이 무엇인가?" 안 된다고 거절하면 아이를 사랑하지 않는 것처럼 보이거나 불친절한 것 같아 마지못해 들어주려는 것인가? 그것은 확실히 아이를 망치는 지름길이다.

하루를 마치기 전 전에 만족스러웠다고 생각할 만한 일을 하라. 아이의 소원을 들어주는 것은 사랑의 표현이 될 수 있다. 그러나 경우에 따라서는 아이의 만족을 잠시 미뤄두고 현실에 대처하는 마음의 태도를 가르치는 것이 아이를 더욱 사랑하는 행동이 될 수 있다. 여덟 번째 성탄절 아침에 내가 깨달았듯이, 사람은 원한다고 모두 가질 수는 없는 법이다.

물론 아이의 소원을 들어주는 것이 적절하고 합리적인 경우도 있다. 당신이 자녀에게 지혜롭게 베푼다면 아이는 사랑받고 있다고 느끼고 힘이 솟아나 당신에게 존경을 표할 것이다. 아이에게 원하는 것을 들어주어야 할 이유를 몇 가지 생각해보자.

첫째로, 사랑과 너그러운 마음을 보여주기 위해서다. 어떤 남자가 이런 편지를 보내왔다. 어린 시절 그 남자의 집안은 가난했다. 그런데 그의 아버지에게 가난은 문제가 아니었다. "가끔씩 아버지는 가족을 데리고 '깜짝 외출'을 하셨어요. 대개는 아이스크림 가게나 극장에 가는 게 고작이었죠. 아버지는 가족에게 그저 차에 타라고만 하실 뿐, 목적지에 도착하기 전에는 어디로 가는지 말해주지 않으셨어요. 그리고 이따금씩 토요일 아침이면 아버지는 형과 제게 볼링이나 미니골프 같은 걸 치러 가겠느냐고 묻곤 하셨어요. 우리 세 사람이 함께하는 단란한 시간이었죠."

너그러운 마음은 가족의 결속력을 높여 단란한 시간을 만들어준다. 너그러운 마음은 상호작용을 일으켜 양쪽 모두 사랑받고 존경받으며 생기를 되찾은 기분을 갖게 한다. 잠언 11장 25절처럼, "남에게 베풀기를 좋아하는 사람이 부유해지고, 남에게 마실 물을 주면, 자신도 갈증을 면한다"(새번역).

아이에게 베풀 수 있는 방법은 헤아릴 수 없이 많다. 창의성을 발휘하여 깜짝쇼를 하거나, 아주 단순한 일을 할 수도 있다. 사실, 아이와 함께하는 시간을 마련하는 것이 가장 큰 선물이다. 선물이라고 해서 꼭 돈을 들여야 하는 것은 아니다. 공원으로 놀러 가거나 함께 산책하는 것은 돈으로는 살 수 없는 선물이다. 그 베풂은 아이들에게 이런 메시지를 전달한다. "엄마 아빠는 그냥 너를 사랑한단다. 사랑하는 데는 아무 이유가 없지!"

내가 아홉 살이었을 때 어머니는 곡예와 탭댄스를 가르쳐서 가욋돈을 벌었다. 월급날이 지나면 엄마는 가끔씩 내 방에 와서 이렇게 말씀하셨다. "자, 엄마는 이 1달러짜리 지폐가 필요 없어. 여기도 한 장 더 있는데 이것도 필요 없어. 아, 이런, 여기 또 있네." 한번은 이런 식으로 18달러까지 세면서 우리 둘은 한바탕 웃었다. 그 웃음소리가 아직도 귀에 선하다. 그때 나는 어머니와 깊은 유대감을 느꼈다. 그것은 크리스마스나 생일 같은 특별한 날과는 달리, 그저 아무 이유 없이 서로를 사랑하는 순간이었다.

둘째로, 아이들이 부모에게 존경심을 보일 수 있도록 격려하기 위해서다. 아이들에게 뇌물을 주라는 이야기가 아니다. 아이들에게 사랑을 담아 베풀면 그들은 존경하는 마음으로 감사를 표현할 것이다. 아이들에게 마음속 깊은 곳에서 우러나오는 감사와 존경을 강요할 순 없지만, 잘 설명해줄 수는 있다. 이렇게 말해보자. "지금 엄마는 그냥 주고 싶어서 주는 거야. 하지만 엄마는 네가 누군가로부터 호의를 받을 때마다 존경을 담아 응답하는 법과 진심으로 감사하는 법을 배웠으면 해."

자녀에게 훌륭한 삶의 자세를 가르칠 때는 부모인 당신이 하나님께 받은 것에 대해 어떻게 응답하는지 시범을 보이는 게 효과적이다. 하나님의 선한 손길을 만끽할 때면 나는 아바 아버지께 이렇게 말한다. "하나님이 이처럼 변함없는 사랑을 베푸시는데 제가 어찌 하나님을 못 본 척하며, 감사하지 않을 수 있겠습니까? 참으로 좋으신 주님, 감사합니다. 제가 당신께 충실하지 못했던 것을 용서하여주옵소서. 아버지가 주신 많은 선물에 감사하며 살 수 있도록 도와주소서."

나는 오랜 세월 아이들에게 감사하는 자세를 전해주기 위해 내가 할 수 있는 모든 방법을 사용해서 야고보서 말씀과 친근해지려고 애썼다. "온갖 좋은 은사와 온전한 선물이 다 위로부터 빛들의 아버지께로부터 내려오나니"(1:17). 예를 들면, 저녁 식사 자리에서 우리에게 내려주신 많은 축복에 진심어린 감사의 마음을 표현하면 아이들도 나와 똑같이 감사하는 방법을 배우게 될 것이다.

또한 우리가 아이들에게 너그러운 마음으로 베풀면, 우리의 그런 정신이 그들로 하여금 죄를 짓지 않도록 이끌어준다고 믿는다. 한 이십대 청년이 나에게 말했다. "십대 시절, 저는 죄를 지을 수 없었어요. 제가 나쁜 짓을 하면 사랑하는 부모님과 조부모님이 무척 슬퍼 하시리란 걸 알았거든요. 그분들은 정말 너그럽고 좋은 분들이라 실망시켜드리고 싶지 않았어요. 그분들이 제게 쏟은 사랑이 있는데 어떻게 그분들 눈에 피눈물이 흐르게 하겠어요?" 그 젊은이는 존경이 무엇이며 어디에서 비롯되는지 깨달았기 때문에 존경 어린 태도를 보일 수 있었다. 물론 훌륭한 부모를 둔 모든 자녀가 이렇게 성장한다고 보장할 수는 없다. 다만 우리의 너그러운 마음이 그런 태도를 불러오는 경향이 있다는 것은 확실하다.

셋째로, 자녀들로 하여금 그들이 하나님과 부모에게 얼마나 소중한 존재인지 깨닫게 한다. 아이들은 자신이 선물을 받을 만한 자격이 있으니까 선물을 받는다고 여길까? 아니다. 아이들은 부모가 그들을 무한히 사랑하기 때문에 선물을 주신다고 느끼고 싶어 한다. 따라서 우리는 예수님이 말씀하신 것처럼 말할 수 있다. "공중의 새를 보라. 심지도 않고 거두지도 않고 창고에 모아들이지도 아니하되 너희 하늘 아버지께서 기르시나니 너희는 이것들보다 귀하지 아니하냐?"(마 6:26)

선순환을 지속하기 위해 좋은 의도를 가지고 대했는데도 아이가 잘못될 수 있지 않을까? 물론 그럴 수 있다. 그 대상에 상관없이, 베푸는 행위에는 받는 자의 영적 기질과 성품을 약화시킬 수 있는 위험성이 내재되어 있다. 그래서 모세는 광야에서 이스라엘 백성에게 율법을 가르치면서, 그들과 자녀들의 마음에 율법을 새기라고 끊임없이 경고했다. 모세는 이스라엘 백성이 젖과 꿀이 흐르는 약속의 땅에 도달해서 자기들이 짓지 않은 집에서 살며, 자기들이 파지 않은 우물에서 물을 마시며, 자기들이 심지 않은 포도원과 감람나무 밭에서 열매와 곡식을 따느라 하나님을 잊어버리는 것을 원치 않았다(신 6:1-12; 8:7-14).

지나치게 편의를 봐주다 보면 아이는 심각한 이기주의자가 된다. 응석을 다 받아주면 아이들은 우리를 부모로 여기지 않고 명령만 내리면 소원을 들어주는 램프의 요정쯤으로 생각하기 쉽다. 아이들은 좋은 것을 더 많이 얻으려고 얄팍한 존경심을 보일 수도 있다. 하지만 자기들이 원하는 것을 얻지 못하면 존경심은 사라진다. 이스라엘 백성은 하나님의 '큰 복'을 누렸으나 결국에는 그분을 거역하고 말았다(느 9:25-26). 우리 아이들도 똑같이 행동할 수 있다. 부모가 너그러운 마음으로 길렀는데도 자기중심적이며 악한 행동을 하는 아이가 되다니, 이 얼마나 슬프고 모순된 일인가.

대부분의 아이들은 어떻게 하면 부모 마음을 움직일 수 있는지 그 방법을 어느 정도 알고 있다. 고함을 지르고 악을 써도 먹히지 않으면 창의적인 속임수를 쓴다. 농구반 친구에게 주려고 엄마에게 10달러를 요구한 이 열한 살짜리 소녀의 사연과 비슷한 이야기를 들어본 적이 있을 것이다. 아이는 엄마에게 이렇게 말했다. "그 아이 엄마가 2년 전에 다른 남자를 따라가서 애는 지금 아빠랑 단 둘이 산대요." 딸아이의 따뜻한 마음에 감동한 엄마는 10달러 지폐를 꺼내며 이렇게 말했다. "우리 딸, 돈은 여기 있어. 근데 대답해봐. 네 친구는 항상 돈이 없니?" 그러자 딸이 대답했다. "아, 그 애 아빠가 쇼핑몰에서 보석 가게를 하는데 거기서 보석을 얻어 와서 친구들에게 팔아서 용돈을 마련하거든요. 그런데 그렇게 해도 모자랄 때가 있어서요."

만족의 순간을 뒤로 미루는 법을 가르치라

아이가 원하는 대로 다 퍼주다가 결국에는 자녀를 망치고 싶은 사람은 아무도 없다. 하지만 아이들에게 스마트폰이나 고가의 운동화를 사줄지 말지, 혹은 비싼 학원비를 내고 공부를 시켜야 할지 말지와 같이 우리를 헷갈리게 만드는 일들이 있다. 이럴 때 우리가 따를 수 있는 기준이 있을까?

히브리서 12장 10절은 이에 관한 성경적 원리를 보여준다고 생각한다. "우리가 아이였을 때, 우리의 부모는 자기 생각에 최선으로 여기는 일을 우리에게 했습니다. 하나님께서는 진정으로 우리에게 최선이 되는 일을 하고 계시며, 우리를 훈련시켜 하나님의 거룩하심을 따라 최선을 다해 살아가도록 하십니다"(히 12:10, 메시지).

우리가 아이들에게 가장 좋다고 생각되는 것을 주고자 할 때는 필요와 욕망을 구별한 다음 결정을 내려야 한다. 선택은 늘 자녀가 아닌 부모의 몫이다. 아이들은 부모가 자기 요구에 반하는 결정을 내리면 이의를 제기하며 버릇없이 굴 수도 있다. 많은 아이들은 부모의 마음에 죄책감이 들게 만든다. "엄마, 이건 정말 불공평하고 가혹해요." 잊지 말라. 아이가 좋다고 하는 대로 따라갈 필요는 없다.

한 젊은이는 나에게 이런 기특한 말을 했다. "우리 부모님은 저의 현실적인 필요에 대해 관심이 많으셨어요. 두 분은 베풀기를 좋아하셨는데, 돈이 별로 없을 때도 너그러운 마음을 보여주셨죠. 그러면서도 제가 그다지 필요도 없는 것을 원할 때는 단호하게 안 된다고 말씀하셨지요."

이 젊은이는 부모의 거절을 받아들였지만 그렇지 못하는 아이들이 더 많다. 그렇다면 "엄마 아빠가 나한테 해준 게 뭐야? 엄마 아빠는 세상에서 제일 못된 부모야!"라고 소리 지르는 아이에게 뭐라고 대답할 것인가? 정답은 없다. 여기에 대한 답은 부모가 누구냐에 따라 달라지고 부모가 자녀와 어떻게 소통하느냐에 달려 있다. 내가 우리 아이들에게 그와 비슷한 말을 들었을 때는 이런 식으로 말했다. "내가 이 세상에서 가장 못된 부모라면 내가 1등이란 말인데 아빠는 언제나 뭔가에서 1등을 해보고 싶었어. 고맙구나!" 이유는 모르겠지만 어쨌든 우리 아이들에게는 이 방법이 통했다. 아이들은 내가 비아냥거리는지, 아니면 정말로 "세상에서 가장 못된 부모"가 되어서 기뻐하는 것인지 몰라서 할 말을 잃고 말았다.

누명을 썼을 때, 그러니까 아이들에게 심한 말을 들었을 때에는 냉정을 잃지 않는 것이 핵심이다. 당신이 세상에서 제일 못된 부모가 아니라는 사실은 당신이나 아이 모두 알고 있으므로 적어도 이렇게 말할 수 있다. "기분이 나빴다면 미안하구나. 그래도 놀이공원에는 보내줄 수 없어. 우린 너를 사랑하기 때문에 안 된다고 하는 거야."

당신이 아이에게서 호감을 얻기 위해 과거에 '예스'를 남발한 부모라면, 이제부터는 반드시 아니라고 해야 한다. 어떤 어머니는 퇴근길에 딸아이 선물을 자주 사왔고, 외출할 때마다 아이가 원하는 것을 사주었다고 한다. 이 어머니는 딸의 마음을 얻고 아이를 계속 행복하게 만들고 싶어서 그랬던 것이다. 그러나 그런 식의 '뇌물'은 버르장머리 없는 아이를 만들 뿐, 진정한 사랑이나 우정, 행복을 주지는 못한다. 전도서의 저자는 이를 분명히 경고했다. "뇌물이 사람의 명철을 망하게 하느니라"(전 7:7).

맞는 말이다. 때로는 잠깐의 평화를 위해 원하는 것을 허락하고 싶은 마음이 굴뚝같다. 아이들은 갖고 싶은 게 생기면 오래 울고 크게 소리 지른다. 열다섯 살 난 어느 여자아이는 아버지의 지갑을 여는 일은 너무 쉬웠다고 말한다. "그저 적당히 울고, 적당히 소리를 지르기만 하면 아빠는 원하는 걸 주셨어요. 저랑 껄끄러워지는 게 싫어서 모른 척 넘어가줬고, 저도 아빠가 그럴 걸 알았기 때문에 물고 늘어졌어요. 하지만 그러면 안 되는 거였죠."

소녀의 솔직한 고백은 이기적이고 까다로운 아이가 원하는 것을 얻고 난 후 잠잠해지는 과정을 보여주는 좋은 예다. 부모가 항복하는 이유는 '평화'를 바라기 때문인데 이렇게 얻은 평화는 오래가지 않는다. 아이들은 게임의 법칙을 알고 있다. 딸아이는, 원하는 걸 얻었으므로 잠시 동안은 잠잠해야 한다는 걸 안다. 하지만 아이는 다시 배가 고파지고 평화는 깨진다. 아이의 이기심을 굶주리게 내버려두지 않고 언제나 채워주었기 때문에 벌어지는 현상이다.

이런 게임에 신물이 난다면 전략을 바꾸어야 한다. 장난감 가게에서 또다시 난리법석이 벌어지기 전에, 아이에게 만족을 잠시 뒤로 미루는 법을 가르쳐라. 가게에 가기 전, 간단히 이야기를 나누며 규칙을 설명한다. 갖고 싶은 장난감이나 다른 물건을 사달라고 조르지 않기, 그렇지 않을 경우 그에 상응하는 결과가 따른다는 사실을 분명히 알려준다. 그런 다음 아이와 함께 가게에 도착했을 때, 어떤 일이 벌어지는지 추측해보라. 물론 당신은 인내심을 시험받게 될 것이다. 조르고 떼쓰기가 시작되면 당신은 안 된다고 말하며 버텨야 한다. 조르기가 계속되면 가게 밖으로 나와 집으로 간다. 아이에게 대가를 치르게 하기 위해서다(대가에 대한 자세한 내용은 7장 "훈육하라"를 보라).

당신이 아이에게 줄 수 있는 진짜 선물은 원하는 장난감을 주어서 잠깐 만족시키는 것이 아니라, 원하는 것을 얻지 못해 만족을 유보하는 법을 배우게 하는 것이다. 자녀에게 자제력이 부족하다면, 고통을 받는 쪽은 부모란 사실을 잊지 말라.

편애하지 말고 공평하게 베풀라

솔직해지자. 대부분의 부모들은 열 손가락 깨물어서 아프지 않은 손가락이 없다고 하지만 특별히 마음에 걸리는 아이가 있을 수 있다. 지금 한 아이 때문에 화가 나 있다고 해서 이 아이를 홀대하는 일이 없도록 애써야 한다. 반대로 한 아이가 더 예쁘게 보인다면, 그 아이를 편애하지 않도록 조심해야 한다.

기억하라. 편애하는 마음을 드러내면 사랑하는 그 아이와 친근한 관계를 맺을 수 없다. 왜냐하면 그 아이는 마음속 깊은 곳에서 당신의 행동이 공평하지 않음을 알고 있기 때문이다. 편애를 받는 아이는 당신의 마음을 악용할 뿐 아니라 당신의 인격적 결함에 대해 불신하게 될 것이다. 정말이지, 편애는 당신을 진퇴양난에 빠뜨릴 수 있다.

덧붙여 편애는 형제자매 간의 애정마저 파괴한다. 이삭이 에서를, 리브가가 야곱을 더 예뻐하자, 부모 자식 간의 관계도 묘해졌을 뿐 아니라 두 형제 사이에도 깊은 증오가 생겨났다(창 25:19-28:9). 야곱이 다른 형제들보다 요셉을 좋아하여 그 징표로 채색옷을 입히자 요셉은 노예로 팔려갔고 이 사건에 연루된 모든 이들이 오랜 세월 마음의 고통을 겪게 되었다(창 37장).[1]

장기간에 걸쳐 드러난 차별은 문제가 된다. 편애가 지속되면 차별

받는 아이의 마음속에서는 평등이라는 내적 가치가 파괴되고, 동시에 사랑받는 아이도 인격적으로 성장하기 어려워진다. 편애는 잔인하고, 불공평하며, 무책임한 행위다.

예수님을 본보기로 삼으라. 그분 역시 어떤 제자들은 더 친밀하게 대하셨지만, 편애하지는 않으셨다. 모두를 동등하게 사랑하셨다. 수많은 현실적인 문제를 직면할 때마다 교인들을 어떻게 이끌어야 하는지에 관해 바울이 디모데에게 들려주었던 이야기도 기억하자. "너는 편견이 없이… 아무 일도 불공평하게 하지 말며"(딤전 5:21).

자녀들의 행복 여부는 대부분 만족하는 법을 배우는 데 달려 있는데, 아이들은 부모가 가난하게 사는지, 혹은 타당한 이유로 근검절약을 하는지 관찰하면서 많은 부분을 배우게 된다. 나의 아내 사라는 네 살부터 성인이 될 때까지 판잣집에서 살았는데, 장모님이 원치 않는 이혼을 하게 된 후 얼마 되지 않는 수입으로 자녀들을 키워야 했기 때문이다. 장모님은 불평을 늘어놓지 않았고 자신의 믿음을 저버리지도 않았다. "네 재물과 네 소산물의 처음 익은 열매로 여호와를 공경하라"(잠 3:9)는 말씀을 소신 있게 지키셨다.

아내는 장모님이 매번 얼마 되지 않는 급여의 10퍼센트를 떼어 십일조를 드리며 큰소리로 말씀하시던 것을 생생히 기억한다. "자! 이번 달 고지서는 다 납부했다! 주님을 찬양하자! 동전 한 닢 남았으니 일하면서 커피 한 잔은 살 수 있겠구나!" 어린 시절, 아내는 자신이 가난한 줄 몰랐다고 한다. 아내는 역경을 헤쳐나가는 법을 배웠고 가진 것에 만족할 줄 아는 어머니의 마음에 즐겁게 순응하였다. 장모님은 딸에게 돈보다 더 귀한 유산을 남겼는데, 하나님이 베푸실 것을 신뢰하는 법과 감사하는 마음으로 하나님께 돌려드리는 법을 가르치신 것이 그러했다.

우리가 아이들에게 줄 수 있는 가장 좋은 것은 그리스도 예수 안

에서 그분의 부요하심에 따라 아이들의 모든 필요를 채워주실 하나님
에 대한 믿음이다. 이것이야말로 부모가 자녀에게 줄 수 있는 최고의
선물이다!

5

이해하라 Understand :
아이들 입장에서

G-U-I-D-E-S라는 머리글자의 두 번째 단어는 'Understand'(이해하라)이다.

대부분의 부모들처럼 우리 부부도 "현장에서 배웠다." 아들 데이비드가 5학년이었을 때 부모와 이야기하고 속내를 터놓는 것에 별 관심이 없는 녀석을 이해하느라 우리 부부는 애를 먹었다. 이래서는 아이에게 괜찮은 조언과 지혜로운 말을 해주기가 어렵다고 보았다. 아내가 개학날 학교에서 아이를 데려오면서 이렇게 물었다.

"오늘 하루는 어땠니?"

"좋았어요."

"학교에서 뭘 했니?"

"아무것도 안 했어요."

"재미있는 일 없었어?"

"없었어요."

다음 날도 상황은 비슷했다.

085

"데이비드, 오늘 하루는 어땠니?"

"좋았어요."

"학교에서 뭘 했니?"

"아무것도 안 했어요."

"재미있는 일 없었어?"

"없었어요."

셋째 날.

"데이비드, 오늘 하루는 어땠니? 재미있는 일은?"

"없었어요…."

넷째 날, 데이비드는 엄마를 보면서 다정하지만 단호하게 말했다. "엄마, 할 말 있어요. 학교는 매일 똑같아요. 혹시 달라지는 게 있으면 그때 말씀드릴게요."

스무고개 놀이는 확실히 그만두었지만, 그래도 가끔씩은 아들 입을 열기 위해 애를 썼다. 하지만 아무 소용이 없었다. 아내도 입버릇처럼 말하지만 그 사실을 데이비드가 5학년이었던 그때 배워두었으면 좋았을 것이다.

아내는 이따금씩 나에게 하소연했다. "데이비드를 이해할 수가 없어요. 나는 아이와 대화하고 싶은데, 아이는 영 관심이 없네요." 그때까지만 해도 우리는 아들과 딸이 부모와 어떤 식으로 대화하는지를 잘 몰랐다. 예를 들어 여자들은 남자들과 비교했을 때 그날 하루를 어떻게 지냈는지 사소한 일상사를 포함하여 자신의 감정을 더 많이 털어놓는다. 내가 관찰한 바에 따르면 이런 차이는 어릴 때부터 도드라진다. 아들들은 대개 시시콜콜한 대화와 경험은 기억하지 못하며 딸들처럼 적극적으로 그런 이야기를 전하지 않는다. 아내가 "오늘 하루는 어땠니?"라고 물은 것은 지극히 정상이었고, 데이비드가 그런 이야기를 하고 싶어 하지 않는 것도 지극히 정상이었다(더 자세한 내용은 11장 "분홍 공주, 파랑 왕자 양육법"을 보라).

나중에 데이비드가 좀 더 큰 다음, 결혼 세미나에서 사랑과 존경의 원리를 가르치면서 아내는 깨달았다. 아들과 끈끈하게 결속하려면 아이에게 직접적인 질문을 던질 게 아니라 "서로 어깨를 맞대고" 아이가 좋아하는 활동을 하면서 함께 시간을 보내야 한다는 사실 말이다.

● 자녀를 이해하는 첫걸음

우리 부부는 실제 양육 과정에서 아이들을 이해하려고 애쓰면서 남아와 여아의 성차(性差)를 포함해 많은 내용을 배웠다. 성차를 파악하는 것은 도움이 되지만, 좀 더 넓은 정의에서 보면 이것도 일부분에 불과하다. 자녀를 이해한다는 것은 아이가 어떤 발달 단계에 있는지 알고 공감해주는 것 이상도 이하도 아니다.

부모는 아이들이(나이가 몇 살이든) 아직 미성숙하며 더 자라야 한다는 사실을 간과하곤 한다. 간단히 말해, 아이들은 더 성장해야 한다. 몸은 다 자랐을지라도 아직은 어른이 아니다. 이러한 이유로 우리는 성경이 분명히 말씀하는 것처럼 그 나이의 아이들은 "말하는 것이 어린아이와 같고 깨닫는 것이 어린아이와 같고 생각하는 것이 어린아이와 같[으며]" 자연스럽게 "어린아이의 일"을 한다는 것을 인정해야 한다(고전 13:11).

어머니는 내가 초등학교 1학년이던 시절, 나와 나눴던 대화를 자주 언급하셨는데 그것은 아이처럼 생각하는 것이 무엇인지를 잘 보여주는 대화였다. 어머니는 이렇게 물었다. "선생님이 단어장 철자를 불러줄 때 건너뛰기도(skip around) 하시니?" 나는 매우 진지하게 대답했다. "아뇨. 그냥 가만히 서 계시는데요."(엄마는 'skip around'를 '철자 하나를 빼먹고 건너뛴다'라는 의미로 썼는데 아들은 '어슬렁거리며 계속 움직인다'라는

의미로 받아들였다.—편집자)

아이들은 말을 1차적인 의미 그대로 받아들인다. 아이들의 이런 습성은 부모를 미소 짓게 한다. 하지만 아이들이 짜증 나는 행동을 할 때면 조금 전까지 나를 미소 짓게 했던 '철없는 아이'는 '나를 분노케 하는 아이'로 바뀌고, 내가 인내심을 잃으면 연이어 아이들은 좌절한다. 기억하라. 철이 없다는 것은 "미성숙하고 무책임하며 어리석다"는 뜻이다.

우리는 자문해야 한다. "내가 뭘 기대하는 거지? 우리 아이는 아직 애잖아?" 아이의 행동 때문에 화나고 지치고 때로는 거기서 무례함을 느낄지라도, 아이들에게는 원래 나쁜 의도가 없다는 점을 기억해야 한다. 우리는 앞 장에서 이야기했던 너그러운 마음만큼이나 이해하려는 마음도 키워야 한다. 그렇지 않으면 아이들을 심각하게 오해할 수 있고, 그들을 쓸데없이 자극하여 가족 관계를 악순환에 빠뜨릴 수도 있다.

에베소서 6장 4절은 "또 아비들아 너희 자녀를 노엽게 하지 말고"라고 경고하며, 골로새서 3장 21절은 "아비들아 너희 자녀를 노엽게 하지 말지니 낙심할까 함이라"라고 주의를 준다. 아버지들은 무리해서 아이의 잘못을 고치려 할 뿐 아니라 자녀에게 요구 사항이 많다. 물론 아버지들에 비해 어머니들의 이해심이 더 깊기는 하지만 이 경고는 어머니들에게도 함께 적용된다.[1]

자녀를 이해하는 첫걸음은 그들이 얼마나 사랑받고 싶어 하는지를 깨닫는 데에 있다. 너무 간단한가? 부모들이여, 명심하라. 아이를 향한 깊은 사랑이 있다고 해서 자동적으로 이해심이 솟아나는 것은 아니다. 그런 까닭에 나는 우리가 에베소서 6장 4절이나 골로새서 3장 21절 같은 말씀을 너무 가볍게 받아들여서는 안 된다고 생각한다.

하지만 이 말씀대로 산다는 것은 말처럼 쉽지가 않다. 자녀보다 감정적으로 성숙할 것으로 여겨지는 부모들이 때로는 아이처럼 행동한다. 부모가 아이들을 주기적으로 화나게 하거나 짜증 나게 하여 아이들을 낙심시킨다면 아직 미성숙하다는 뜻이다. 많은 부모들은 자신이 원하는 것을 아이들에게 이해시키고 공손히 따르게 하는 것을 양육이라고 생각한다. 사실은 그 정반대로 아이를 이해하는 것이 양육임을 우리 부부는 힘겹게 배웠다. 당신이 아이들을 사랑하고 이해하면 자녀들은 자연스럽게 순종적이고 공손해진다. 때론 불가능해 보이기도 하지만 장기적으로는 분명 효과가 있다.

도를 넘어 아이들을 화나게 하는 일

아이들을 화나게 하지 말라고 한 것을 보면 아이들을 다룰 때에도 넘지 말아야 할 어떤 선이 있음을 알 수 있다. 어른들이 넘지 말아야 할 선을 넘어 아이들을 짜증 나게 하는 경우를 생각해보자.

너무 공격적이거나 폭력적인 경우 쉽사리 정도를 지나칠 수 있다. 그렇다고 자녀를 훈육하는 것을 그만두거나 엄하게 다루지 말라는 뜻이 아니다(7장 "훈육하라"를 참고하라). 내 말은 인내심이나 냉정을 잃고 아이를 대해서는 안 된다는 뜻이다. 딴청 피우는 아이에게 소리를 꽥 지르거나 아이의 팔을 단단히 붙잡고 윽박을 지르는 일에 대해서는 재고해야 한다. 그보다 더한 일을 겪은 아이들도 있다. 나는 어린 시절 학대를 받았다고 고백하는 부모들의 편지를 많이 받는다. 나 역시 어린 시절에 아버지가 어머니에게 언어폭력을 사용하는 모습을 보면서 두려움과 좌절감, 분노의 감정을 알게 되었다. 하지만 정도가 어떻든 간에, 거친 말과 난폭한 힘을 사용하면 어떤 아이라도 화나게 만들어 종국에 아이는 마음을 닫는다.

약속을 어기는 경우 역시 도를 지나칠 수 있다. 약속을 지키지 못한 타당한 이유가 있다고 하더라도 말이다. 그중에서도 최악은 아이 홀로 남겨진 채, 돌아오지 않을 엄마나 아빠를 기다리는 경우다. 내 친구는 자신의 어머니가 2주 후에 돌아오겠다고 약속한 후 차를 몰고 떠나버린 것을 생생히 기억하고 있다. 그는 몇 달 동안 창밖만을 내다보면서, 어머니의 차와 색깔이 비슷한 파란 자동차가 지나갈 때마다 눈을 반짝였다. 그 친구는 이렇게 말한다. "'엄마는 알코올중독이라 다시 오기 힘들지만, 대신에 할머니가 널 돌보아주실 거야'라고 말해주셨으면 차라리 낫지 않았을까 싶어." 지키지 못한 엄마의 약속은 여덟 살짜리 아이의 마음에 평생 큰 상처를 남겼다.

당신 눈에는 대수롭지 않게 보이겠지만, 약속이 깨졌다면—아이의 발표회나 운동회에 참석하지 못한 일, 출장길에 장난감을 사오지 못한 일 등—아이는 화가 날 수 있다. 핵심은 분명하다. 아이와 맺은 약속은 무슨 수를 써서라도 지켜라. 성경에서 말씀하는 것처럼 "선물한다고 거짓 자랑하는 자는 비 없는 구름과 바람 같다"(잠 25:14).

불가항력적인 상황 때문에 도저히 약속을 지킬 수 없을 때는 용서를 구하고 언제든 가능할 때를 기약해야 한다. 아래 이메일은 당시 열한 살이던 조이에게 내가 보냈던 것을 이메일 보관함에서 찾은 것인데, 함께 계획했던 데이트 약속을 어긴 직후에 쓴 것이다.

사랑하는 막내에게

오늘 오후 3시부터 5시까지 아빠 일정이 꽉 차 있었어. 하지만 오히려 더 잘된 것 같아. 엄마와 나는 이런 결정을 했단다. 다음 주 월요일에 네가 학교에 가지 않으니까 우리 셋이서 세 가지 일을 해 보는 거야. 1. 체육관에 간다. 2. 맛있는 점심을 먹으러 간다. 3. 쇼핑을 간다. 며칠을 더 기다리게 해서 미안하구나. 열한 살 나이엔 참기 어려운 일이지. 그렇지만 다음 월요일이 정말 기대되지 않니?

조이가 어떤 답신을 보냈는지는 기억이 안 난다. 하지만 중요한 것은 이 편지가 아이의 기분을 조금이나마 풀어주었다는 사실이다. 사과하는 말이나 쪽지는, 부모가 아이의 기분을 가볍게 여기지 않고 있음을 확인시켜주는 수단이 된다.

짜증이나 화가 났을 때 아이에게 욕설을 한다면 분명 아이에게는 충격으로 남는다. 우리 아버지는 내게 "쓸모없는 놈"이란 말을 자주 했는데 그 때문에 나는 오랫동안 아버지에게 마음의 문을 닫아버렸다. 아버지가 아직 살아 있었다면 분명 나에게 사과했을 것이다. 나는 아버지가 진심으로 뱉은 말이 아님을 알고 있다. 하지만 당시 아버지의 성급한 감정 표출은 어린 나의 기를 꺾어버렸다.

다시 한번 말한다. 아이에게 절대 욕하지 말라. 욕을 한다면 당신은 아이의 마음을 잃게 된다. 이 문장을 쓰는 동안 나의 내면에서 솟아나는 감정들을 느끼면서 깜짝 놀랐다. 가정에서의 욕설은 좋은 일이 아니다. 혀는 "불이요 불의의 세계"가 될 수 있다(약 3:6).

자초지종을 들어보지도 않고 섣불리 비난을 쏟아 붓게 되면 특히 해롭다. 조이의 십대 시절 이야기다. 내가 집에 돌아왔는데 조이가 남자친구와 우리 집 거실에서 씨름을 하고 있었다. 순전히 장난이었지만 내게는 온갖 종류의 적신호가 켜진 것 같았다. 나는 딸아이를 한쪽으로 조용히 불러(최소한 그 정도의 센스는 있었다) 이런 신체 접촉이 사내아이를 어떻게 늑대로 돌변시킬 수 있는지를 설명하려고 했다. 조이는 기절초풍할 정도로 당황했다. 조이와 남자친구 녀석에게 씨름은 순수하고 유쾌한 놀이에 불과했는데 조이는 일어나지도 않은 일에 대해 아버지인 나에게 비난을 들은 것이다. 조이는 억울한 표정으로 눈물을 쏟았고 적지 않은 시간 동안 나에게 마음을 열지 않았다.

그렇게 한 것이 잘못이었는지는 논쟁의 여지가 있다(난 그저 아버지로서 도움을 주고 싶었을 뿐이다). 그러나 내가 다른 식으로 접근했어야 했다는 데는 논란의 여지가 없다. 한걸음 물러서서 이렇게 자문해보면 어땠을까. "내가 지금 당장 이 일을 문제 삼으면 조이의 기분이 어떨까? 못 본 척해야 할까? 아내라면 어떻게 조언했을까?" 나중에 아내는 내가 '대형 사고'를 친 바람에 조이의 마음을 돌려놓으려고 중간에서 얼마나 고생했는지 모른다고 이야기해주었다.

성인이 된 우리 아이들에게 내가 아버지로서 어떤 실수를 저질렀는지 기억을 더듬어보라고 하자 조이는 곧장 그 사건을 끄집어냈다. 나는 다시 한번 당황했고, 과연 부모의 역할이라는 주제를 다룰 만한 자격이 내게 있는지 의구심이 들었다. 다행스럽게도 지금 조이와 나는 완전히 열린 부녀 관계를 유지하고 있다. 내가 본의 아니게 딸아이에게 준 상처 때문에 마음이 무겁고 죄책감을 느낀다고 고백하자 조이는 이렇게 말했다. "아빠, 아빠가 잘하신 일들이 얼마나 많은데요. 게다가 아빠는 부모들을 도와 하나님의 은혜를 받아들이도록 하시잖아요. 그렇다면 아빠도 그분의 은혜와 저의 용서를 받아주셔야죠."

잘못된 혹은 섣부른 비난은 십대에게 특히 해롭다. 왜냐하면 이들은 스스로를 이해하고 홀로 서려고 애쓰는 중이기 때문이다. 그러나 나이를 불문하고 사실관계를 파악하지 않은 채 아이를 비난하는 것은 아이의 화를 돋우고 짜증 나게 하는 확실한 방법이다. 성경도 이렇게 말씀한다. "너희가 알지니 사람마다 듣기는 속히 하고 말하기는 더디 하며"(약 1:19). 조심스레 경청하고, 말하거나 행동하기 전에 사실을 먼저 확인하라는 말씀이다. 잠언 18장 13절은 이렇게 지혜롭게 조언한다. "다 듣기도 전에 대답하는 것은 어리석고 무례한 일이다"(메시지).

나는 가족에 대한 박사 학위 논문에서 "주의 깊고 조심스러운 경청"을 큰 비중으로 다루었던 터라 기본은 알고 있다고 생각했지만, 사실은 대학원 수업보다 우리 아이들에게서 더 많은 것을 배웠다.

예를 들어, 아이의 말에 주의 깊게 귀를 기울일 때는 대개 아이의 눈을 똑바로 본다. 조이가 서너 살이었을 때다. 딸아이는 내 얼굴을 손으로 붙잡고 자기 쪽으로 향하게 하고는 이렇게 말했다. "아빠, 저 좀 보세요." 아들 녀석들은 나에게 뭔가를 말하고 싶을 때면 내가 다른 곳을 보지 못하게 하면서 이렇게 말하곤 했다. "아빤 듣고 있지도 않잖아요. 내가 무슨 말을 하든 관심도 없다고요." 나는 경청하고 있다고 생각했지만, 우리 아이들은 그럴 때마다 내 실수를 일깨워주었다.

데이비드가 최근에 말하기를, 아빠가 자기를 이해하고 싶어 한다는 것은 알았지만, 정작 그렇게 느낀 적은 거의 없다고 털어놓았다. 아내와 내가 모두 큰 실수를 범한 것 같다. 우리는 제대로 대처하지 못했고, 감정적으로 반응하곤 했다. 제대로 알고 있는지 확인하기보다는 안다고 짐작하고는 넘어갔다. "한번 생각해볼게"라고 말하지 않고 성급하게 답을 하곤 했다.

나는 지금도 경청이라는 기술을 배우는 학생이다. 그중에 내가 배운 것이 있다면 이것이다. 양육은 아이들에게 당신의 명령이나 조언, 지침을 주고 이를 지키라고 강요하는 것이 아니라, 그들을(그리고 부모에게 하고 싶은 말과 감정을) 이해하려고 노력하는 일이다.

어쩌면 여러분은 우리 부부의 실수담을 통해 배울 수도 있으리라. 아이들은 자신을 이해해주는 부모를 필요로 하고 또한 그런 부모를 간절히 원한다. 자녀의 마음을 알아주는 부모가 되기 위한 출발점으로 경청만큼 좋은 것이 없다.

불합리한 기대나 부탁, 요구도 부모들이 저지르기 쉬운, 도를 넘은 실수의 예다. 아이들에게는 부모의 부탁을 들어줄 능력이 없다는 것을 부모들이 잘 모르기 때문에 이런 실수가 벌어진다. 때로 부모는 아이와 다른 시선으로 세상일을 바라본다. 매번 눈높이를 맞추기에는 부모들이 너무 바쁜 까닭이다. 자기 딸아이의 축구팀 코치를 맡고 있는 어떤 아버지는 딸이 최고의 선수라고 생각했고, 실력 발휘 좀 하라고 집요하게 딸을 다그쳤다. 아버지는 딸이 잘되라는 뜻에서 엄격하게 대했다고 주장하지만, 그가 정말로 원하는 것은 딸의 성장이 아니라 아버지로서 자기 존재감을 드러내는 일이었다. 계속되는 압박에 딸아이는 지쳐갔고 결국 축구라는 말만 들어도 몸서리를 쳤다. 아이의 반응을 이유 없는 반항으로 받아들인 아버지는 분통을 터뜨렸고, 딸도 마음의 문을 닫아버렸다.

가족 관계의 악순환이 일어나는 원인을 살펴보면, 부모의 욕심이 과해 아이들에게 감당하기 힘든 목표를 부여했기 때문인 경우가 많다. 아이들은 자기의 역량을 넘을 정도의 무리한 요구를 받으면 화를 내거나(엡 6:4) 패배감에 젖어 기가 죽는다(골 3:21).

내게 편지를 보냈던 한 여성은 "언제나 아버지의 사랑스런 딸이기를 바랐지만, 아무리 잘하려고 애써도 아버지는 단 한 번도 나를 자랑스러워하거나 안아준 적이 없었어요. 무슨 일을 해도 아버지 성엔 차지 않았죠. 나는 점차 그런 일에 무심해졌어요. 아버지에서 나를 고립시켜버렸죠"라고 썼다.

이 밖에도 아이가 감당하기 힘든 일을 저질러 자녀를 분노케 하는 일들이 참 많다. 이런 경우에 참고할 만한 기본 원리가 있다. 아래 질문을 통해 내 마음을 살펴본 후에 자녀에게 다가가는 게 좋다.

"지금 내가 하려는 말은 아이에게 사랑스럽게 들릴까?"
"나는 이 아이의 눈으로 세상을 바라보려고 애쓰는가?"
"내가 십대일 때는 어땠는지 기억하는가?"

분노의 문제에 있어서는 배워야 할 것이 여전히 많다. 그리고 많은 부모들에게는 해결해야 할 더 중요한 질문이 하나 더 있다.

'열쇠'를 넘겨주지는 말라

아이들이 우리의 속을 뒤집어놓고 화를 돋울 때에는 어떻게 해야 할까? 날카로운 비수가 오고가는 중에도 부모는 차분함과 침착함을 유지해야 한다. 잠언 17장 27절은 이렇게 말씀한다. "말을 아끼는 자는 지식이 있고 성품이 냉철한 자는 명철하니라."

우리가 할 일은 감정을 통제하고 후회할 만한 말을 내뱉지 않는 것이다. 우리는 이 점을 분명히 해야 한다. 우리가 어른이기 때문이다. 차를 운전하는 사람은 부모들이다. 철없는 아이처럼 굴면 자동차 열쇠를 빼앗기고 만다.

아이들로 인해 당신은 얼마나 쉽게 짜증을 내고 분노하는가? 이와 관련해 생각해보아야 할 문제가 몇 가지 있다.

나에게는 추측하거나 속단하는 경향이 있는가? 다시 말해, 아이가 불순종하거나 늑장을 부리거나 하루에도 열두 번씩 다양한 방법으로 못된 짓을 저지를 때 아이의 행동에 지나치게 많은 의미를 부여하지는 않는가? 가령 아이가 밤늦도록 잠을 미루며 당신의 핏대를 올리게 하기 위해 모종의 전략을 짜고 있는 것처럼 느껴지는가?

특정 상황이 되면 아이가 무례하게 굴 것이라고 단정 짓고는 미리부터 화를 내는 부모도 많다. 어떤 어머니는 이렇게 말한다. "딸은 숙제를 하라는 제 말을 무시할 거예요. 절 짜증 나게 하려는 거죠. 그렇게 버릇없이 구는 걸 도저히 못 봐주겠어요."

부모들은 입을 모아 외친다. "아이들이 진심으로 우릴 존경한다면 우리 말을 들었겠죠! 당연히 화가 납니다. 속상한 게 정상 아니에요?" 하지만 많은 경우, 이런 호소에 대한 답변은 "아니요"이다. 아이는 지극히 정상적으로 행동하는데 당신은 성급한 결론을 내리고 있다. 물론 당신은 아이의 잘못된 생활습관을 바로잡아줄 필요도 있다. 그러나 화를 내면서 하는 건 안 된다. 또한 아이들 일이라면 일단 최악의 상황을 단정하고 접근하는 습관도 좋지 않다.

우리는 아이들이 어른처럼 행동하길 바란다. 우리를 화나게 만들지 않고, 언제나 부모 말에 협조적이길 원한다. 기대에 어긋나면 우리는 인내심을 잃고 짜증 섞인 목소리로 "우는 소리 그만해! 언제 정신 차릴래?"라든가 "넌 왜 언니처럼 못해?" 같은 상투적인 말로 아이를 다그친다. 짜증이 분노로 변하는 것은 순식간이다.

데이비드가 열한 살인가 열두 살이었을 때, 딱 한 번 녀석을 벽에다 힘껏 밀어붙인 적이 있었다. 말조심을 하지 않았다는 이유였는데, 토요일 오전 내내 공격적인 태도를 보이던 녀석을 향한 나의 불만이 그때 마침 정점을 찍었다. 물론 겁을 주기 위해 밀치는 시늉만 한 것이지만 내 행동은 과했고 잘못된 것이었다. 냉정을 잃었기 때문이다. 나는 아이의 눈빛을 보며 이건 아들의 문제가 아니라 내 문제임을 직감했다. 끔찍한 기분이었다. 나는 아들에게 미안하다고 말하고 용서를 구했다.

성급함과 분노가 빚어낸 그날의 경험은 아직도 뇌리에 생생하다. 결국 나는 데이비드보다 훨씬 더 미성숙한 모습을 보이고 말았다. 분노에 가득 차서 열쇠를 넘겨주고 말았다.

흥미로운 것은, 데이비드에게 그날 일을 기억하느냐고 묻자 둘째는 이렇게 대답했다. "아니요, 아버지가 저를 벽에다 밀쳤던 건 기억나지 않아요. 오히려 아버지가 저를 들쳐 업고 지하실로 갔던 때가 기억나요. 지하로 내려가는 길에 제가 벽 쪽에 기대어 놓은 크고 높은 나무 선반을 잡아당겨 쓰러뜨렸죠. 전 아직도 그 일이 자랑스러워요." 나는 크게 웃으며 데이비드로 하여금 통제력을 잃은 아비의 모습은 잊도록 하시고 자기 허세만 기억하게 하신 주님께 감사드렸다.

아이들 때문에 당신의 감정이 폭발하고 행복이 깨진다고 무의식

중에 생각하고 있는 것은 아닌가? 아이들의 행동에 따라 나의 자존감이 낮아지거나 높아진다고 여기는가? 아이들이 '착하게' 굴면 내가 좋은 사람인 것 같고, 아이들이 '못되게' 굴면 내가 나쁜 사람이 되는 것 같은가? 내가 상담한 어머니들 중에는 자신의 자존감에 대한 책임을 교묘한 방법으로 아이들에게 떠넘겼음을 인정하는 사람들이 많았다. 이럴 경우, 다음의 두 가지 나쁜 결과 중 하나로 이어진다. 즉, 얌전한 아이를 만들기 위해 아이의 부당한 요구까지 들어주거나, 아이에게 분노를 품는 것이다.

당신은 이러한 책임 전가의 덫에 빠지지 말아야 한다. 설령 이 덫에 빠져 허우적거리더라도 벗어날 수 있는 방법이 있다. 당신이 부모로서 갖는 자존감은 아이들이 아니라 그리스도께서 당신에게 부여하신 가치를 깨닫는 데서 비롯되기 때문이다. 아이들이 우리의 감정을 뒤흔들 수는 있어도 우리의 자존감을 결정할 수는 없다. 자존감은, 하나님과의 건전한 관계에 따라 결정되어야 한다(이에 대해서는 13장에서 더 자세히 살펴볼 예정이다).

너무 바쁜 나머지 아이를 돌아볼 경황이 없는가? 어떤 부모들은 목표와 일과, 전화, 이메일, 끝없는 문자메시지 따위에 정신이 팔린 나머지, 아이가 부모의 시간을 비집고 들어올 때면 화를 낸다. 수년 전 나는, 집에 딸린 사무실에 틀어박혀 문을 모두 걸어 잠근 채 마감 시간에 쫓겨 정신없이 일하는 한 아버지의 이야기를 들었다. 그는 세 살 먹은 아이가 방문을 아주 살짝 걷어차는 소리를 들었다. 그는 그 소리를 무시하려고 애썼지만 결국 사납게 소리를 지르고 말았다. "제이슨, 문에서 떨어져! 아빠 일을 해야 한다고!"

갑자기 사방이 고요해졌다. 하지만 잠시 후 그는 입을 틀어막고 흐느끼는 소리를 들었다. 그가 문을 열자 바닥에 주저앉은 제이슨이 훌쩍이는 것이 보였다. "도대체 왜 그러니?" 아버지가 물었다. 어린 아들은 입술을 떨면서 더듬더듬 말했다. "난 그냥… 아빠를… 사당(사랑)한다고… 말하려고…."

위대한 철학자 소크라테스는 이렇게 말했다. "바쁜 생활이 가져오는 열매 없는 삶을 경계하라." 삶이 정신없이 바쁜 나머지 사소한 방해에도 짜증이 난다면, 당신의 소중한 아이들은 그만큼 사랑받지 못하고 오해받고 있다는 생각을 하고 있는지도 모른다.

● 극적으로 관계를 회복시키는 마법의 메시지

양육을 잘한다는 것은 충분히 공감한다는 의미다. 공감이란 "참 안됐구나"라는 간단한 말 한마디 이상의 의미를 담고 있다. 공감한다는 말은, 타인의 느낌이나 생각을 이해하고 공유한다는 뜻으로, 특히 상대가 상처를 입었거나 슬퍼할 때 더욱 필요한 말이다.

그렇지만 과도한 공감은 유익하지 못하다. 지나친 공감은 아이 안에 자리 잡은 분노와 자기 연민의 감정을 부추길 수 있다. 최악의 경우, 아이의 부당한 행동을 정당화시키고, 아이의 변명을 받아주는 꼴이 된다. 시간이 흐르면 아이는 당신을 조종하는 방법을 배우게 되고 심지어 거짓말은 습관이 된다.

어디까지 공감해야 하는지 결정하기란 쉬운 일이 아니다. 당신이 생각할 때 여기까지는 괜찮겠다고 결정하려면 아바 아버지에게 의지해야 한다(히 12:10). 아내와 나에게 한 가지 장점이 있다면 그것은 그저 하나님을 신뢰한다는 것이다. 이 말이 너무나 단순하게 들린다는 걸 나도 안다. 하지만 아내와 나는 힘든 결정을 내릴 때마다 하나님을 의지했고, 지금도 마찬가지다. 우리는 하늘에 계신 아버지가 우리를 그분의 자녀로 받으시고 이해하신다는 사실에 근거해 자녀를 이해한다. 실제로 예수님은, 우리가 자녀들에게 느끼는 것과 동일한 감정을 하늘에 계신 아버지도 느끼신다고 가르치셨다(마 7:7-11). 우리를 향한 하나님 아버지의 사랑 때문에 우리 부부는 하나님이 우리를 대하시듯 아이들을 대해야 한다고 믿었다. 우리가 이러한 진실을 외면했을 때마다 우리는 실패했다.

주님이 이런 우리의 분투를 이해하시듯 우리도 아이들의 분투를 공감해야 한다. 히브리서 4장 15절이 좋은 본보기다. "우리에게 있는 대제사장은 우리의 연약함을 동정하지(empathize) 못하실 이가 아니요 모든 일에 우리와 똑같이 시험을 받으신 이로되 죄는 없으시니라."[2] 우리가 그들을 이해하고 공감해주지 못한다면 어떻게 될까?

당신이 실수했을 때는 용서를 구하라. 《그 여자가 간절히 바라는 사랑, 그 남자가 진심으로 원하는 존경》(국제제자훈련원, 2007)에서 나는, 결혼 생활에서 우리가 쓸 수 있는 가장 강력한 말이 바로 "미안해요, 용서해주겠어요?"라고 썼다. 같은 원리가 자녀 양육에도 적용된다. 우리가 아이들을 이해하지 못할 때, 넘지 말아야 할 선을 넘었을 때, 그래서 아이들이 화가 나고 우울해졌을 때 우리는 이렇게 말할 수 있다.

"미안해, 엄마가 화가 나서 네 기분을 이해하지 못했어. 엄마가 잘못했어. 엄마를 용서해주겠니?"

"아빠가 네 이야기를 다 들어보지도 않고 그렇게 말했구나. 아빠가 실수했어. 사과할게."

어떤 방식으로 말하든지 간에, 아이에게는 "용서해주겠니?"라는 메시지를 확실히 전달해야 한다. 아내는 이렇게 말했다. "'엄마가 잘못했어. 엄마를 용서해주겠니?'라는 말은 부모인 나에게 가장 중요한 말이었어요. 내 기억으로는 우리 어머니가 나에게 잘못을 인정하신 건 딱 두 번뿐이었어요. 난 어머니를 진심으로 사랑했지만 어머니가 '미안하다'고 말해주길 간절히 바랐고요. 어머니가 잘못하기도 했다는 걸 나도 알고 있었으니까요."

정리해보자. 언행이 지나쳤던 부분에 대해 사과하면 아이들은 인정받고 사랑받았다고 느낀다. 그리고 이는 자녀를 이해하는 데 있어 좋은 출발점이 된다.

6

가르치라 Instruct :
너무 많이도 말고 핵심만

G-U-I-D-E-S에서 세 번째로 살펴볼 단어는 'Instruct'(가르치라)이다.

오래전 목회자로 사역할 때, 한 젊은이가 나에게 편지를 보냈다. 1960년대 그가 유년 시절을 보냈던 집은 길게 뻗은 사유 도로의 끝자락에 위치해 있었다. 사람들은 종종 도로 끝까지 차를 몰고 와서 그의 집을 기웃거렸다. 젊은 연인들은 아예 도로 끝에 차를 세워놓았다. 길 끝에는 차를 돌릴 수 있는 공간도 없어서 사람들은 툭하면 차를 몰고 앞마당 안으로 들어와서 잔디 위에 바퀴 자국을 남겼다. 어느 날 아버지와 함께 바퀴 자국을 지우고 있던 그는 넌더리를 내며 이렇게 말했다. "아버지, 이런 자식들은 흠씬 두들겨 패주지 그러세요?"

아버지는 어깨를 으쓱하고는 이렇게 말했다.

"아니. 그럴 거 없다." 왜냐고 묻자 아버지의 대답은 이랬다.

"잔디보다 중요한 게 얼마나 많은데 그러냐." 아버지의 말뜻을 이해하지 못해 그는 재차 물었다.

"예를 들면요?"

그때 들려주신 아버지의 한 마디는 그의 인생에 엄청난 영향을 미쳤다. "친절, 형제애, 사랑, 뭐 그런 것들 말이다."

그로부터 오랜 세월이 흐른 뒤 그 편지를 쓴 젊은이는 이렇게 글을 맺었다. "웃긴 이야기처럼 들리시겠지만, 그 말씀이 저에게는 긴 여운을 남겼습니다. 그 가르침의 순간은 저로 하여금 세상을 넓게 보는 안목을 길러주었습니다. 더 나아가 아버지가 저를 사랑한다는 걸 분명히 느꼈습니다. 하지만 그중에서도 가장 중요했던 건 그리스도와 동행하는 삶이 어떤 것인지 확실히 보여주신 것입니다."

그의 아버지는 이 젊은이를 평생 따라다닌 그 몇 마디 말을 의도적으로 내뱉지는 않았을 것이다. 가령 이런 식으로 생각하면서 말이다. '아, 지금이야말로 아들에게 지혜를 전해줄 수 있는 절호의 기회야.' 십중팔구 "주의 교훈과 훈계로 양육하라"는 에베소서 6장 4절을 떠올리지도 못했을 것이다. 그런 짧은 순간에 우리는 진심으로 믿는 것을 드러내는 법이다. 그의 아버지는 평소 그런 삶을 살았던 것이다. 그것이야말로 부모가 줄 수 있는 최고의 가르침이다. 부모의 겸손한 마음에서 나오는 통찰력을 받는 순간, 아이들은 주의를 집중한다.

오늘날 우리가 사는 이 세상은 예수님의 가르침으로부터 점점 멀어지고 있다. 우리가 하나님을 진정으로 믿는 부모라면, "친절, 형제애, 사랑"에 대한 가르침이 세상 어떤 것보다 더욱 가치가 크다는 점을 아이들에게 보여주어야 한다.

● 부모는 아이에게 가장 중요한 선생님

자녀에게 진리를 전달하는 데 있어 부모보다 중요한 사람은 없다. 잠언 1장 8절은 이렇게 말한다. "내 아들아, 네 아비의 훈계를 들으며 네 어미의 법을 떠나지 말라." 그렇지만 오랜 세월 목회를 하다 보니, 부모 자신이 아이들에게 가장 중요한 선생님이라는 사실을 많은 신자들이 확신하지 못하고 있음을 알게 되었다. 학교에서든, 교회에서든, 운동장에서든 결국에는 교육자로 훈련받은 사람들이 아이들을 가르치고 있다. 얼핏 이런 생각이 들 것이다. '나보다 우리 아이들을 더 잘 가르치는 다른 사람들이 있어서 든든해. 내 역할은 아이들에게 관심을 기울이고, 돈을 벌고, 아이들을 사랑하고 지원해주는 것이지. 그게 중요한 일 아닌가?'

모두 다 중요하지만, 그것만으로 충분하지는 않다. 그래서 부모들에게 "주의 훈계"로 자녀를 양육하라는 명령을 주신 것이다. 에베소서 6장 4절에 나오는 '훈계'에 해당하는 헬라어는 아이들에게 말로 주는 가르침이나 경고, 격려와 관련이 깊다. 바울에 따르면 이런 가르침은 성령의 감동을 받은 성경 말씀에서 비롯되어야 한다. 바울은 디모데에게 보낸 편지에서 이렇게 말했다. "또 어려서부터 성경을 알았나니 성경은 능히 너로 하여금 그리스도 예수 안에 있는 믿음으로 말미암아 구원에 이르는 지혜가 있게 하느니라. 모든 성경은 하나님의 감동으로 된 것으로 교훈과 책망과 바르게 함과 교육하기에 유익하니"(딤후 3:15-16).

바울은 부분적으로 구약 성경을 참고했는데 그것은 디모데의 어머니 유니스와 할머니 로이스가 디모데에게 일러주었던 것이다. 하지만 바울은 "기록되었으되 사람이 떡으로만 살 것이 아니요 하나님의 입으로부터 나오는 모든 말씀으로 살 것이라"(마 4:4) 하신 예수님의 말씀과 방법도 염두에 두고 있었다. 그리스도를 따르는 우리는, 하나님 아버지가 계시며 주로 그 아들을 통해 우리에게 말씀하신다는 계시적 세계관을 믿는다. 로마서 10장 17절에서 바울은 이렇게 썼다. "그러므로 믿음은 들음에서 나며 들음은 그리스도의 말씀으로 말미암았

느니라." 우리가 그리스도를 마음 가운데 모시면 자녀들을 구주 예수님의 가르침대로 양육할 수 있을 것이다. 그리하여 아이들의 마음을 그리스도의 마음으로 이끌어갈 것이다.[1]

무엇을 가르쳐야 하는가

우리의 가르침에는 다음의 두 영역이 포함되어 있어야 한다.

첫째, 아이들을 하나님의 구원 진리에 단단히 묶어둘 수 있어야 한다. 자녀를 그리스도께 이끄는 것보다 더 큰 즐거움은 없다. 아이들을 그리스도에게로 어떻게 이끌어야 할지를 잘 모르겠다면 교회에서 교사로 수고하는 사람들에게 여러 가지 방법을 배울 수 있다. 누가 이 복음 메시지를 전하든지 간에, 영생을 얻는 일보다 더 중요한 것은 아무것도 없다는 사실은 분명하다. "사람이 만일 온 천하를 얻고도 제 목숨을 잃으면 무엇이 유익하리요?"(마 16:26)

쉰셋에 그리스도를 영접한 어머니는 내 앞에 성경을 들고 서서 눈물을 흘리며 이렇게 말했다. "내 곁에는 늘 성경이 있었는데도 그리스도를 아는 것에 대해 말해준 사람이 아무도 없었구나." 이제 어머니는 천국에 있지만, 이 세상 모든 부모에게 이렇게 말하려 했을 것이다. "그리스도 예수 안에 있는 믿음으로 말미암아 구원에 이르는(딤후 3:15) 지혜를 자녀들에게 주려면 아이들을 성경으로 가르치세요. 저처럼 그것도 모른 채 53년을 살도록 내버려두지 말고요!"

둘째, 일상의 삶에서 지혜롭게 행동하도록 아이들을 훈육하라. 솔로몬은 다음과 같은 가르침으로 잠언을 시작한다. "이는 지혜와 훈계를 알게 하며 명철의 말씀을 깨닫게 하며 지혜롭게, 공의롭게, 정의롭게, 정직하게 행할 일에 대하여 훈계를 받게 하며"(잠 1:2-3).

우리가 거짓말이나 부정행위, 도둑질을 하지 않는 것은 그것이 잘못된 행동일 뿐 아니라 우리를 사랑하시는 하나님의 마음을 아프게 하고, 우리와 다른 사람들의 관계를 악화시키고, 우리 평판에 해를 입히기 때문이기도 하다. 나는 아이들에게 입버릇처럼 말하곤 했다. "하나님이 '안 된다'고 말씀하시는 건 '스스로를 아프게 하지 마라'는 뜻이란다." 지금은 옳게 보이는 일도 결국에는 자신을 죽음으로 인도할 수 있다(잠 14:12).

"하지만 박사님, 아이들을 성경 말씀으로 가르치기엔 제가 많이 부족하다는 생각이 들어요. 성경을 제대로 배운 적도 없고, 성경 윤리나 신학, 역사에 대한 지식도 없거든요. 아이들은 한번 궁금한 게 있으면 질문을 끝도 없이 쏟아내잖아요." 나도 그 심정을 이해한다. 우리 아이들도 끝없이 질문을 던졌고(아직도 그런 것 같다) 이런 질문에 일일이 답을 해주기에는 내가 받은 학위조차도 도움이 안 될 때가 많았다.

그럼에도 모든 부모가 "주의 훈계"(엡 6:4)대로 아이들을 양육할 때 실천해 볼 수 있는 몇 가지 방법이 있다.

● 그리스도의 말씀이 너희 속에 풍성히 거하게 하라

자녀를 가르치기 위해 부모가 신학을 공부해야 한다는 이야기는 성경 어디에도 없다. 가난하고 못 배운 아프리카 원주민이라 할지라도 자기 아이를 그리스도의 교훈으로 가르칠 수 있다. 그녀는 아마도 성경을 읽지는 못하겠지만, 예수님의 말씀을 듣고 영혼 안에 말씀의 둥지를 마련한다면 하나님 보시기에 최고의 자녀 교육자가 될 것이다.

바울이 골로새서 3장 21절에서 가르친 내용은 사실 16-17절에서 "그리스도의 말씀이 너희 속에 풍성히 거하[게 하라]"는 명령을 생활 속에서 실천하는 모습을 언급하면서 사례로 든 것이다. 그리스도의 말씀이 마음을 채우면 그들은 자연스레 "주의 훈계"(엡 6:4)의 전달자가 된다는 의미다.

주님을 기뻐하고 그분의 진리를 묵상하는 부모들이 아이들과 소통할 때, 그들의 언행에서 주님의 가르침이 흘러넘치는 모습을 나는 자주 목격했다. 그러므로 모든 부모에게 권한다. 그리스도의 말씀이 당신 안에 살아 있다면 아이들을 가르칠 준비가 된 것이다. 당신은 이미 그리스도께서 사랑하시는 교사다. 이것이야말로 그분의 가르침을 아이들의 내면에 뿌리내리게 하시는 주님의 가장 중요한 수단이다.

부모의 가르침을 보강하는 데 도움을 주는 경건하고 지혜로운 교사도 많다. 지역 교회나 기독교 캠프, 학교를 활용하여 부족한 점을 채워라. 교회는 성경적인 관점에서 아동 발달 프로그램을 준비하여 당신의 양육에 큰 도움을 줄 수 있다. 나아가 교회는 뜻을 같이하는 신자들과 교제하고 공부할 수 있도록 자리를 마련해준다. 적극 도움을 구하라.

가르치는 대로 살라

어떤 부모는 이런 말을 했다. "우리 아이들을 보니, 아이들에게 말한 대로 나부터 살지 않으면 아무 소용이 없더군요." 거창한 일을 떠올릴 필요는 없다. 일상 속에서 자연스럽게 가르침을 전할 기회를 발견하라.

숙제 때문에 끙끙대던 한 초등학생이 엄마에게 숙제를 대신 해달라고 졸랐다. 하지만 엄마는 거절했다.

"그건 옳지 않아."

"그래도 엄마, 딱 한 번만 해줘요!" 아이가 애원했다.

엄마는 아들이 속임수를 쓰는 것보다는 정직이 낫다는 것을 깨닫게 하고 싶다. 친구가 게임 도중 속임수를 쓰면 아이도 싫지 않겠는가. 자기 힘으로 한 숙제가 아니라면 선생님도 싫어할 것이다. 무엇보다 자기 숙제를 남이 대신해준다는 말은 자신을 속이는 일이 아닌가? 엄마는 이런 식으로 자신의 가르침을 전달할 수 있다.

사실 교훈은 확실한 의도 없이 전달되는 경우가 많다. 아이들은 우리가 무심결에 던지는 말이나 행동을 통해서 더 많이 배운다.

교회에서 예배가 끝나자 한 소년이 목사님에게 말했다.

"제가 어른이 되면 목사님께 돈을 좀 드릴게요."

"그래, 고맙구나. 그런데 왜지?" 목사님이 물었다.

"우리 아빠가 그러는데 목사님이 우리가 아는 목사님 중에 제일 가난하다고 하셨거든요"(아버지는 '형편없다'는 의미로 'poor'를 썼는데 소년은 '가난하다'라고 이해함 — 옮긴이).[2]

말과 행동을 조심하라. 당신의 일거수일투족을 지켜보고 귀 기울여 듣는 아이들이 종종 당신이 하는 말을 문자 그대로 받아들일 테니 말이다.

● 어려움에 처한 순간이 가르치기 좋은 순간이다

이혼 위기에 처해 있던 스티브와 재키는 애정을 회복하기 위해 지푸라기라도 잡는 심정으로 '사랑과 존경' 주말 프로그램에 참석했다. 두 사람 사이에는 상당한 발전이 있었고, 나중에 집으로 돌아가 부부 간의 애정을 회복하려고 노력했다. 그러던 어느 날 다섯 살 난 아들과 함께 건강한 부부 생활을 다룬 동영상을 본 모양이다. 하루는 아내인 재키가 이메일을 보내왔다. "아들과 함께 차에 타고 있었는데 저도 모르는 사이에 큰 소리로 한숨을 쉬었나 봐요. 매튜가 이렇게 말하더군요. '엄마, 기분이 우울하면 그 동영상에서 사라 아줌마가 말한 것처럼 해보고, 감사한 마음을 가져요!' 아들 녀석에게 네 말이 맞다고 하고는, 우리는 그날 하루 감사할 거리를 이야기했답니다."

이토록 훌륭한 가르침이라니! 어려움의 순간에 처했을 때 누가 어떤 마음으로 가르침을 전달할 것인가 하는 건 정말 중요한 문제다.

가르침이 필요하다고 느끼는 순간은, 때로 누군가에게는 불쾌한 순간일 수 있다. 그래서 용기가 필요하다. 아들 데이비드가 열네 살이었을 때 녀석이 컴퓨터 야구 게임을 하는 모습을 우연히 접했다. 데이비드의 얼굴에는 짜증이 묻어 있는 것 같았다. "무슨 일이니? 삼진이라도 당했니?" 그런데 데이비드는 버럭 화를 내며 나를 밀쳤다. 게임 때문에 짜증이 나서 그랬겠지만 아들의 그런 행동은 옳지 않은 것이었다. 나는 아무 말도 하지 않고 자리를 물러났다. 얼마 후 데이비드에게 그 일에 대해 짧게 쪽지를 썼다.

사랑하는 데이비드에게

때로는 우리가 방심하는 사이 순식간에 사건이 벌어진단다. 사람은 화가 나면 충동적으로 행농하기도 하고, 마음이나 이성보다는 감정에 끌려가기도 하지. "지금 정말 짜증스러워서 모니터 화면을 부셔버리고 싶어." 가끔은 이런 식으로 말할 수도 있겠지. 아빠는 충분히 그럴 수 있다고 본다. 하지만 우리는 불편한 감정 때문에 다른 사람을 밀쳐내지 않고도 '나는 화가 났다'고 말로 표현할 수 있단다.

내가 데이비드에게 진심을 다해 다가가려고 했을 때 이 사건은 가르침의 순간이 되었다. 꼭 쪽지를 보내야 한다는 뜻은 아니다. 다만 이런 난감한 순간이 찾아왔을 때 이를 가르침의 순간으로 바꾸는 것이 중요하다. 히브리서 12장 10절처럼 행하고 당신이 가장 좋다고 생각하는 방법으로 아이를 가르치라(이에 대한 자세한 내용은 7장 "훈육하라"를 참고하라).

●
아이 스스로 깨닫게 하라

　우리가 자애로운 부모가 되기 위해 애를 쓰듯, 아이들도 예의 바른 자녀가 되기 위해 노력할 필요가 있다. 어떤 아버지가 내게 이런 편지를 보내왔다. "열두 살짜리와 열 살짜리 두 아들이 자주 싸웠습니다. 억지로 싸움을 말려도 그때뿐이더군요. 그래서 스스로 배우기를 바라며 '형제간에 서로 존경하고 친절하게 대하면 어떨까?' 하고 두 아들에게 제안했죠. 상대방이 '그런 대접을 받을 자격이 없다'고 여겨지더라도 그렇게 해보자고 했죠. 그러자 아이들에게 변화가 생겼어요. 기대치도 않았던 일이었는데 무슨 일이건 간에 엄마에게 순종하는 태도를 보이더라고요. 무조건적으로요."

　그의 편지는 계속 이어졌다.

　"아이들이 말다툼을 할 때마다 '그만 해!'라고 입버릇처럼 말하던 저는 이제는 말로 타이르는 대신 싸움을 중단시킨 후 아이들에게 자신의 행동이 예의 바른 것이었는지 물었습니다. 놀랍게도 그중 한쪽은 '아니요. 그렇지 않았어요'라고 대답하고, 때로는 애써 설득하지 않더라도 형이나 동생에게 사과하기도 합니다. 아이들은 여전히 티격태격하지만 예전과 많이 달라졌어요. 아이들이 이런 말을 하는 것을 들은 적이 있거든요. '형이 방금 한 말은 별로 기분 좋은 말이 아니었어. 내가 무슨 잘못이라도 했어?', '아빠, 제가 엄마 기분을 상하게 한 것 같아요. 제가 뭘 잘못했을까요?'"

　"제가 뭘 잘못했을까요?"라는 말은 완벽한 도입부가 되어 우리를 가르침의 순간으로 이끈다. 어떤 점이 예의 바르지 못했는지, 어떻게 해야 재발을 방지할 수 있는지 아이가 깨달을 수 있도록 이끌어주라 (부록 1도 참고하라).

아이의 자존감을 살리는 가르침

아이들이 삶의 위기에 처했을 때만이라도 글을 통해 가르침을 주고 싶었다. 그런데 아이들은 아빠가 지나치게 말이 많다고 느낀 모양이다. 내 글은 아이들에게 가르침이 되기보다는 죄책감을 안겼다. 아이들은 아빠가 공정하고 균형 감각을 갖추고 있고, 공감 능력이 있다는 사실은 인정하지만, 지나치게 많은 교훈을 주려고 애쓴 나머지 자신들의 자존감에 상처를 입혔다고 입을 모은다. 차라리 내가 말을 줄이고 귀를 열었다면 아이들은 더 많이 배우지 않았을까.

반대의 경우도 있다. 말이 많은 것도 문제지만 아예 입을 닫고 살면 어떻게 될까? 충분한 대화와 설명이 필요한 문제인데도 확실하게 짚어주는 사람이 없어 애꿎은 시행착오만 잔뜩 해온 경우도 있다. 나는 아버지를 좋아했지만 아버지는 나와의 의사소통에서 문제가 있었다. 특히나 아버지를 도와 집 안팎을 손질할 때 자주 그랬다.

수영장 필터에 달린 펌프 모터는 툭하면 고장이 났다. 어머니가 우리 집 수영장에 수영 강습소를 차렸기 때문에 펌프는 연중 무휴였다. 아버지는 바닥에 등을 대고 누워 작업 중인 자동차 정비공처럼 펌프 아래 누운 채 이따금씩 나를 불러 '알렌 렌치'라든가 '몽키 렌치' 따위를 찾아오라고 시켰다.

두 렌치가 어떻게 다르게 생겼는지 한 번도 설명해주지 않았던 아버지는 속사포처럼 말을 내뱉기만 했고, 렌치를 찾지 못한 나는 땀을 흘리며 쩔쩔 맸다. 이럴 때 여덟 살짜리 아이가 무슨 일을 할 수 있단 말인가? 대부분의 경우 빈손으로 돌아오거나 어쩌다 이런 말을 하는 게 다였다. "그게 뭔지 모르겠어요."

아버지는 한숨을 내쉬고는 투덜거리며 펌프 아래에서 빠져 나와, 필요한 것을 찾기 위해 몸을 일으키며 이렇게 말했다. "넌 정말 쓸모가 없구나." 한동안 나는 아버지가 '널빤지'를 말하는 줄 알았다('쓸모없다'는 의미로 사용하는 'on a boar'에서 'boar'라는 단어를 'board'로 착각했다는 의미—옮긴이). 그러나 단어보다 중요한 건 아버지의 목소리였다. 이미 한숨 소리에서 그 의미를 알아차린 나는 극심한 굴욕감과 분노를 안은 채 자리를 떴다. 내가 쓸모없는 사람처럼 느껴졌을 뿐 아니라 아버지에게 엄청난 실망을 안겨드린 것만 같았다.

나의 경험과는 반대로 이런 편지를 보낸 어머니도 있다.

> 큰아들 매튜가 세 살이었을 때 잔디 깎는 기계를 고친 적이 있어요. 아버지가 하는 걸 유심히 보던 아들은 드라이버가 필요한 걸 알았죠. 남편은 아이에게 드라이버 모양이 여러 가지라고 설명했어요. 공구함으로 달려간 매튜는 딱 맞는 드라이버를 가지고 돌아왔어요! 남편이 아이에게 고맙다고 하자 매튜는 이렇게 대답했어요. "보세요, 아빠. 아빠한테는 제가 필요해요!"
>
> 저는 남편으로부터 우리가 하는 활동에 언제나 아이들을 끼워주어야 한다는 걸 배웠어요. 아이들이 어릴 땐 다소 시간이 걸리고, 처음엔 더 많은 시간이 필요하고 또 일솜씨도 서툴겠지요. 하지만 아이들이 자존감과 소속감, 사랑받고 존경받는다는 느낌을 받을 수 있다면 아이의 활동 참여는 그만큼 충분한 가치가 있어요.

매튜 아버지의 애정 어린 인내심은 가르침에 있어 어디까지 알려주고, 어디까지 기다리고, 어떻게 말해야 하는지 알려주는 좋은 사례다. 부모가 아이를 무시한다면 그 아이는 사랑받지 못한다고, 스스로 바보 같다고 느낄 것이다. 적개심과 모멸감을 담은 가르침은 어떤 효과도 내지 못한다.

십대 아이 가르치기

십대 이전의 어린아이들은 부모의 가르침을 잘 따르지만 십대가 되면 상황이 달라진다. 조이는 십대가 되자 더 이상 "아빠, 가르쳐주세요!" 하고 조르지 않았다. 이십대 중반에 들어서자 간신히 사춘기를 벗어났고, 서른을 넘긴 지금은 나에게 자신의 멘토가 되어달라고 요청한다. 마크 트웨인은 이런 말을 했다. "열네 살 때 난 아버지가 어찌나 무식한지 도저히 그 곁에 있을 수가 없었어. 그런데 스물한 살이 되어서는, 그 7년 동안에 아버지가 어디서 그렇게 많은 걸 배웠는지 깜짝 놀랄 정도였다고."[3]

두뇌 발달에 관한 최신 연구 결과[4]는 청소년들이 모든 것을 다 안다고 생각하며 허세를 부리는 것 같지만 실제로는 왜 그렇게 불합리하고 비이성적으로 행동하는지를 잘 설명해준다. 인간의 두뇌는 사춘기를 지나는 동안 비약적으로 발달하는데 신경망은 더욱 촘촘히 연결되고 처리 능력과 의사결정 능력은 발전한다. 그러나 이러한 성장에도 불구하고 이 시기 청소년들의 두뇌는 이성보다는 정서적 기능 수행에 더욱 초점이 맞추어져 있다. 머리가 자란 듯 보이는 청소년들이 때때로 어리석고 위험한 행동을 하는 이유가 여기에 있다.

얼마 전, 청소년의 두뇌 발달에 관한 글을 읽은 조이가 이런 이메일을 보내왔다.

이 글은 제게 울림을 주네요. 십대들의 심한 감정 기복과 비이성적인 결정들이 조금은 이해가 됐어요. 공감도 되었고요. 고등학교에 다닐 때 저에게는 모든 것이 강렬하게 다가왔어요. 아버지나 어머니가 당시 제가 겪고 있던 극적인 사건들에 공감해줄 때마다 저는 두 분께 더 마음을 열고 싶어졌죠. 공감해주면 아이들은 안정감을 갖게 되니까요. 그러면서 부모들이 말하는 이성적인 생각을 받아들일 수도 있고요. 여기서 핵심 단어는 받아들일 '수도' 있다는 말이에요.

청소년기의 오만함과 주제넘은 태도는, 대개 이들이 삶을 정면으로 직면하게 됐을 때, 그리고 동시에 "자기 부모가 얼마나 나이 들었는지"를 깨닫게 되면서 사그라든다. 그때까지 부모는 자녀를 가르칠 때 냉정을 유지하면서 끈질기게 버텨야 한다.

● 하나님께 끊임없이 도움을 구하라

마지막 원리가 아마도 가장 중요하지 않을까 싶다. 주의 훈계대로 자녀를 양육하라는 하나님의 명령을 실천에 옮기기 위해서는 쉬지 말고 기도해야 한다. 하나님이 명하신 것에 대해서 우리가 순종할 수 있도록 그분이 도우신다는 것을 알게 되자 나는 평안을 찾을 수 있었다.

기도에 대해서는 9장 "간구하라"에서 더 자세히 다루겠지만 아이를 가르치기 위해 필요한 말이 그 순간 떠오르지 않을 때는 "주님, 지금 저에게 지혜를 주세요!"와 같은 단순한 기도도 효과를 발휘한다. 우리는 이런 식으로 기도할 수 있다.

> 주님, 아이들을 가르칠 때 균형 감각을 잃지 않도록 우리에게 지혜를 주소서. '너무 많은' 가르침으로 인해 아이들이 싫증내는 일이 없도록 도우시고, '너무 적은' 가르침으로 인해 꼭 배워야 하는 일들에 대해 무지하지 않도록 하소서. 우리가 가르치는 대로 우리도 살 수 있게 도와주시고 주님의 말씀이 우리 안에 풍성히 거하게 하옵소서. 어려운 순간에도 흥분하지 않고 가르침을 베풀 수 있도록 우리에게 통찰과 용기를 주소서.

훈육하라 Discipline :
대면하라, 바로잡으라, 위로하라

G-U-I-D-E-S의 네 번째는 'Discipline'(훈육하라)이다. 이 단어를 통해 아이들을 사랑하는 법을 배워보자.

아홉 살인가 열 살 때였던 것 같다. 나는 어머니와 여동생이 집에 못 들어오게 문을 잠갔다. 왜 그랬는지는 모르겠다. 두 사람이 계속 문을 두드리며 문을 열라고 외치던 장면은 기억에 선명하다. 나는 창틈으로 두 사람을 내다보면서도 문을 열어주지 않았다. 어떤 이유로 인해 나는 기분이 나빴고, 이제는 두 사람도 잔뜩 화가 났다. 흥미로운 사실은 어머니가 창틈으로 나를 들여다보면서도 한 번도 소리를 지르지 않았다는 사실이었다. 오히려 어머니는 문을 열라고 정중하게 몇 차례 부탁하고 난 뒤, 그래도 내가 말을 듣지 않자 뒤돌아서서 여동생과 함께 자동차 쪽으로 걸어갔다. 두 사람은 차를 타고 어디론가 가버렸다.

30분 후에 어머니와 여동생이 돌아왔다. 나는 어머니의 차가 언덕에서 내려오는 것을 지켜보다가 하마터면 숨이 멎을 뻔했다. 경찰차

한 대가 어머니 차를 따라 곧장 우리 집으로 오고 있었던 것이다! 식은땀이 줄줄 흘렀다. 어머니는 틀림없이 신고를 했을 테고 경찰은 나를 교도소에 잡아 가두려고 지금 온 것이다! 그제야 나는 문을 열었고 어머니는 내 곁을 지나가며 무심히 말했다. "저기 진입로에서 너랑 이야기하고 싶어 하는 분이 있어." 어머니는 "이놈아, 넌 이제 큰일 났다!"라고 야단치지도 않았다. 어머니는 그대로 방으로 들어갔고, 우리를 찾아온 경찰을 내가 만나길 바랐다. 나는 그렇게 했다.

경찰차로 걸어가면서, 경찰차 계기판 위에 권총이 있는 것을 본 나는 등골이 오싹했다. 그제야 머리에 '산불 방지' 모자를 쓰고 운전대 뒤에 앉아 있는 덩치 큰 남자가 눈에 들어왔다. 그 남자가 차에서 내리는데 나는 부들부들 떨면서 위쪽만 계속 쳐다보았다. 그는 못해도 2미터는 되어 보였는데 어쩌면 3미터 가까이 되었는지도 모른다!

그 남자가 낮은 목소리로 물었다. "넌 항상 엄마와 여동생이 집에 들어오지 못하게 문을 잠그니? 도대체 뭐하는 녀석이야? 또다시 이런 일을 꾸밀 거야? 내 생각엔 다시는 네가 이런 짓을 할 것 같지 않은데. 내 말이 맞니? 아저씨 총 좀 구경할래?"

나는 풀이 죽어 다시는 그러지 않겠다고 대답하고, 아저씨의 총을 보고 싶다고 했다. 그럭저럭 대화를 나누면서 거기 앉아 그 남자의 총을 구경하는 동안에 그는 나를 남자 취급 해주면서 남자라면 그런 짓은 하지 말아야 한다는 기분을 확실히 느끼게 해주었다. 그 후로 다시는 문을 잠그지 않았다. 진짜 남자는 그런 짓을 하지 않으니까.

나는 두말하면 잔소리가 될 사실, 즉 아이들에게는 훈육이 필요하다는 점을 설명하기 위해 어린 시절의 사소한 사건을 이야기했다. 성경이 자녀들에게 네 아버지와 어머니를 공경하라고 분명하게 명령하고 있음에도(출 20:12), 항상 그렇게 하지는 못한다. 솔직히 말하자면 아이들은 부모 속을 태우기 위해 태어난 것처럼 보인다(롬 3:23; 갈

3:22). 우리는 베풀고, 이해하고, 가르치면서 아이들을 진심으로 사랑할 수는 있지만, 그런 우리의 사랑조차 자녀들이 모든 부분에서 순종하도록 동기를 부여하지는 못한다.

그렇다면 우리는 어떻게 해야 할까?

훈육은 징계가 아니다

에베소서 6장 4절은 부모들에게 "오직 주의 교훈과 훈계로 양육하라"고 분명히 명령한다. '교훈'에 해당하는 헬라어는 '파이데이아'(*paideia*)인데 '바로잡다'라는 의미가 있다. 우리는 지나간 실수를 지적하기 위해서가 아니라 미래의 행복을 위해 자녀를 바로잡아야 한다. 훈육은 아이가 자신의 선택과 행동을 개선하도록 도와주는 것이다. 그런 점에서 우리는 아이들이 올바른 일을 할 수 있도록 훈련시켜야 한다.

꾸지람이 비록 잠시 슬픔을 가져오더라도(히 12:5, 11에도 나오는 '파이데이아'가 나온다), 훈육은 징계가 아니다. 훈육은 아이들을 올바른 길로 다시 돌아오게 한다. 우리는 "대가를 치르게 될 거야!"와 같은 응징의 말보다는, 잘못을 바로잡기 위한 긍정적인 메시지를 보내고 아이들에게 더 나은 길을 제시할 수 있도록 최선을 다해야 한다.

아이의 행동이 부모의 심사를 거슬리게 한다고 해서 그 행위가 모두 잘못은 아니다. 아이들은 유치하고 미성숙하여 짜증 섞인 행동을 하기 마련인데, 이는 버릇없는 반항이 아니다. 우리가 할 일은 그 차이점을 파악하고, 훈육이 필요한 시점이 언제인지를 분별하는 것이다.

둘째아들 데이비드는 아홉 살 때 자기 꿈이 메이저리그 투수였다고 회상한다. 텔레비전을 보다 영감을 얻은 데이비드는 테이프를 가져다가 알루미늄 재질로 된 우리 집 차고 뒤쪽에 스트라이크 존을 그렸다. 데이비드는 공을 던질 때마다 차고 벽면에 자국이 선명하게 남는 다는 사실을 깊이 생각하지 못했다. 심하게 찌그러진 알루미늄 벽 따위는 신경 쓰는 사람이 없으리라 생각하고 열댓 번쯤 공을 던졌다. 데이비드는 그 일로 크게 곤란을 겪지 않았다. 그 이유는 이랬다. "부모님은 야구가 저에게 얼마나 큰 의미인지 아셨고, 저는 순수한 마음으로 그랬으니까요. 어리석다고요? 맞아요, 하지만 일부러 그런 건 아니에요."

나는 데이비드와 이 사건을 회상하며 이렇게 말했다. "나도 분명히 기억한다. 난 좀 슬펐어. 엄청 충격을 받았거든! 몇 주 동안 그 사건의 충격을 떨쳐낼 수 없었어. 열다섯 번 중에 스트라이크가 고작 두 번뿐이라니!"

인정한다. 무엇이 부모님 말씀을 거역하는 것이고 무엇이 아이들 특유의 판단 미숙인지를 즉석에서 파악하기란 쉬운 일이 아니다. 하나님의 방법으로 양육하는 것에 어떤 절대적인 공식이 있는 것은 아니기 때문에 훈육할 때는 주관적 판단 기준을 마련해야 한다. 우리의 주관적 판단이 어느 정도의 불확실성을 갖더라도 괜찮다는 뜻이다. "이것이 바른 길이니 너희는 이리로 가라"(사 30:21). 하늘에서 이런 음성이 들리지 않더라도 우리는 평안할 수 있다.

자녀를 훈육하는 것은 아이들에게도 부모에게도 달가운 일이 아니다. 우리는 "무릇 징계가 당시에는 즐거워 보이지 않고 슬퍼"(히 12:11) 보인다고 배웠다. 아이들은 잘못을 지적당하거나 질책을 받는 것을 즐거워하지 않으며, 똑같은 지적을 만 번쯤 반복하는 부모들 역시 훈육은 도전적이고 어렵고 끔찍한 것이라고 생각한다. 훈육이 이렇게 불편과 불행만 야기한다면 굳이 왜 훈육이 필요한가?

우리는 이 질문에 대한 중요한 답변을 하늘에 계신 아버지로부터 배울 수 있다. "주께서 그 사랑하시는 자를 징계하시고"(히 12:6; 잠 3:12

도 보라). 히브리서 저자는 계속해서 이 점을 분명히 한다. "어찌 아버지가 징계하지 않는 아들이 있으리요?"(히 12:7) 아버지는 그 아들을 사랑하므로 징계한다는 것을 암시한다.

사랑으로 자녀를 훈육하는 방법

우리 부부는 성경이 훈육에 대해서 어떻게 말하는지 찾아본 뒤 하나님이 우리에게 명하셨다고 믿는 것들을 실천하면서도 그 결과는 하나님께 맡겼다. 우리는 최대한 사랑을 베풀고 공정하게 대하려고 노력하며 아이들 영혼에 상처를 주지 않으려 했다. 훈육을 할 때는 아이들 마음의 소리에 귀를 기울이려 애썼고, 지금도 그렇게 하고 있다. 물론 아내와 나도 많은 실수를 저질렀다. 은혜와 용서로 아이들을 훈육하려 했던 우리의 노력은 때로 기대에 미치지 못했다. 그와 동시에 우리는 옳은 일을 하기도 했다. 우리 집 장남이자 크리스천 심리 상담사인 조나단은 서른여섯 되던 해에 이런 글을 썼다.

> 부모님은 양육과 학업, 믿음과 같은 영역에서 내게 깊은 영향을 끼쳤다. 내가 생각하기에 목회자 가정에서 성장한다는 것은 모든 사람이 우리를 속속들이 안다는 의미와 같다. 하지만 우리는 사랑이 넘치고 친절한 부모님 밑에서 대체적으로 평범한 어린 시절을 보냈다는 점에서 약간은 특이하다. 오늘날 나는 부모님이 양육을 통해 보여준 지혜와 분별력을 소중히 여긴다. 부모님의 영향을 받아, 나는 부모라면 자녀의 인생에 권위자가 되어야 하며 선한 영향력을 미쳐야 한다고 믿게 되었다. 규칙을 정할 때는 분명한 기준이 있어야 하고 이 기준은 가족 내에서 공개적으로 논의되어야 한다. 때에 따라 훈육은 필요하지만 화가 난 상태에서 이루어져서는 안 된다. 부모님이 화가 난 상태로 우리를 훈육한 기억은 없

다. 두 분도 화가 나셨을까? 물론 그랬을 것이다. 하지만 두 분은 언제나 기다렸고, 독단적으로 결정을 내린 적은 없었다. 부모님이 우리를 훈육할 때면 두 분은 우리를 사랑하기 때문이라고 말했다. 어린아이가 쉽게 이해할 수 있는 말은 아니어서, 난 수도 없이 "어련하시겠어요?"라고 말했다. 하지만 오늘날 나는 두 분의 접근법을 소중히 여긴다.

우리는 이런 부분들을 실천하고자 했다.

1. 분명하고 공정한 규칙을 만들었다.
2. 화를 내지 않고 아이와 대면하여 바로잡았다.
3. 필요한 경우 결과를 규칙으로 정했다.
4. 순종했으면 반드시 보상하고, 우리가 아이들을 사랑한다는 사실을 늘 확인시켰다.

만 두 살 미만의 아이라면 아이가 이해하기 힘든 훈육보다는 주의를 분산시키는 편이 더 효과적임을 알았다. 예를 들어 아이가 화가 났을 때는 "자, 책에 나오는 오리가 무얼 하고 있는지 볼까?" 따위의 말로 아이의 감정과 주의를 다른 쪽으로 돌릴 수 있다. 그러나 두 살이 넘은 아이들은 더 이상 다른 관심사로 주의를 돌리는 일이 쉽지 않다. 이때는 간단한 규칙과 바운더리 설정이 필요하다. 다시 말해, 훈육을 시작해야 한다.

분명하고 공정한 규칙을 만들라

"규칙을 정한다"는 말은 율법적이거나 심지어 전체주의적 통치 수단처럼 들릴 수도 있다. 그렇지만 세상만사에는 규칙이 따른다. 예를 들어 디모데후서 2장 5절처럼 "경기하는 자가 법대로 경기하지 아니하면 승리자의 관을 얻지 못할 것"이다. 규칙 없이는 경기를 치를 수 없다. 마찬가지로 우리는 가족 구성원에게 방향을 제시하고 공정한 행동을 하도록 유도하기 위해 알기 쉽고 합리적인 규칙을 세워야 한다. 부모가 자녀를 위해 만드는 모든 규칙은 알기 쉽고 공정해야 한다. 또한 아이들이 오해할 수도 있다. 훈육하기 전에는 먼저 규칙을 제대로 가르쳐야 한다!

부모가 자녀를 위해 규칙을 만들지 않으면, 아이들이 우리를 위해 규칙을 만들 것이다. 예를 들면, 아이가 버릇없이 말하도록 놓아두면 당신은 아이로 하여금 스스로 규칙을 만들도록 내버려두는 셈이 된다. "아, 버릇없이 말해도 괜찮구나." 따라서 규칙은 불가피하다.

규칙을 세울 때, 모든 훌륭한 법과 규칙의 기본은 "당신이 대접받기 원하는 대로 남을 대접하라"는 황금률임을 명심하라. 나는 황금률로부터 '만일-그렇다면'(if-then) 원리를 발견했다.

만일 당신이 무언가를 열었다면 그것을 닫으라. 무언가를 켰다면 그것을 끄라. 뭔가를 어지럽혔다면 그것을 정리하라. 뭔가를 풀었다면 그것을 잠그라.

예를 들어 우리는 아이에게 이렇게 말할 수 있다. "만일 누가 네 자전거 자물쇠를 열고 다시 잠그지 않아서 자전거를 도둑맞았다면 네 기분이 어떨 것 같니?" 그럴 때 아이는 무척 화가 난다는 걸 알고 있다. 그래서 아이는 만일 자기가 형의 자전거를 열쇠로 잠그지 않으면 도둑맞을 수 있고, 그래서 형도 마찬가지로 화가 날 것임을 쉽게 이해할 수 있다. 우리가 대접받기 원하는 대로 남을 대접하는 것은 당연한 일이다. 하나님은 우리가 황금률에 따라 살도록 만드셨으며, 아이들은 태생적으로 이 원리를 이해한다. (하지만 세상 모든 어머니들이 말하듯 아버지들에게는 이 사실을 계속 일깨워주어야 한다. 우리 부부가 이 장을 쓰고 있던 중

2부 · 힘이 되는 선순환

에, 아내는 그 전날 내가 찬장 문과 땅콩버터 통 뚜껑을 닫지 않고 열어둔 것을 지적했다.)

규칙을 정했으면 왜 이 규칙이 필요한지 아이들에게 설명해주어야 한다. 이유를 납득시키는 일은 정말 중요하다. "내가 그렇게 정했으니까 무조건 따라야 해!"라는 말로는 아이들을 설득할 수 없다. 강압적으로 지정된 규칙은 '나는 아무 생각이 없고, 아이들에게 애정도 없다'고 하는 말과 똑같고, 문제만 일으킬 뿐이다. 규칙은 아이들의 마음에 작용해야지 신체만을 제어하는 도구가 되어서는 안 된다.

우리 가족에겐 두 종류의 규칙이 있었다. 협상 불가 규칙과 협상가능 규칙.

협상 불가 규칙

아내와 나는 양육에 익숙해지면서 세상이 뭐라고 하든지 간에 지속적으로 유지해야 하는 성경적 원칙이 있다고 결론을 내렸다. 우리 부부의 협상 불가 규칙 중 하나는 "언제나 진실을 말하라"였다. 우리는 아이들이 이 말을 이해할 수 있을 나이(어림잡아 만 두 살 정도)가 되자마자 이 원칙을 가르치려 했다. 우리 가정의 협상 불가 규칙들이 십계명을 반영하고 있음은 결코 우연이 아니다. 우리의 협상 불가 규칙은 이처럼 하나님의 법에 기초하기 때문에 연령과 발단 단계를 초월한다. 아이들이 현재 몇 살이고 어떤 발달 단계를 지나고 있는지는 이 규칙과 아무 상관이 없다는 말이다.

아이들은 매일매일, 우리는 거짓말이나 속임수, 도둑질을 하지 않는다고 배웠다. 만일 우리가 믿을 만한 사람이 되고 싶다면 거짓말하지 않고, 도둑질하지 않고, 다른 사람을 속이지 않아야 하기 때문이다. 예외는 없다. 왜 거짓말이나 속임수, 도둑질을 하지 말아야 할까? 다른 사람들이 우리에게 거짓말이나 속임수, 도둑질을 하는 것을 원하지 않듯, 우리도 그들에게 이런 행동을 해서는 안 되기 때문이다. 이것이 황금률이다.

우리 집의 또 다른 협상 불가 규칙은 다음과 같다. 만일 우리가 다른 사람들이 함께하고 싶어 하는 사람이 되고 싶다면, 우리는 버럭 화를 내거나 물건을 부수거나 사람을 다치게 해서는 안 된다. 일부러 물건을 부수고 다른 사람을 다치게 하는 일이 발생한다면 무관용 원칙을 적용하겠다고 가르쳤다. 우리는 아이들이 아직 걸음마를 배울 무렵, 가끔씩 짜증을 내는 경우에는 은혜를 베풀었지만, 분에 못 이겨 멋대로 구는 행동에 대해서는 용납하지 않았다. 우리는 다른 사람들이 자신에게 해를 가하는 걸 원치 않는다. 그런데 왜 다른 사람을 해치려 하는가? 이것이 황금률이다.

우리가 십계명에서 가져온 다른 규칙에는 이런 것도 있다. "우리는 하나님의 마음을 아프게 하는 행동은 하지 않는다. 대신에 우리는 하나님을 믿고 순종하려고 항상 노력한다." 예를 들어 만일 우리가 하나님을 사랑한다면, 하나님의 이름을 망령되이 부르지 않을 것이다. 우리는 기분이 좋을 때 하나님께 감사하는 것처럼, 마음이 힘들 때도 감사한다. 우리는 하나님을 저주하지 않고 그분을 섬기고자 애쓴다. 우리가 하나님을 영화롭게 하면 하나님도 우리를 영화롭게 하신다. 하나님도 황금률을 적용하신다.

우리는 하나님의 명령에 기초하여 지침 혹은 규칙을 만들어 아이들이 부모를 공경하는 데 도움이 되도록 했다. 우리는 아이들에게 이렇게 말했다. "우리는 존중받기를 기대한단다. 우리가 너희를 존중하는 것처럼, 너희도 그렇게 해주길 바라는 거지. 우리가 너희를 무례하게 대하지 않는 것처럼, 너희도 우리에게 무례하게 굴면 안 돼. 그래야 공평하니까."

아이들이 잘못을 저질러 협상 불가 규칙을 적용해야 하더라도 우리는 은혜와 용서의 마음으로 대해야 한다. 하지만 은혜로 대한다는 말은 잘못을 해도 모른 척 넘어간다는 뜻이 아니다(사 5:20). 오히려 우리는 잘못을 고백하고 다시 시작해야 한다. 협상 불가 규칙이란 어떤 경우에도 예외가 없기 때문이다.

● 협상 가능 규칙

협상 가능 규칙은 십계명처럼 돌판에 새겨진 고정된 규칙은 아니다. 아이의 연령과 발달 단계에 따라 달리 적용된다.

협상 가능 규칙은 '만일-그렇다면' 원리나 황금률 범주에 딱 들어맞지는 않는다. 이런 규칙을 세우고 실행할 때는 이렇게 말하는 것이 좋다. "이건 너와 우리 모두를 위하는 길이고, 그래서 우리에게는 최선의 방법이야." 아이들은 늦기 전에 잠자리에 들어야 하는데, 잠이 필요하기 때문이다. 아이들은 콩을 먹어야 하는데, 그 영양소가 필요하기 때문이다. 아이들은 부모에게 전화해서 현재 위치를 알려줘야 하는데, 그래야 부모가 걱정하지 않기 때문이다.

협상 가능 규칙은 어느 정도까지 필요할까? 가족마다 조금씩 다를 것이다. 우리 집에는 필요성과 공평성에 근거하여 통행금지, 취침 시간, TV 시청 시간, 깨끗한 옷 입기, 편식하지 않기, 제시간에 숙제하기, 안전띠 매기, 내면의 소리 듣기 등과 관련된 규칙이 있었다.

우리는 너무 많은 규칙을 두고 싶지는 않았다. '사람의' 규칙(골 2:22)을 세우면 바리새인 같은 율법주의로 변질될 가능성도 있다. 그렇다고 그리스도 안에서 자유를 누리겠다는 핑계를 대며 "그리스도의 율법"(고전 9:21)을 무시할 생각도 없었다. 규칙이란 우리에게 어울리지 않는다며 고삐 풀린 망아지처럼 자녀를 풀어놓고 싶지도 않았다.

아내와 나는 협상 가능 규칙을 적용할 때 도움이 될 만한 원칙을 하나 세웠는데 그것은 "아이가 떼를 쓴다고 해서 규칙을 바꾸거나 예외를 만들어서는 안 된다"는 것이었다. 이렇게 마음을 단단히 먹지 않으면 아이가 그 틈을 비집고 들어와 규칙이 느슨해질 수 있기 때문이다.

협상 가능 규칙은 물론 말 그대로 협상이 가능하기 때문에 가끔 예외를 두면 아이들에게 깜짝 즐거움을 줄 수도 있다. ("그래, 오늘밤엔 좀 늦게까지 올림픽 중계를 봐도 좋아.") 이런 순간들은 추억이 된다. 그러나 규칙에 대한 예외가 정말 예외로 일어나는 일임을 아이들에게 똑똑히 알려주어야 한다. 그렇게 하지 않으면 아이들은 재빨리 이를 눈치 채고, 규칙을 유명무실하게 만들려고 할 게 뻔하기 때문이다. 따라서 일관성은 매우 중요하다. 하루는 규칙을 강요하다가("아침 식사 전에 침대를 정리해라") 다음 날엔 그냥 내버려두어서는("괜찮아. 엄마가 정리할게. 그러다가 지각하겠다") 안 된다.

좋은 전략이 하나 있다면 아이들이 어릴 때엔 '자비로운 독재자'가 되었다가 십대로 접어들면 좀 더 민주적인 방법으로 바꾸는 것이다. 아이들 스스로 가족 규칙을 만들도록 도와주는 것도 전략이다. 부모의 장기적인 목표는 결국 통제자에서 조언자로 위치를 바꾸는 것이기 때문이다.

규칙을 어겼다면 아이를 따로 불러 얼굴을 마주하라

의도적이었건 실수였건 상관없다. 아이가 규칙을 어겼다면 부모는 아이와 얼굴을 마주한 상태에서 잘못을 바로잡아주어야 한다. 물론 화를 내면 안 된다. '내가 몇 번을 말했는데 그걸 또 어겨? 내가 지금 바보랑 사는구나' 하는 자포자기 심정도 들 수 있다. 잠시 식어버린 애정을 다시 따뜻하게 덥힌 후 아이를 마주하라. 당신이 사랑 없이 화를 내며 아이들을 대하는데 아이들이 어떻게 부모를 존경하는 법을 배울 수 있겠는가? 성경도 "미련한 자는 당장 분노를 나타내거니와 슬기로운 자는 수욕을 참느니라"(잠 12:16)라고 말한다.

그런데 부모가 자애로운 마음으로 자녀를 대하며 공평하게 규칙을 적용하는데도 아이들이 여전히 버릇없고 규칙을 무시한다면 어떻게 해야 하는가? 그때도 마찬가지다. '얘는 원래부터가 틀려먹었어' 하는 생각으로 물러서지 말고, 아이를 따로 불러 잘못된 행동을 바로잡아주면서 이 난관을 넘어서야 한다. 아이들과 온 가족의 행복을 위해서 그렇게 해야 한다. 부모는 아이들이 습관적으로 저지르는 무례한 행동에 눈을 가리거나 귀를 막아서는 안 된다. 포기해서도 안 된다. 아이를 존중하는 마음을 유지하면서 이렇게 말해주어야 한다. "넌 지금 엄마 아빠를 존경하지도 않고 순종하지도 않고 있구나. 규칙은 알고 있지?"

안타깝게도, 일부 고집 센 아이들은 규칙을 적용할 때에 심하게 반항한다. 이럴 때는 이렇게 타이른다. "계속 버릇없이 말하면 너만 손해야. 지금 당장 말투를 고치고 무례하게 굴었던 것에 대해 사과하도록 해. 그렇지 않으면 그에 합당한 대접을 받게 될 거다"(그 '대접'에 대해서는 이번 장 후반부에서 자세히 다루겠다). 비록 화가 났더라도 예의만 갖춘다면 하고 싶은 말을 부모에게 설득력 있게 전달하는 것도 가능함을 아이에게 알려주어야 한다.

나이가 어려 분별력이 떨어지는 아이들이 무례하게 굴 때 가장 좋은 대처 방법은 '타임아웃'을 외치는 것이다. 사람들이 많은 곳에서 아이가 버릇없이 말할 경우, 침착하고 품위 있는 태도로 그 자리에서 아이를 데리고 나오라. 어린아이인 경우에는, 부모가 한쪽 무릎을 꿇어 눈높이를 맞춘 후 조금 전 상황에 대해 이야기하라. "지금 네 언니에게 바보라고 말했구나. 이건 무례한 짓이야. 엄마와 아빠는 그런 식으로 이야기하지 않잖아? 네가 그렇게 이야기하는 것은 용납할 수 없단다. 엄마 말 이해하겠니?" 그리고 항상 아이에게 확인시켜라. "만약 어떤 일로 화가 나면 엄마에게 와서 네 기분이 어떤지 말해주렴. 그럼 엄마가 최선을 다해 도와줄게."

무관심은 사랑이 없다는 뜻이다. 어머니에게 버릇없이 행동한 아들을 대면했던 한 아버지는 이런 편지를 보내왔다. "저는 새미에 대한 양육 방법을 바꿨습니다. 새미가 피아노 연습을 하라는 엄마 말을 거역하면서 버릇없이 굴고 있어도 지금까지 저는 둘 사이에 끼어들지 않았거든요. 하지만 이번엔 녀석을 방으로 데리고 들어가 처음으로 이렇게 말했습니다. '엄마 친구든 이웃 사람이든 엄마에게 버릇없이 말하는 사람은 용서하지 않을 거야. 그게 특히나 엄마 아들이라면 더더욱 말이다. 앞으로의 선택은 너에게 달렸다.'" 이 아버지는 아들의 무례함을 지적해야 할 필요성을 느꼈고, 그의 방법은 통했다.

이 방법을 사용한 뒤에 아이와의 관계가 나빠질 수 있다. 이때는 "관계가 반응을 결정한다"는 말을 기억해야 한다. 부모가 아이의 문제를 정면으로 지적하기만 하고 관계를 보살피지 않으면, 얻는 것보다 잃는 것이 많아 관계가 깨질 수도 있다. 이런 관계의 끈은 평상시 자연스러운 방식을 통해 튼튼히 하는 것이 좋다. 10분 정도 자리에 앉아 두 아들이 야구공으로 캐치볼 하는 것을 지켜본 어머니는(아들은 이런 활동을 통해 힘을 얻는다) 별말을 하지 않았지만 아들들과의 관계를 돈독히 하고 있는 셈이다. 나중에 어머니가 아이들에게 그만 떠들고 가서 자라고 말할 때, 아이들은 어머니의 지적을 잘 받아들일 것이다. 딸과 단둘이 외식을 하는 아버지도 관계의 끈을 튼튼히 만들고 있는 셈인데, 방청소를 하는 문제로 아버지가 딸과 대면할 때 아이는 아빠의 말을 좀 더 잘 받아들일 가능성이 있다. 부모와의 관계가 좋을수록 아이는 부모에게 긍정적으로 반응한다(예를 들어, 당신이 딸에게 사랑을 표현하면 딸아이는 당신에게 존경을 표한다. 즉, 가족에게 힘이 되는 선순환이 이루어진다).

문제가 생길 때만 나타나서 아이들을 호되게 다루면 아이들은 짜증을 느낀다. 당신의 양육 스타일을 보면서 잠언 19장 11절을 어떻게 우리의 가정에 적용해야 할지를 생각해보라. "노하기를 더디 하는 것이 사람의 슬기요 허물을 용서하는 것이 자기의 영광이니라."

그리고 부모는 온갖 부정적인 감정들을 마음에 담아두지 말아야 한다. 우리 딸은 아내와 내가 화내는 모습을 기억하고 있었다. 그렇다. 아내와 나는 수도 없이 화를 냈다. 그렇지만 화가 나는 경우에도 우리는 에베소서 4장 26절 말씀을 실천하려고 노력했다. "분을 내어도 죄를 짓지 말며 해가 지도록 분을 품지 말라."

우리의 신조는 이렇다. "아이들을 통제하려면 먼저 우리 자신을 통제해야 한다. 아이들을 훈련시키려면 먼저 우리 자신을 훈련해야 한다." 아이들을 따로 불러 얼굴을 마주하고 잘못을 바로잡고자 할 때는 냉정하고 차분하고 침착할 것. 감정 제어가 쉬운 날도 있었지만 안 되는 날일수록 우리는 다시 마음을 추스르기 위해 애썼다.

그렇지만 이 방법만으로는 안 될 때도 있었다. 그래서 우리는 다른 방법을 써야 했다.

● 대가를 치르게 하라

하나님이 자비와 은혜, 용서를 베푸시듯 우리도 은혜를 베풀어야 하는 것은 맞다. 하지만 하나님이 우리가 저지른 나쁜 행동의 결과 자체를 깨끗이 지워주지는 않으시는 것처럼, 아이들 역시 나쁜 행동이 빚어낸 결과에서 벗어날 수 있는 것은 아니다. "불의를 행하는 자는 불의의 보응을 받으리니 주는 사람을 외모로 취하심이 없느니라"(골

3:25). 이 원리는 양육에도 쉽게 적용된다. 습관적으로 반복되는 잘못된 행동에 대해서는 그 대가를 치르도록 해야 한다.

아이가 잘못을 저질렀을 때 어떻게 대처해야 할지 모르겠다는 부모들이 많다. 이런 태도는 현실을 회피하려는 것이다. 조금만 찾아보면 여러 가지로 도움을 받을 수 있다. 가령 구글에서 "연령대에 적합한 대가"(age appropriate consequences)를 검색해보라. 훌륭하고 창의적인 정보가 한가득 쏟아져 나올 것이다. 이외에도 교회나 학교에는 부모의 양육을 도와줄 지혜로운 사람들이 있다. 겸손한 태도로 도움을 청하라. 당신 자녀만 유별난 것이 아니다. 당신은 혼자가 아니다.

자녀들의 잘못에 대한 대가가 무엇인지 찾으려고 할 때 생각해야 할 것이 있다. 대가는 두 가지 범주, 즉 당연한 것과 부과된 것으로 구분해야 한다는 점이다. 또한 아이를 벌주는 것은 잘못을 교정하기 위한 수단이지 그 자체가 목적이 되어서는 안 된다. 당신은 진심을 담아 이렇게 말할 수 있어야 한다. "엄마가 널 혼내는 건 너를 사랑하기 때문이지 미워서 그러는 게 아니야."

● 당연하게 따라오는 대가: 아이가 스스로 책임지도록 하라

아이가 화를 내면서 비디오 게임기를 바닥에 던졌다면, 그 충격으로 물건이 망가질 수 있음을 배운다. 부모가 개입할 필요도 없이 아이는 당연한 현상을 통해 교훈을 터득한다. 부모는 이 지점에서 개입해야 한다. 아이가 홧김에 비디오 게임기를 부쉈다면 부모는 아이에게 새 게임기를 사주지 않는다. 새로 사고 싶다면 아이 돈으로 사야 한다.

자기 돈으로 대가를 치르게 되면 아이들도 좋은 가르침을 얻는다. 두 차례 가벼운 자동차 접촉 사고를 낸 십대 소녀는 당연히 할증된 자동차 보험료를 부담해야 한다. 아이가 감당하기 힘든 액수를 내라고

해서는 안 되겠지만 실수는 비싼 대가를 치르게 한다는 것을 충분히 인지하는 기회가 된다. 보험회사는 "괜찮습니다"라고 말하지 않는다. 부모도 그렇게 말해서는 안 된다.

나는 열한 살까지 이불에 오줌을 쌌다. 그 버릇이 오래 지속되었던 이유는 어머니가 이 문제에 대해 대가를 치르도록 하지 않았기 때문이었다. 이불에 오줌을 싸면 나는 어머니를 불렀다. 어머니가 침대 시트를 갈아주고 나는 새 잠옷으로 갈아입으면 그만이었다. 나는 그냥 다시 침대로 기어들어가곤 했다.

그런데 어느 날, 다시 이불에 오줌을 쌌던 밤이었다. 30분 가까이 "엄마! 엄마!" 하고 소리쳤지만 아무 대답이 없었다. 어쩔 수 없이 자리에서 일어나 어머니의 침대 곁으로 가 어머니를 흔들어 깨웠다.

"왜 그러니?" 어머니가 조용히 물었다.

"이불에 오줌을 쌌어요. 도와주세요." 나는 짜증을 냈다.

어머니는 새 잠옷과 침대 시트가 어디에 있는지 알려주고는 이젠 스스로 할 수 있으니 알아서 하라고 했다. 어머니가 그렇게 하자 나는 버릇을 고쳤다.

말 그대로 하룻밤 사이에, 나에게는 침대 시트를 갈고 잠옷을 갈아입을 수 있는 충분한 능력이 있다는 것과, 그렇게 하지 않으면 밤새도록 축축한 침대에 누워 있으면서 응분의 대가를 치러야 한다는 사실을 배웠다.

그 대가는 유쾌하지 않았다. 내 머릿속에서 무언가가 분명해지자 나는 더 이상 이불에 오줌을 싸지 않았다. (나중에 안 사실이지만, 이웃 어른 한 분이 어머니에게 이렇게 해보라고 알려주었는데, 어머니는 운명의 그날 밤이 될 때까지도 그 조언을 실행에 옮기는 것을 망설였다고 한다.) 당연한 대가를 몸소 체험하게 된 것은 나에게 소중한 선물이 되었다. 그때까지도 나는 이불에 오줌을 싸서 비웃음거리가 될 수도 있다는 생각에 친구

집에서 자거나 야외에서 하룻밤 자는 것을 꺼렸다. 이불에 오줌을 싸서 치러야 했던 당연한 대가를 통해 나는 변화되어야 할 새로운 동기를 부여받았고, 그 덕분에 친구 집에서도 잘 수 있었다. 나는 더 이상 오줌싸개라는 불편한 숙명에 체념하며 살지 않아도 되었다. 그날 밤까지도 어머니는 나를 돕는 것이 나를 사랑하는 것이라고 생각했다고 한다. 하지만 결국엔 자신의 그런 행동이 아들에게 별 도움이 되지 않는다는 것을 깨달았다. 어머니는 이를 악물고 잠깐의 고통을 감수하면서 내가 당연한 대가를 치르게 했고, 그 결과 나는 성숙의 기쁨을 맛볼 수 있었다.

많은 경우에 이렇듯 당연한 대가를 치르게 하는 것만으로도 충분한 훈육이 되지만, 때로는 아이가 중요한 교훈을 배울 수 있도록 부모가 대가를 부과해줄 필요도 있다.

벌을 부과할 때는 논리적인 근거가 있어야 한다

나는 벌을 부과할 때는 반드시 논리적이야 한다는 의견에 동의하는데, 이는 부모나 아이 모두가 납득할 수 있어야 한다는 뜻이기도 하다. 아이는 당신의 논리를 이해하지 못할 수도 있지만 당신은 "최선이라고 생각하는 것"을 해야 한다.

아이가 당신의 말을 거역한 정도에 따라, 부과하는 벌도 달라진다. 아이를 방으로 들여보내거나 추가로 집안일을 시키거나 아이의 특권을 박탈하는 것 등등 말이다. 어린아이들의 경우, 어떤 이들은 1살짜리 아이에겐 1분간, 2살짜리 아이에겐 2분간의 '타임아웃'을 주라고 추천하는데 내 경험상 나쁜 방법은 아니다. 두 살배기 아이가 2분 동안 조용히 앉아 있는 일은 마치 영원처럼 느껴질 것이므로 아이는 당신의 말뜻을 충분히 이해할 것이다. 이와 함께 타임아웃이 아이에게 왜 필요한지 설명하여 아이로 하여금 자신이 치르는 대가가 어떤 의미인지 알아듣도록 하는 게 중요하다.

다음은 어떤 아버지가 열 살 먹은 아들에게 쓴 편지인데 참고가 될 것이다. "엄마에게 그렇게 말하는 네 말투를 용납할 수가 없구나. 엄마는 아빠의 단짝이고 아빠는 엄마를 사랑한단다. 물론 너도 사랑하지. 솔직히 아빠는 너를 아주 많이 좋아하기 때문에 이런 가슴 아픈 행동을 그만두도록 해야겠구나. 이런 행동은 모든 사람에게 상처가 되니까. 그 벌로 이번 토요일에 잔디를 깎고 낙엽을 모은 다음, 아빠를 도와 차고를 청소해야 한다. 사랑하는 아빠가."

벌을 줄 때는 뜻을 굽혀서는 안 된다. 한 어머니는 이렇게 말했다. "저는 그 순간과 미래까지 생각해보려 애씁니다. 제가 만약 어떤 이유로 아이들을 놀러 나가지 못하게 했다면 독한 마음을 먹고 그대로 밀어붙여야겠죠. 아이들이 그 경험으로 얻는 게 있을 테니까요."

나는 조나단이 열여섯 살이었을 때 저지른, 제 딴에는 지혜로웠다고 여긴 한 사건을 생생히 기억한다. 조나단이 소란을 떨고 버릇없이 구는 바람에 아이를 불러다가 그만두라고 정색하고 이야기했지만 아이는 그치지 않았다. 그래서 나는 아주 간단한 벌을 부과했다. "네가 그만두려고 하질 않으니 이렇게 하자꾸나. 네가 소란스럽게 굴거나 버릇없는 말을 할 때마다 네 용돈에서 1달러씩 제하겠다." 분명 조나단도 무슨 말인지 알아들었을 텐데, 녀석은 욱하는 심정을 참지 못하고 용납할 수 없는 말을 네 마디 내뱉었고 총 4달러를 빼앗겼다. 짜증이 북받친 녀석은 정도를 넘어 '이것은 바보 같은 짓이며, 아버지는 부모 역할을 모른다'는 등 모욕적인 말을 했다. 나는 큰 소리로 계속 숫자를 셌는데, 23달러가 될 때까지 조나단은 내가 장난을 친다고 생각하는 것 같았다. 그제야 조나단은 냉정을 되찾고 자신의 어리석음을 깨달았다. 자신이 제정신이 아니었고, 앞으로도 당분간은 그런 일이 없으리라고 고백했다. 조나단은 공손한 말투에 대한 규칙을 알고 있었고 자신의 어리석음으로 인한 대가를 치렀다. 가장 뼈저리게 아픈 그곳, 바로 자기 지갑에서 말이다!

당연히 치러야 할 대가든 부과된 벌이든, 부모는 아이가 짊어져야 할 책임에 대해서 절대로 어른의 시선이 아니라 아이의 시선에서 한번쯤 돌이켜봐야 한다. 예컨대 미취학 자녀가 별 생각 없이 길거리에 자전거를 눕혀 놓고 들어왔는데, 누군가가 차로 밟고 지나가버렸다면 아이는 망가진 자전거 때문에 이미 엄청난 슬픔과 고통을 겪고 있을 것이다. 아이는 당신이 자신의 아픔에 공감해주기를, 그리고 새 자전거 비용을 마련하는 데 도움이 될 만한 방법이 있는지 알려주기를 바랄 것이다. 이럴 때 아이 혼자 모든 책임을 지도록 하는 것은 지나치지 않은가? 또한 귀가 시간을 1시간 정도 어긴 십대 자녀에게 한 달간 외출 금지를 내리는 것은 아이에게 지나친 훈육이다.

부모 역할 중에 가장 어려운 일이 바로 이러한 훈육 기준을 정하는 것이다. 그런 까닭에 우리는 다음 격언이 말하는 것처럼 아이의 수준과 부모의 목표를 고려하여 훈육의 기준을 찾아야 한다.

그렇다면 주어진 벌을 공손하게 받아들인 아이에 대해서는 어떻게 해야 할까? 아내와 나는 순종하는 아이에게 보상을 주는 일에도 관심을 기울였다.

순종을 칭찬하고 보상하라

많은 부모가 아이의 잘못을 바로잡는 일에는 관심을 가지면서도 순종한 아이에게 '그에 합당한 보상'을 주는 일에는 무관심하기 때문에 훈육에 애로가 많다. 열심히 해도 별로 돌아오는 게 없어 실망한 아이는 낙심하여 이렇게 생각한다. '이게 다 무슨 소용이람? 어쨌거나 엄

마 아빠는 나를 나쁜 아이라고 생각할 텐데.'

착한 일을 한 아이에게 스티커를 부여하듯, 아이가 부모의 말을 잘 들을 때마다 그 일을 차곡차곡 기록으로 남겨두면, 자녀 양육에 효과가 크다. 많은 부모들이 아이가 규칙(자기 방 치우기, 이부자리 정리하기, 양치질하기)을 잘 따르는지 기록한 다음, 어느 정도 점수가 쌓이면 보상을 준다. 아이스크림이라든지 칭찬 스티커 혹은 아이에게 의미가 있는 어떤 행위, 예컨대 '잘했다, 멋지다'라고 아이를 인정해주는 말 등의 보상 말이다. 금전적인 가치는 중요하지 않다. '인정'이 곧 동기를 부여하기 때문이다. 가족 규칙을 따른 아이에게 적절한 보상을 하지 않는 것은 마치 어른이 일을 하고 급여를 받지 못한 것과 같다.[1]

한 가지만 당부한다. 아이에게 보상을 줄 때는 왜 이것을 받는지 그 이유를 항상 알게 하라. 아이가 부모의 말이나 규칙에 순종해야 하는 이유는 상을 받기 위해서가 아니라 그것이 정말 바른 일이기 때문이다. 어떤 보상이든 보너스에 불과하다.

아이가 나쁜 행동을 나쁘게 받아들이도록 만들려면 좋은 행동을 좋게 받아들이도록 도울 필요가 있다. 훈육하는 동안이나 그 이후에 아이가 좋은 모습을 보여주었다면 칭찬하라. "네가 자제해주니 고맙구나"라든가 "예의바르게 행동해줘서 고맙단다" 혹은 "다음번엔 더 잘해낼 수 있겠어" 등등. 그런 다음, 다음번에 아이가 더 잘하는 모습을 보면 잊지 말고 칭찬해주자. "엄마가 부탁했던 일을 불평하지 않고 해주어서 고마워. 정말 멋진데."

아이의 긍정적인 행동에 모두 보상을 할 필요는 없다. 그러나 부모가 부정적인 행위에만 피드백을 준다면 아이는 부정적인 행위 너머를 생각할 수 없게 된다.

재차 사랑을 확인해주라

훈육의 가장 마지막이자 가장 중요한 단계는 훈육 이후 아이들에게 부모의 사랑을 재차 확인해주는 것이다. 아내와 나는 아래와 같은 요점을 강조하기 위해 언제나 한 팀으로[2] 움직이려 노력했다.

"우리 집엔 왜 규칙이 있을까? 그건 우리가 너희를 사랑하기 때문이고, 또한 너희 자신과 우리 가족 모두에게 가장 좋고, 공평하고, 안전하기 때문이야."

"우리가 왜 너희의 잘못을 바로잡으려고 할까? 그건 우리가 너희를 사랑하기 때문이고, 또한 사람이 살아가는 데 필요한 습관과, 사람이 알아야 할 올바른 삶의 모습에서 너희가 벗어나지 않기를 바라기 때문이야."

"너희가 저지른 잘못에 대해서 이따금씩 대가를 치르게 하는 이유는 뭘까? 그건 우리가 너희를 사랑해서 가족의 규칙과 올바른 행동을 무시하도록 내버려둘 수 없기 때문이야. 너희가 멋진 사람들로 자라는 걸 보고 싶거든."

'완벽한 훈육법'도 없고, '완벽한 자녀'도 없다. 훈육이란 상황에 따라 '가장 좋다고 생각되는 것'을 실행하는 일로, 언제나 하나님의 뜻대로 양육하려고 애쓰는 것이다. 다만 우리 가정의 훈육 방법을 소개한 이유는 이 방법이 효과가 높았기 때문이지 이게 절대적인 원칙이라는 뜻은 아니었다. 아이를 훈육해야 하는 부모라면 이러한 기도에 익숙해져야 한다.

"사랑하는 주님, 저를 도우사 아이에게 가혹하지도, 혹은 지나치게 관대하지도 않게 하옵소서. 단호하지만 완강하지 않게 하옵시고, 공평하고 한결같은 부모가 되게 하소서. 무엇보다 사랑으로 훈육할 수 있게 도우소서."

8

2부 ⦁ 힘이 되는 선순환

격려하라 Encourage :
아이들이 상심하지 않고 성공할 수 있도록

G-U-I-D-E-S의 다섯 번째 머리글자인 E는 'Encourage'(격려하라)이다. '격려'를 통해 아이를 사랑하는 방법을 배워보자.

격려란 말 그대로 "누군가에게 용기를 주다, 영감을 주다, 담대하게 만들다"라는 뜻이다. 이번 주에 몇 번이나 아이들을 격려했는가? 지금까지 살펴봤듯이 G-U-I-D-E-S에 포함된 각 글자는 부모로서 해야 할 중요한 일을 알려주는데, 정신없이 힘든 일상에서 아이를 키우다 보면 격려는 늘 뒷전으로 밀리기 십상이다.

부모가 자녀를 제대로 격려하지 못해 실패한 사례가 있다. 캔자스 시티 로열스에서 선수 생활을 한, 최고의 메이저리거 중 한 명인 조지 브레트(George Brett)의 이야기다. 1980년에 브레트는 3할 9푼의 타율을 기록하여 생애 두 번째로 아메리칸 리그 타격왕에 올랐다. 시즌을 마치고 집에 돌아가자 그를 기다리고 있던 건 아버지의 차가운 말 한 마디였다. "안타 다섯 개를 더 칠 수는 없었다고 나에게 말할 참이냐?" 안타 5개만 더 치면 4할 타율이 될 수 있었다고 지적한 것이다. 동서고

137

금의 아버지들처럼 브레트의 아버지 역시 아들이 거둔 성과보다는 아쉽게도 이루지 못한 일에 더 관심을 두었다. "나는 세 살 위의 형과 늘 비교 당했고, 아버지는 단 한 번도 내 등을 보듬어주는 법이 없었다. 아버지가 살아 계시는 동안 정말 단 한 번도 그런 경험을 해보지 못했다."[1]

● 모든 아이는 격려가 필요하다

아이들을 혼내기 바쁜 부모가 있다. 아이 앞에서 완벽주의자인 척하는 부모도 있다. 혹은 아이들이 최대한 잠재력을 발휘하도록 한계선까지 밀어붙이는 부모도 있다. 그래서 아이들을 격려하지 못하는 것이다. 자기 인생의 실패 원인을 어린 시절에서 찾는 사람들이 편지를 보내왔다. 편지 내용을 보면 하나같이 부모를 거론한다.

"우리 아버지는 무척 비판적이었어요. 아버지는 1분 동안 상대방을 치켜세워주다가 그다음 59분간은 치명타를 날려댑니다. 그걸 버텨내야 했죠."

"저는 운동을 꽤 잘했는데 아빠가 제 농구 경기를 보러 온 건 딱 한 번뿐이었어요."

"우리 아버지는 제가 하는 악단 공연에 한 번도 오지 않았어요. 심지어 제가 타악기 수석이었는데도 말이에요."

이런 예를 보면 실패한 인생의 주범이 마치 아버지인 것처럼 보이지만, 어머니들도 예외는 아니다. 갓 결혼한 어떤 여인은 이런 편지를 보냈다. "저는 결혼식 당일까지 시어머니를 뵙지 못했어요. 시어머니는 언제나 저를 살갑게 대해주시지만 당신 아들에겐 별로 그렇지 않으세요. 거의 간섭하지 않고, 멀찌감치 계시고, 말도 없고, 아무 관계도 없는 듯 보여요. 저는 남편이 왜 얼음처럼 차갑게 행동하는지 알게 되었죠. 남편이 말하길, 어머니는 언제나 남편보다 누이에게 잘했고, 아들인 남편은 못마땅하게 여기셨대요. 칭찬도 없고, 부정적이고, 어떨 땐 심술궂기까지 하셨다고 해요."

격려가 부족하면 훈육에 문제가 생긴다. 아이들은 우리에게 반발할 수도 있는데 이는 아이들이 '나빠서'가 아니라 낙심과 패배감 때문이다. 이런 순간에 우리는 아이들을 격려하거나 안심시켜주어야 하지 않을까? 하나님 주신 재능을 키워나가는 데 부모가 힘을 실어주어야 하지 않을까?

아이들은 부모에게서 이런 말을 기대한다. "넌 할 수 있어! 네가 원하는 사람이 될 수 있다고!" 이런 말도 간절히 듣고 싶어 한다. "네가 해놓은 걸 보렴. 네가 어떻게 달라졌는지도. 잘했어! 장하구나! 하나님도 너를 자랑스러워 하실 거야!"

모든 아이의 가슴에는 엄마와 아빠의 사랑을 통해서만 채워지는 웅덩이가 하나씩 있다. 하나님은 모든 아이를 격려가 필요한 존재로 만드셨다. 하나님이 의도하신 대로 아이들이 세상에서 성공하려면 부모의 격려가 있어야 한다.

● 부모의 혀는 아이를 낙담시킬 수도, 격려할 수도 있다

사도 바울이 보낸 편지에는 한 번도 빠짐없이 위안과 고무, 격려의 말이 담겨 있다. 바울은 데살로니가 교인들에게 자신이 과거에 "아버지가 자기 자녀에게 하듯 권면하고 위로하고 경계하노니 이는 너희

를 부르사 자기 나라와 영광에 이르게 하시는 하나님께 합당히 행하게 하려"(살전 2:11-12) 하였던 것을 상기시키며 아버지의 역할을 자처했다. 데살로니가전서 5장 14절에서 바울은 믿는 자들에게 일반적인 조언을 하는데, 이는 가정에서 자녀들에게도 손쉽게 적용할 수 있는 교훈들이다. "게으른 자들을 권계하며 마음이 약한 자들을 격려하고 힘이 없는 자들을 붙들어주며 모든 사람에게 오래 참으라."

바울은 아이들이 얼마나 연약한 존재인지 알고 있었기 때문에 부모들에게 자녀를 화나게 하거나 기분 상하게 하지 말라고 권했다. 의도치 않게 무심하고 잔인한 말을 내뱉을 수 있으니 특히 조심해야 한다. 아이들이 좌절하거나 '낙심할'(골 3:21) 수 있기 때문이다.

어떤 자녀는 이런 편지를 보냈다. "내가 일자리를 찾고 있을 때 아버지는 이렇게 말씀하셨죠. '누가 너 따위를 고용하겠니?'"

또 다른 여성은 알코올중독에 빠진 아버지가 자신에게 이렇게 말했다고 했다. "어떤 남자도 저에게 손을 내밀거나 쳐다보려 하지 않을 거라고, 아무도 저를 사랑하지 않을 거라고 말했어요."

야고보의 경고는 참으로 옳다. "혀는 곧 불이요 불의의 세계라. 혀는 우리 지체 중에서 온 몸을 더럽히고 삶의 수레바퀴를 불사르나니 그 사르는 것이 지옥 불에서 나느니라"(약 3:6). 성경은 혀를 조심하라고 여러 차례 경고한다.

"입을 지키는 자는 자기의 생명을 보전하나 입술을 크게 벌리는 자에게는 멸망이 오느니라"(잠 13:3).

"입과 혀를 지키는 자는 자기의 영혼을 환난에서 보전하느니라"(잠 21:23).

성경은 축복하고 격려하기 위해 혀를 사용하는 법도 가르친다.

"선한 말은 꿀송이 같아서 마음에 달고 뼈에 양약이 되느니라"(잠 16:24).

"경우에 합당한 말은 아로새긴 은 쟁반에 금 사과니라"(잠 25:11).

작가 마지 루이스(Margie Lewis)는 한밤중에 대학에 다니는 딸에게서 전화를 받은 어떤 아버지의 이야기를 들려준다. 딸은 규칙을 어겨 학교에서 제명당했다고 했다. 아버지는 긴 침묵 끝에 입을 열었다. "그래, 신디. 내 생각엔 바로 다음 비행기로 집에 오는 게 좋겠구나." 그는 잠시 말을 멈추고 딸아이에게 어떤 말을 들려주어야 할지 생각했다. 마침내 그가 입을 열었다. "기억하거라. 멀찌감치 떨어져서 그림을 바라보고 있으면, 그 그림에 개성을 부여하고 아름다움을 더해주는 건 대부분 어두운 선들이라는 걸 말이다."[2] 이 얼마나 지혜롭고 희망 찬 표현인가. 이 아버지는 아이가 부모의 기대에 부응하지 못하더라도 부모는 여전히 사랑하고 격려할 수 있음을 보여주었다.

그런 상황에서도 앞으로 나아가야 할 계획을 나눌 수 있고, 함께 어려운 고비를 넘길 수 있다는 믿음을 아이들 안에 심어주어야 한다. 예수 그리스도를 따르는 우리는 언제나 앞으로 나아갈 길이 있음을 안다. 사도 바울은 사슬에 묶여 옥에 갇혀 있을 때조차도 자신이 처한 상황이 복음과 주 예수 그리스도를 위해 유익이 된다고 보았다(빌 1:12-21). 우리가 찾으려고만 한다면 얼마든지 긍정적인 면을 찾을 수 있다.

우리 부부는 주로 세 가지 관점에서 아이들을 격려하고자 애썼다.

- 한 치 앞도 알 수 없는 인생을 살아갈 아이들을 격려하라.
- 아이들을 있는 모습 그대로 격려하라.
- 아이들이 앞으로 할 수 있고 될 수 있는 모습, 곧 그들의 가능성을 격려하라.

이어지는 내용에서 우리는 위의 세 가지 핵심 주제에 대한 몇 가지 제안과 관찰 내용을 나눌 것이다.

● 아이들을 격려하면, 두려움과 도전에 맞서게 할 수 있다

도저히 이해되지 않는 세상을 살아가야 할 아이들에게 진심 어린 격려는 희망과 위로와 안심을 전해주는 역할을 한다. 자녀가 어릴 때는 부모들은 대부분 그렇게 한다. 하지만 나이를 먹고 자녀들이 늘수록 먼저 태어난 아이들은 뒷전으로 밀린다. 우리 집 둘째 데이비드가 일곱 살쯤 되었을 때도 그랬다. 중간에 낀 데이비드는 형 조나단에게 무시를 당했고, 우리 집 막내였던 여동생 조이에게 관심을 빼앗겼다. 나는 데이비드의 외로움을 알아차렸다.

어느 날 우리 가족은 디즈니월드에서 휴가를 보내면서 기념품 가게를 둘러보고 있었는데 가슴에 '데이비드'라는 이름이 쓰인 곰돌이 저금통을 우연히 발견했다.

"데이비드, 이 곰돌이 저금통 좀 봐. 아빠가 너에게 사주고 싶은데. 넌 아빠의 특별한 곰돌이거든."

데이비드는 씩 웃고 말았지만, 그날은 물론 그 후로도 며칠 동안 몇 번이고 거듭 이렇게 물었다. "제가 아빠의 특별한 곰돌이에요? 제가요?" 그 곰돌이 저금통은 아직도 내 사무실 선반에 놓여 있다. 나는 그 저금통이 어린 시절 격려가 필요했던 데이비드에게 매우 큰 의미로 다가왔다고 확신한다.

요점은, 아이들이 무엇을 원하는지 그 내면을 살펴보라는 것이다. 아이들의 관심사와 염려, 즉 삶이 아이에게 던지는 도전과 문세가 무엇인지를 찾아라. 간단한 위로의 말이나 등을 두드리는 것, 곰 인형처럼 작지만 특별한 선물, 뜻밖에 이루어진 당일치기 여행 등 아이들을 격려할 수 있는 방법은 많다. 애써 공을 들이거나 비싸게 준비할 필요도 없다. 아이들은 바로 당신을 필요로 한다. 당신의 관심, 당신의 염려, 당신의 시간…… 무엇이 됐든 "널 사랑해. 난 네 편이야. 넌 나에게 소중하니까"라는 메시지를 전달하면 된다.

격려가 필요 없어 보이는 나이가 되었다 해도 여전히 격려는 중요하다. 우리 어머니가 좋은 예다. 당시 8학년이었던 나는 사관학교 입학을 앞두고 있었다. 처음에는, 학교 편람을 수도 없이 넘기면서 색다른 제복과 행군 대열, 소총과 칼 등을 선망의 눈으로 바라보았다. 내 마음에는 온통 사관학교로 가득했다. 학교에 들어가면 분명 엄청난 모험이 기다릴 것이라고 생각했지만 불과 몇 주 만에 나는 향수병에 시달렸고 어머니에게 전화를 걸어 학교를 그만두고 싶다고 통사정하기에 이르렀다. 어머니는 깜짝 놀랐고, 아버지는 평소처럼 묵묵부답이었다. 어머니는 '네 마음대로 하렴' 하고 지레 포기하지도 않았고, '이 불쌍한 것' 하고 나의 눈물 어린 부탁을 마냥 받아주지도 않았다. 대신 어머니는 이 일로 내가 힘든 건 알겠지만 끈질기게 버텨야 한다고 말했고, 자신이 할 수 있는 일이 무엇이 있을지 생각해보겠다고 말했다.

전화를 끊은 뒤 어머니는 사관학교 교장인 베일리 대령에게 전화를 걸어 조언을 구했다. 그 전화 덕분에 나는 베일리 대령과 개인 면담을 갖게 되었다. 그는 나를 나무라지 않았다. 오히려 지금 내가 느끼는 감정은 지극히 정상이며 곧 사라질 것이니 걱정하지 말라고 격려해주었다. 지금 당장은 먼일을 생각하지 말고 그냥 부딪혀보라고 조언했다. 베일리 대령의 어조는 남자 대 남자 사이의 대화라는 느낌을 갖게 했다. 그는 이렇게 덧붙였다. "이런 일들은 우리가 남자가 되어가는 과정에서 반드시 거쳐야 할 과정이란다."

베일리 대령의 조언은 향수병에 걸린 열세 살짜리 남자아이가 쉽사리 받아들일 만한 내용은 아니었다. 하지만 어머니와 대령 모두가 나에게 공감했다는 사실이 중요했다. 나는 곧 내가 느끼는 감정은 그다지 특별한 것이 아니라는 사실을 깨달았는데 그러자 마음이 편안해졌다. 힘을 얻은 나는 향수병을 떨쳐내려고 애를 쓰며 계속 학교를 다녔다. 지금도 나는 어머니에게 감사한다. 자식 말을 들어주고 싶은 모성을 억누르고 눈물 어린 나의 애원을 뿌리친 어머니는 용기 있는 부모였다. 어머니는 내게 도움을 주기 위해 적임자(베일리 대령)를 찾아내셨고, 그를 통해 힘겨운 삶의 순간을 버티고 있던 나에게 힘을 불어넣어주셨다. 나는 어머니와 베일리 대령을 통해 스스로 통제할 수 없는 순간에 처했을 때조차도 포기하면 안 된다는 교훈을 배웠다. 나는 5년간 사관학교를 다니며 여러 개의 우등상을 받고 졸업했는데, 이는 하나님이 내 인생의 여정을 어떻게 정하셨는지를 깨닫게 된 소중한 경험이었다.

내가 이 이야기를 하는 이유는, 자녀들이 의욕을 갖고 시작한 일을 포기하려고 할 때 어떻게 할지 몰라 쩔쩔 매는 부모를 격려하기 위해서다. 어쩌면 지금 이 순간, 당신 역시 누군가에게 조언을 구해야 하는 상황일지 모른다. 이웃이나 친구, 교회 리더, 주일학교 교역자 등 누군가가 필요하다면 그렇게 하라. 조언을 구하는 일은 때로는 번거롭지만, 아이를 위한 일이니만큼 자존심은 양보해야 한다. 전도서의 저자가 말했듯 "해 아래에는 새 것이 없[다]"(전 1:9). 우리가 아이들을 키우며 겪는 어려움은 다른 부모들도 다 겪은 일이다. 당신에게는 부모와 자녀를 도와줄 조력자를 탐색할 의무가 있다.

● 아이가 하던 일을 그만두고 싶어 할 때

만약 아이가 하던 일을 그만두는 문제를 두고 진지하게 고민하고 있다면, 어떤 경우에 허락하는 게 좋을까? 우리 부부에게는 양육의 절대적 기준 같은 것은 없었다. 때에 따라 기준 역시 달라졌는데, 가령 운동부를 탈퇴하고 수강을 취소하고 캠프를 중도에서 접고 신문 배달을 그만두는 일 정도의 수준에는 우리가 관여했다. 다만 한 가지 기준은 있었다. 자기가 시작한 일은 반드시 끝을 보아야 하고, 정말로 그만두고 싶더라도 계절이 끝날 때나 학년 말과 같이 자연스런 전환기가 되기 전까지는 계속해야 한다는 점이었다. 시험 삼아 한두 번 해보다가 충동적으로 그만두어서는 안 되며, 부모의 허락을 받기 위해 칭얼거리거나 우는 소리를 내는 것은 허용하지 않았다.

명심하라. 아이들은 다 다르기 때문에 개개인의 필요와 역량을 고려해야 한다. 하지만 아이들은, 한 번 맺은 약속은 반드시 지켜야 한다는 사실을 배워야 한다.

조나단은 고등학교 2학년 때 신문 배달을 시작했는데 3학년이 되기 전까지 성실히 계속했다. 3학년은 학교 활동이 많아져서 시간이 부족한 시기였다. 이 때문에 조나단은 신문 배달이 좋은 용돈벌이긴 하지만 그만두어야겠다고 생각했다. 우리 부부는 조나단이 무책임한 것이 아니라 더 중요한 분야에서 책임을 감당하고 싶어 한다고 판단하여 아들의 결정에 동의했다.

그러나 책임감을 기른다는 차원에서 보면 중간에 포기하는 것은 별로 바람직하지 않다. 특히 별다른 이유 없이 하던 일을 중간에 접고 다른 일을 시작한다면 어떻게 될까? 아이는 책임감을 배울 수 있을까?

내가 이렇게 말하는 까닭은, 아이들은 책임을 부담스러워하며 가능한 한 쉬운 길을 택하려 들기 때문이다. 그러므로 부모는 아이들을 도와 자신이 시작한 일을 스스로 마무리하는 것이 왜 가치 있는 일인지 깨닫게 하고, 그 기회를 통해 아이들이 성장할 수 있도록 관심을 쏟아야 한다(내가 사관학교에서 그랬듯이 말이다).

아이들이 성장 과정에서 다양한 도전에 부딪힐 때면, 그들이 이해할 수 있는 수준에서 왜 그런 까다로운 일들을 하라고 격려하는지 설명해주라. 이런 식으로 말해줄 수도 있다. "네가 무슨 일을 하든지 간에 어렵고 하기 싫을 때가 반드시 찾아온단다. 엄마 아빠도 그게 어떤 기분인지 잘 알고 있어. 엄마 아빠는 네가 지금 이 어려운 시절을 맞아 문제를 회피하기보다는 더욱 집중하여 네 안에서 지혜와 힘이 무럭무럭 자라나기를, 그래서 보다 나은 미래를 위해 단단히 준비할 수 있기를 바란단다."

만일 아이들이 열심히 했으나 실패를 경험한다면 부모는 자녀를 격려하고 힘을 북돋워주어야 한다. 실패의 순간이야말로 부모가 적극 개입하여 응원단장 역할을 해야 할 때다. 온 세상이 아이들을 저버리는 것처럼 보이더라도 부모는 하얀 잿더미 속에서 불씨를 찾듯 그들의 마음에서 희망을 볼 수 있어야 한다. 우리는 아이들에게 이렇게 말해주어야 한다. "너는 믿을 만한 사람이고 또한 정직한 사람이야. 우리는 너를 믿는다. 하나님은 네 편이고 우리도 마찬가지란다!"

아이들이 보여주는 좋은 모습을 격려하라

아이들이 가진 영적 은사나 관심사와 더불어, 하나님이 그들에게 심어놓으신 독특한 기질이 무엇인지, 늘 관심을 기울이라. 당신이 발견한 것이 있다면 이런 식으로 확인시키면서 격려하라. "엄마 아빠는 네가 사람들과 잘 어울리고 재미있게 지내는 걸 보니 정말 좋다." "우리가 보기에 너에게는 자비의 은사가 있는 것 같구나. 다른 사람들의 감정을 잘 살피잖니." "넌 기계를 다루는 일에 소질이 있구나."

아울러 아이들이 사소하더라도 "옳은 일을 선택했다면" 콕 집어서 아이들에게 말해주라. 사람이라면 당연히 그래야지 하는 생각으로 그냥 넘기지 말라. 칭찬과 함께 긍정적인 평가로 아이의 행동을 칭찬하라. "켈리, 엄마가 잠깐 일 보고 오는 동안 예쁘게 앉아서 할머니와 이야기를 나누어주어서 고맙구나. 네가 할머니와 엄마 마음을 행복하게 했어." 어떤 아버지는 아들이 친구들과 어울려 노는 모습을 지켜보다가 아들에게는 갈등을 줄이고 문제를 해결하는 능력이 있음을 발견하고는 이렇게 말해주었다. "어제 벤과 놀 때 아빠가 보니까, 벤이 좋아하는 보드게임을 먼저 한 다음에 네가 좋아하는 요새 놀이를 하기로 협상을 하더구나. 아빠는 네가 양보하는 법을 알고 있어서 무척 자랑스럽단다" 딸이 친구의 감정을 건드리지 않으면서 문제를 해결하는 모습을 목격한 어떤 어머니는 이렇게 말한다. "엄마는 네가 첼시와 다투지 않으려고 애쓰는 걸 봤단다. 첼시가 엄청 화를 내는데도 넌 다시 친구가 되자고 말했지. 엄마는 정말 감동받았어!"

이런 말들은 아이의 성품은 물론 은사와 소질까지 인정하는 것이다. 근면, 정직, 공정한 마음, 봉사 정신, 인내심, 예의 바름 등의 성품을 격려하면 아이들도 신이 나서 더욱 신경을 쓴다. 기억하라. 우리가 아이들의 가능성을 믿으면 아이들은 그 가능성대로 성장하는 법이다.

아이들이 버릇없이 굴고 철없이 행동할 때는 당연히 혼내고 타일러서 잘못된 습성을 바로잡아야 한다. 하지만 아이가 잘못을 저질렀을 때라도 얼마든지 격려는 해줄 수 있다. 아홉 살짜리 남자아이가 여동생에게 욕설을 했다면 아버지가 개입하여 이렇게 말할 수 있다. "제레미, 아빠는 네가 멋진 남자가 되고 싶어 한다는 걸 알아. 그런데 멋진 남자는 욕을 하지 않는단다."

조나단이 학교에 입학하기 전에 있었던 일이다. 녀석은 멋쩍은 모습으로 주일학교 교실 밖으로 나왔다. 교실에서 가지고 놀던 장난감 자동차를 손에 쥔 채로 말이다. 그것이 잘못된 행동임을 조나단이 알 것이라 생각한 나는 이렇게 설명했다. "이 장난감은 네 것이 아니야. 우리 것이 아닌 것을 가지고 오면 안 돼. 우린 언제나 솔직해야 해. 우린 진실한 남자들이니까. 장난감을 갖다 놓자꾸나." 조나단은 '진실' 같은 단어의 뜻을 정확히 알지는 못했지만, 나는 조나단이 진실하고 정직한 모습을 보일 때면 그것을 칭찬하면서 틈날 때마다 그런 단어들을 계속 강조했다. 몇 년이 흐른 뒤, 조나단과 동생 데이비드가 어떤 일로 말다툼을 벌이게 되었다. 자신이 옳다고 확신한 데이비드가 형을 거짓말쟁이라고 부르자 조나단은 차분하게 이렇게 대답했다. "난 거짓말쟁이가 아냐. 난 진실한 남자이고 앞으로도 그럴 거야."

잠언 20장 11절을 마음에 새기라. "비록 아이라 하여도 자기 행위로 사람됨을 드러낸다. 그가 하는 행실을 보면 그가 깨끗한지 더러운지, 올바른지 그른지 알 수 있다"(새번역). 아이들은 자신이 하는 행동과 그 방식으로 자신이 어떤 사람인지를 분명히 드러낸다. 아이들이 바른 행동으로 스스로를 돋보이게 했다면 아이들에게 그 사실을 알려주어라.

바로잡아야 할 일들만 지적하기란 참 쉽다. "똑바로 앉아라, 음식을 입에 쑤셔 넣지 말아라, '고맙습니다'라고 해야지." 일일이 나열하려면 끝이 없다.

대신 긍정적인 칭찬 목록을 만들어보자. "정말 놀라운 일을 해냈구나, 도와줘서 고마워, 그렇게 예의 바르게 대답해주다니 고맙다, 네 태도가 마음에 들어, 잘했어." 자녀의 나이, 성별을 비롯하여 가장 격려가 필요한 부분 등을 감안하여 자녀에게 어울리는 말들을 만들어보라(성별에 따른 양육법의 차이에 대해서는 11장을 참고하라).

진심을 담아 건네는 격려는 마음과 마음을 이어주며, 설령 아이들이 무슨 말인지 이해하지 못하더라도 분명히 영향을 미친다. 내 말을 믿으라. 아이들은 당신이 하는 말을 알아듣고 또 기억한다.

아이들의 가능성을 격려하라

자녀가 커서 어떻게 되기를 바라는가? 부모들에게 이 질문을 던지면 온갖 종류의 대답이 돌아온다. 말썽꾸러기 두 아들을 둔 어머니라면 그저 미소만 지으며 이렇게 말할지도 모른다. "글쎄요. 아이들이 철들 때까지 오래 살기만을 바랄 뿐이죠."

로스 캠벨(Ross Campbell) 박사는 《진정한 자녀 사랑》(네비게이토)에서 부모가 자신의 꿈을 아이를 통해 대신 이루려는 "대리 만족적인 사랑"은 부적절한 부모 사랑의 전형이라고 지적한다. 예를 들면 "어떤 어머니는 자신이 간절히 바라는 어떤 상황으로 자신의 딸(이나 아들)을 몰아간다."[3] 이것은 격려가 아니라 이기적인 목적을 채우려는 부모의 교묘한 속임수에 불과하다.

딸이 다니는 유치원 선생님이 연극의 주인공 배역을 다른 아이에게 주자 성질을 부렸다는 어떤 어머니의 이야기를 들은 적이 있다. 불행한 일이지만 그 어머니의 자기중심적 반응은 딸에게 잘못된 가르침을 주었다.

당신은 절대 그러지 않으리라고 확신하겠지만, 이렇게 질문을 던져보는 것은 어떤가? 내가 아이를 격려하는 진짜 동기는 무엇인가? 어떤 부모들은 자녀가 주변 사람들에게 인정을 받아야 한다는 강박관념 때문에 아이의 성공을 은밀히 조작하는 일에 집착한다. 당신은 자녀 양육에 성공했음을 보여주기 위해 은밀히 자녀를 좌지우지하고 있는 건 아닌가?

어떤 부모들은 아이의 재능과 무관한 분야에서 자녀가 성공하기를 강요하기도 한다. 자신이 실패한 분야에서 자녀는 성공하기를 바라는 부모도 많다. 이상한 일이지만 이런 대리 만족을 통해 자존심을 세우려는 부모들이 있다.

2부 • 힘이 되는 선순환

149

내가 아는 어떤 여성은 아버지에게서 "넌 별 볼 일 없는 사람이 될 거다"라는 말을 들었는데, 그것은 (수학을 포함하여) 아버지가 생각하기에 중요한 과목들을 잘하지 못했기 때문이었다. 시간이 흘러 이 여성은 결혼을 하고, 복지산업 분야에서 성공한 전문가가 되었다. 그녀는 곤경에 처한 사람을 보면 그대로 지나치지 못하는 심성을 갖고 있다. 슬하에는 아들을 하나 두었는데 이 아이 역시 수학은 그저 그렇지만 사회성은 놀라운 수준이다. 그녀는 자신의 아버지가 그랬듯이 아들에게 수학의 재능을 기대할 것인가, 아니면 사람들과 소통하고 그들의 필요에 반응하는 아들의 재능을 살릴 것인가?

음악이나 학문, 운동처럼 특정 분야에서 뛰어난 재능을 지닌 어떤 부모는 자녀가 자신과 똑같은 재능을 갖길 기대하는 경우가 있다. 그런 부모들은 아이들을 자신의 복제 인간으로서가 아니라 독특한 재능을 부여받은, 전적으로 다른 별개의 인격체로서 존중해야 한다. 아이들 역시 자신의 개성에 맞는 일을 할 때 즐거움을 느낄 것이고, 부모역시 그 일을 잘하라고 격려해주어야 한다. 아이의 재능을 무시하고 부모의 기대치만을 요구했을 때 결국엔 역효과를 낳는다(때로는 인생 후반부가 되어서야 자기가 무엇을 잘하는지를 발견한 경우도 흔하다). 나와 상담한 어느 치과의사는 이렇게 말했다. "저는 마흔 살 몸을 가진 열아홉 소년입니다. 열아홉에 의사가 되기로 결심을 했는데 그건 아버지가 치과의사였기 때문이죠. 마흔이 된 지금 저는 치과의사입니다. 열아홉 살짜리 소년과 그의 아버지가 저를 대신해 그렇게 정했으니까요. 지금 저는 비참합니다."

성경은 명확히 선포한다. 모든 사람에게는 그들만의 특정한 은사가 있다(롬 12:6-8; 고전 12장). 부모인 우리는, 바울이 디모데에게 마음 안에 있는 영적 은사를 무시하지 말라고 격려했던 것처럼 아이들이 받은 은사를 격려해주어야 한다(딤전 4:14; 딤후 1:6). 수학과 영어도 중요하지만, 더 중요한 것은 하나님이 우리 각자에게 주신 은사를 발견하는 일이다. 아이들이 어렸을 때부터 부모는 자녀를 향하신 하나님의 의도를 발견하고 그에 따라 아이를 이끌어야 한다.

"너희 안에서 착한 일을 시작하신 이가 그리스도 예수의 날까지 이루실 줄을"(빌 1:6) 부모인 당신도 확신하고 있음을 아이에게 계속 알려주고, 이 말씀으로 당신도 용기를 얻으라. 하나님이 당신의 자녀를 부르셨고 그들 안에 하나님 나라를 섬길 열정을 심어주셨음을 믿으라. "우리 하나님이 너희를 그 부르심에 합당한 자로 여기시고 모든 선을 기뻐함과 믿음의 역사를 능력으로 이루게"(살후 1:11) 하실 것을 당신도 기대하며 기도하고 있음을 아이들이 알도록 하라. 하나님이 아이의 마음에 씨앗을 심으셨고 당신은 그 마음 밭에 물을 주고 있음을 믿으라.

우리 딸 조이는 열 살 무렵 동네에서 조그만 사업을 시작하면서 사업가 기질을 드러냈다. 우리 부부는 딸을 격려하며 지지했고, 이웃에 전단지 돌리는 일을 도와주었다. 조이가 직접 손 글씨로 쓴 전단지에는 딸아이의 나이와 연락처 그리고 이런 말이 적혀 있었다. "여러분께 도움이 될 만한 일을 해드릴 수 있어요. 강아지나 고양이 산책시키기, 애완동물 먹이 주기, 화분에 물 주기, 장보기, 현관이나 입구 계단 청소, 잠시 일보러 가실 때 아기 돌보기… 도움이 되고 싶어요!" 이 전단지를 돌리면서 조이는 여러 가지 일을 시작했는데, 조이는 지금도 그때처럼 진취성을 발휘하여 사랑과 존경 선교회에서 일하면서 자기 또래의 사람들을 향해 도움의 손길을 내밀고 있다. 조이는 자신이 하는 일을 무척 즐긴다.

하지만 칭찬은 과해서는 안 되며 언제나 균형감각을 유지해야 한다. 조나단은 스스로 현실감각이 부족하다고 느끼고 있었고, 또한 건설적인 비판이 필요했다고 과거를 회상한다. "저도 제가 그렇게 훌륭하지 않다는 건 알고 있었어요." 조나단의 말이다. 데이비드는 부모가 아이를 늘 칭찬하기만 하면, 영향은 제한적일 수밖에 없다고 지적했다. "무엇을 하든 아버지가 '잘했어!'라고만 한다면 그건 아무 의미도 없죠."

주님이 우리를 사용하기로 계획하신 것처럼 그분은 우리 아이들을 향해서도 계획을 갖고 계신다. 적절한 격려는 하나님이 우리 아이들에게 주신 은사에 불이고(딤후 1:6) 그들의 재능이 땅에 묻히지 않도록(마 25:15-28) 하니 이 얼마나 기쁜 일인가.

아이들을 키우는 동안 나는 벽에 나무 명판을 걸었다. 명판에는 다음과 같은 글귀가 새겨져 있었다.

"좋은 것이 없어 보이는 곳에서도 좋은 것을 보라. 그분의 눈으로 보아야 볼 수 있다."

누군가가 우리를 믿고 있다는 사실을 잊지 않는다면 우리는 자기 안에서 발견한 재능을 발전시킬 용기를 낼 수 있다. 그것이 격려이며 진정한 부모의 사랑이다.

9

간구하라 Supplicate :
하나님이 우리 기도를 들으시고
아이들에게 말씀하시리라는 확신으로

G-U-I-D-E-S의 여섯 번째 메시지는 'Supplicate'(간구하라)이다. 이 단어를 사용하여 아이들을 사랑하는 법을 배워보자.

간구(Supplication)는 G-U-I-D-E-S의 마지막 글자이지만, 그렇다고 해서 중요도가 낮다는 뜻은 아니다. 간구는 "겸손하고 진지하게 요구하거나 청원한다"는 의미다. 부모에게는 자녀를 위해 일상적으로 기도할 수 있는 특권이 있는데, 특별히 G-U-I-D-E-S와 연관해서는 이렇게 기도할 수 있다.

- 당신이 베풀 때(Give), 아이가 감사하는 마음을 갖게 해달라고 기도하라.
- 당신이 이해할 때(Understand), 아이가 침착하고 평온한 마음이 되게 해달라고 기도하라.
- 당신이 가르칠 때(Instruct), 아이가 배우려는 태도를 갖게 해달라고 기도하라.

- 당신이 훈육할 때(Discipline), 아이가 진정으로 양심의 가책을 느끼게 해달라고 기도하라.
- 당신이 격려할 때(Encourage), 아이가 용기를 갖도록 도와달라고 기도하라.
- 당신이 간구할 때(Supplicate), 아이가 신뢰하고 순종하는 마음을 갖게 해달라고 기도하라.

예수를 믿는 부모는 자신의 한계를 안다. 그들은 자신이 할 수 없는 일, 곧 자녀를 축복하고 치유하고 변화시키고 강하게 만드는 일을 예수님께서 대신 해주시기를 구한다. 기도와 간구로 주님께 의지할 때 부모들은 커다란 위안을 얻는다.

복음서에서 우리는 부모들이 "예수께서 안수하고 기도해주심을 바라고"(마 19:13; 막 10:13; 눅 18:15) 자녀들을 네려오는 장면을 볼 수 있다. 예수께 자녀를 치유하거나 회복시켜달라고 부모가 요청하는 모습도 등장한다. 예를 들면 거의 죽게 된 아들을 고쳐달라고 요청한 왕의 신하(요 4:46-49)와 죽은 딸을 살려달라고 예수께 부탁한 관리(마 9:18-26), 귀신 들린 아들에게 자비를 베풀어주십사 구한 아버지(마 17:14-18)가 있다.

이 모든 성경 말씀에 드러난 바에 따르면, 부모들은 주님께 자신의 아이들을 어루만지고 치유해주시기를 진심 어린 태도로 겸손하게 청원한다. 이것은 가장 마음을 울리고 유익하며 강력한 형태의 간구라 할 수 있다. 이들을 기꺼이 맞이하시고 그 자녀를 위해 기도해주신 주님은 당신과 아이들도 동일한 사랑으로 맞아주신다. 시편 86편 6절을 당신의 기도로 만들라. "여호와여, 나의 기도에 귀를 기울이시고 내가 간구하는 소리를 들으소서."[1]

먼저 자신을 위해 기도하라

G-U-I-D-E-S에 들어 있는 각각의 머리글자는 우리가 하나님의 뜻대로 자녀를 양육할 수 있도록 그분의 도우심을 구할 때 부모를 위한 기도 제목이 되기도 한다. 우리는 이렇게 기도할 수 있다. "주님, 우리가…"

- 관용의 정신으로 베풀게 하소서.
- 공감하며 이해하게 하소서.
- 지혜로 가르치게 하소서.
- 공정하게 훈육하게 하소서.
- 분별력 있게 격려하게 하소서.
- 믿음으로 간구하게 하소서.

우리는, 아이들이 사랑받지 못한다고 느끼거나 우리가 존경받지 못한다고 느낄 때 아이들과 우리의 암호를 해독할 수 있는 지혜를 달라고 기도할 수 있다. 이 책에서 당신에게 영감을 준 단락의 소제목을 적어두고 그에 따라 기도를 올릴 수도 있다.

물론 당신은 양육 과정에서 실패를 경험할 수도 있다. 그럴 때마다 잠언 24장 16절을 의지하라. "대저 의인은 일곱 번 넘어질지라도 다시 일어나려니와." 보혜사 성령이 당신을 인도하고 능력을 주시는 것을 안다면 깊은 위안을 얻을 것이다. 우리 부부는 매일 하나님의 성령이 우리를 도우시기를 겸손히 기대한다. 그분의 도움이 없었더라면 우리는 아이들을 하나님의 뜻대로 양육하지 못했을 것이다. 이제 아이들은 성인이 되어 각자의 삶을 알아서 꾸려가고 있지만 우리에게는 여전히 그분의 지혜가 필요하다.

아이들은 부모가 자신을 위해 기도해주기를 바란다. 어느 60대 남성의 증언이다. "나는 아버지가 기도하는 모습을 한 번도 본 적이 없습니다." 그는 일평생 스스로를 하찮고 사랑받지 못한 사람으로 여겨왔다. 만일 이 남성의 아버지가 다음 편지처럼 기도를 올렸다면 상황은 크게 달라졌을지 모른다. 이 편지는 우리 교회에 출석하는 어느 남성이 내게 보내온 것이다.

고등학교 재학 시절, 저는 달리기를 하려고 아침 6시쯤 일어났습니다. 그때마다 아버지가 거실 소파에서 무릎을 꿇고 계신 걸 보았어요. 그날 오후 아버지께 그 일에 대해 여쭤보았더니 아버지는 매일 새벽 5시 30분에 일어나 기도하고 성경을 한 시간 정도 읽는다고 말씀하셨어요. 아버지가 우리를 위해 기도하시는 줄은 전혀 몰랐어요. 주님을 절대적으로 의지하는 아버지를 둔 저는 정말 행운아였죠. 우리 아버지의 본보기는 저에게 끊임없는 깨달음과 도전이 됩니다.

이 아버지는 우리가 이야기하는 머리글자는 몰랐겠지만 분명 G-U-I-D-E-S와 관련된 내용으로 기도했을 것이다. 예를 들면 이런 식이다. "주님, 이 아비가 아이들을 대할 때 우리 아이들이 낙심할 정도로 화를 내거나 짜증을 내지 않도록 저를 도우소서." 이런 부모들은 성경에 기초하여 기도할 때 하나님이 귀 기울여 들으심을 알고 있다 (요일 5:14-15).

아이들을 위해 기도할 때 성경을 참고하라

부모를 위해 정해진 '기도 공식'은 없다. 우리가 원하는 그대로 하나님이 응답하신다는 확실한 보장도 없다. 그러나 하나님의 뜻에 따라 간절히 구하면 그 기도를 들으심을 우리는 믿는다. 그런 믿음으로 우리는 성경 말씀에서 기도 내용을 찾을 수 있다. 구체적인 방법을 몇 가지 소개한다.

자녀들이 그리스도 안에서 구원의 믿음을 경험하도록 기도하라. 사도 바울에게 구원은 신앙인으로 살아가는 처음 관문이었다. 바울은 다른 사람의 구원을 위한 기도가 무엇보다 중요함을 알고 있었다(롬 10:1). 우리도 자녀들이 살아 계신 그리스도를 만나고 그분을 믿을 수 있도록 기도해야 한다. 하나님은 모든 사람, 특히 아이들이 구원받기를 원하신다(딤전 2:4; 벧후 3:9). 이것은 아이들을 위한 가장 중요한 간구가 되어야 하며, 이 좋은 소식을 들을 수 있도록 아이들에게 최상의 환경을 마련해주어야 한다.

주님은 우리 딸 조이를 위해 이 일을 세심하게 계획하셨다. 조이는 다섯 살이라는 어린 나이에 복음을 믿게 된 사연을 이렇게 이야기한다.

어린 나이에 예수님을 만난 아이들은 진정한 회심의 경험이 없고, 그저 부모의 양육 방식에 따라 신앙을 갖게 되었다고 여기는 사람들이 많습니다. 일부는 그럴 수도 있겠지요. 저는 목회자의 자녀였고 그래서 예수님에 대해 당연히 들어보았죠. 하지만 다섯 살 때, 아버지가 교회 서재에서 일하시는 동안 옆에 있는 교회 사무실에서 〈예수 영화〉(The Jesus Film)를 보고 있던 저는 생각과 마음속으로 분명한 깨달음을 얻었습니다. 누가복음 10장 21절은 진리가 어린아이들에게 어떻게 나타나는지 이야기하는데, 그것은 그리스도의 구원 이야기가 실제로는 무척 단순하다는 의미지요. 그래서 다섯 살밖에 되지 않은 저도 주님의 구원을 깨달을 수 있었습니다. 저를 너무나 사랑하신 나머지 저를 위해 죽임을 당하신 한 분이 제 앞에 계셨다는 것을 알았어요. 또한 제가 완벽하지 않은데도, 그분은 사랑으로 저를 위해 죽으셨음을 이해하게 되었어요. 그냥 이해가 되더라고요. 그리고 저는 믿게 되었죠.

자녀들이 성경을 배우고 말씀을 사랑하게 해달라고 기도하라. 디모데후서 3장 15절에서 "그대는 어려서부터 성경을 알고 있습니다. 성경은 그리스도 예수를 믿는 믿음으로 말미암아 그대에게 구원에 이르는 지혜를 줄 수 있습니다"(새번역)라고 기록한 바울은 성경의 가장 중요한 역할이 무엇인지 확실히 한다. 기도하는 마음으로 어린 자녀들에게 성경 이야기를 읽어주면서, 하나님께 그들의 마음을 어루만지고 열어달라고 요청하는 것은 어린아이에게 "구원에 이르는 지혜"를 얻게 하는 아름다운 방법이다. 아이들이 자라는 동안, 성경을 읽고 그 가르침을 듣는 가운데 성령이 그들 마음을 밝히사 하나님의 진리를 알게 해달라고 꾸준히 기도하라(엡 1:18).

신앙의 선배로서 부모 자신이 먼저 본이 되기 위해 끊임없이 노력하라. 나는 대학원 시절 그리스도인 가정에서 나고 자라 성인이 된 사람들을 대상으로 연구를 한 적이 있다. 그 논문에는 다음과 같은 질문이 담겨 있었다. "아버지가 한 일들 중에 당신의 영적 성장에 기여한 특별한 활동은 무엇입니까?" 이에 대한 답변은 다음과 같았다. "매일 성경 읽기, 가족 예배, 함께 성경 묵상하기, 함께 성경 암송하기, 묵상의 모범, 매일 밤 기도와 예배……."[2]

부모인 당신이 이런 삶의 모델로 인정받지 못한다면 어떻게 해야 할까? 그렇다고 해서 죄책감에 사로잡힐 필요는 없다. 이와 관련해서는 나도 할 말이 있다. 목사로 20여 년간 일주일에 서른 시간씩 성경을 공부했기에 성경 읽기라면 나도 소홀히 한 편은 아니다. 다만 내가 목사로서 깊이 있게 받아들인 깨우침을 아이들과 더 많이 나누지 못한 것은 문제였다. 성경을 공부하는 수십 년 동안 하나님의 영이 내 영혼을 거듭 새롭게 하셨기에 나는 감동에 젖어 눈물을 흘린 적이 많았다. 그러나 우리 아이들은 그러한 아비의 눈물을 거의 본 적이 없다. 성경 말씀으로 아이들에게 부담을 주지 않겠다는 생각도 있었고, 그래서 내 개인적 체험에 대해서는 아이들에게 별로 얘기하지 않았다.

내 이야기를 언급한 이유는, 하나님이 성경을 통해 하시는 말씀이 있다면 나처럼 마음에만 담아두지 말고 자녀들에게 적극 표현하라고 말하고 싶었기 때문이다. 부모가 열정적으로 응원하는 스포츠 팀이 있다면 아이들도 자연스럽게 팬이 된다. 부모가 하나님 말씀이나 목회자의 설교, 기도 응답에 대하여 진정한 사랑의 감정과 열정을 표현하면 자녀들은 부모가 가치 있게 여기는 것이 무엇인지 느낄 수 있고, 부모가 '진짜'라고 여기는 것을 모방할 가능성이 높다. 당신의 마음이 자녀에게 도달하고, 자녀들의 마음이 그에 응답하게 해달라고 기도하라(말 4:6).

우리 안에 거하시는 그리스도의 사랑을 아이들이 경험하도록 기도하라. 예수님은 제자들을 위해 하나님께 이렇게 기도하셨다. "이는 나를 사랑하신 사랑이 그들 안에 있고 나도 그들 안에 있게 하려 함이니이다"(요 17:26; 엡 3:17, 19도 보라).

우리 부부는 성경을 읽다가 적절한 구절을 만나면 해당 말씀을 가져다가 아이들을 위해 어떻게 기도할지에 관해 바꾸곤 했다. 예를 들어, 우리는 사도 요한의 편지를 읽다가 아이들을 위해 어떻게 기도할지에 관해 힌트를 얻었다. "자녀들아, 이제 그의 안에 거하라. 이는 주께서 나타내신 바 되면 그가 강림하실 때에 우리로 담대함을 얻어 그 앞에서 부끄럽지 않게 하려 함이라"(요일 2:28). 또 아이들이 그들 안에 있는 그리스도의 능력을 통해 세상의 악한 힘을 이겨낼 수 있기를 기도했다. "자녀들아, 너희는 하나님께 속하였고 또 그들을 이기었나니 이는 너희 안에 계신 이가 세상에 있는 자보다 크심이라"(요일 4:4).

그리스도가 아이들 마음속에 거하신 후에 그들이 어떠한 능력과 평강을 맛보게 될지를 상상해보라(골 1:27). 아이들이 자신의 믿음을 일상에 적용하려고 할 때 도움을 주는 것이 부모의 역할이다. 어느 어머니에게 자폐증을 지닌 아들이 있었다. 이 아들은 유치원에서 지속적으로 놀림을 당했다. 어머니가 나에게 편지를 보냈다. 아이가 열 살이 되니 어려운 상황에도 혼자 잘 대처하게 되었다고 적었다. 그리고 이런 말을 덧붙였다. "예수님께서 너를 사랑하시듯 너도 친구를 사랑해주어야 한다고 아이가 생각할 수 있도록 노력했습니다. 그 친구들 마음속에는 아직 예수님의 사랑이 없고, 그래서 그들에게는 예수님이 필요하다고 알려주었지요. 우리 아이는 1학년 때 주님을 영접하면서 인생이 통째로 바뀌었고 그 후로 이 마음을 잘 간직하고 있습니다."[3]

당신이 자녀들의 믿음을 방해하지 않도록 해달라고 기도하라. 예수님은 강한 어조로 이렇게 말씀하셨다. "누구든지 나를 믿는 이 작은 자 중 하나를 실족하게 하면 차라리 연자 맷돌이 그 목에 달려서 깊은 바다에 빠뜨려지는 것이 나으니라"(마 18:6). 나는, 부모가 관계의 악순환을 반복할 때 아이들에게 얼마나 심각한 결과를 가져오는지를 잘 알고 있었고, 그게 사랑과 존경의 사역을 시작하게 된 계기가 되었다("작은 자를 실족하게 하는 것"이 얼마나 심각한 문제인지는 14장을 참고하라).

어떤 어머니가 이런 편지를 보내왔다. "제 딸이 전화를 걸어 자기 인생에 대해 불평을 늘어놓더군요. 저는 딸아이에게 하나님께 답을 구해보는 건 어떻겠냐고 말했죠. 딸아이는 엄마 아빠의 결혼 생활을 옆에서 지켜보면서 지금은 신앙을 거의 잃어버린 상태라고 하더군요. 우리의 삶이 딸의 인생에 부정적인 영향을 미쳤다는 사실을 깨닫고 저는 너무나 슬펐습니다."

이 편지를 다음에 인용한 어느 아버지의 고백과 비교해보자. "아내에게 사랑을 표현하려는 마음으로 소리를 지르지 않고 성내지 않기로 마음먹고, 동시에 격려를 많이 해주었더니(물론 셋 중 어느 하나도 완벽히 해내진 못했습니다만) 아이들에게도 영향이 가더군요. 열두 살 먹은 아들 녀석과 함께 하나님과 성경에 관한 대화를 더 많이 나누게 되었는데, 정말 믿을 수 없는 축복이죠."

아이들이 지켜보고 있다

우리의 기도하는 모습은 아이들에게 본보기가 된다. 아이에게 기도하는 삶을 가르치기 위해 우리가 해야 할 일이 몇 가지 있다.

당신이 기도하는 모습을 애써 감추지 말라. 설령 당신이 골방에 들어가서 기도하더라도(마 6:6), 아이들은 우리가 골방에서 기도하고 있다는 사실을 알아야 한다. 나는 경찰관이었던 한 아버지의 이야기를 알고 있다. 그는 매일 저녁이면 집에 돌아와 옷을 갈아입고 홀로 하나님께 기도하는 시간을 가졌다. 자녀들은 아버지가 하나님과 대화 중이며 그 대화가 끝나면 자기들과 놀아줄 것을 알고 있었다. 얼마나 아름다운 기도 생활인가. 하루 종일 범죄 현장에 노출되어 있다가 가족에게로 복귀하기 위해서는 물론 하나님의 위로가 절실했을 테지만, 그는 기도하는 모습을 통해 아무리 강인한 남자라도 전능하신 하나님께 의지해야 함을 자녀들에게 보여주었던 것이다.

아내 사라는 기도와 감사의 삶에서 훌륭한 본이 된다. 아내는 2004년에 유방암 진단을 받았다. 진단 후 아내는 기도를 드리고 의학 자문을 받는 가운데 양측 유방을 절제하고 재건하는 것이 최선의 치료라는 결정을 내렸다. 수년이 지난 후 아내의 결정이 옳았음이 밝혀졌다. 하지만 당시만 해도 아내는 죽을지도 모른다는 사실을 알고 있었다. 마침 4년 전 장모님은 암 진단을 받고 3주 만에 돌아가신 때이기도

했다.

수많은 사람들이 아내를 지켜보고 있었다. 아내는 하나님께 주먹을 휘두르며 "왜 하필 저에요?"라고 따지지 않았다. 암으로 투병하는 중에 아내는 놀라운 일들을 했다. 아내는 다윗 왕처럼 하나님, 곧 사랑이 충만하고 전능하신 하나님께 감사하며 찬양을 드렸다. 가족으로서 우리가 지켜본 아내는 이른 아침 홀로 하나님을 만나는 시간을 고대했고, 찬송을 즐겨 들었으며, 다른 사람들에게 하나님의 선하심을 전하고, 하루 종일 내면의 평안을 증거했다.

생사의 갈림길에서 우리는 하나님을 신뢰하고 감사하며 찬송하고 예배할 수 있을까? 아내의 모범은 우리 가족 모두가 각자의 마음을 되돌아보는 계기가 되었다.

내 친구는 자기 아버지의 젊은 시절과 노년의 삶이 오늘날까지 자신에게 얼마나 큰 영향을 미쳤는지 모른다며 이렇게 말했다.

매일 정오가 되면 아버지는 성경을 한 장 읽으셨지. "성경책을 가져오너라" 하고 말씀하시곤 했어. 아버지는 곁에 누가 있건 상관하지 않고 성경을 한 장 낭독하시고는, 마지막엔 질문을 하셨지. 연세가 들어 나와 함께 사실 때도 아버지 방에 들어가면 아버지는 무릎을 꿇고 기도하고 계셨다네. 말수가 적었던 분이라 대화를 오래 이어갈 수는 없었지만 평생토록 아버지의 마음 깊이 뿌리를 내리고 있는 믿음을 느낄 수 있었어.

아이들과 함께, 아이들을 위해 기도하라. 가족에 대한 내 연구에는, 부모가 아이들에게 해준 기도 중에 기억에 남는 내용을 묻는 질문이 있었는데 그 대답들은 이러했다. "아버지는 저와 함께 기도하셨고, 저를 위해 기도하시며 모범을 보여주셨어요", "우리는 매일 다 같이 기도했어요", "우린 식사 전에 기도했고, 부모님은 밤에 우리와 함께 기도

하셨어요", "아버지는 항상 저를 위해 기도하셨고, 제 인생을 위한 하나님의 뜻에 대해 말씀하셨어요."

우리 부부는 아이들의 능력과 흥미, 개성에 따라 각자를 위한 개인 맞춤 기도를 하려고 노력했다. 예를 들면, 조나단이 어렸을 때 우리는 이런 식으로 기도를 드렸다.

주님, 조나단 덕분에 감사합니다. 조나단에게 운동할 수 있는 능력을 주셔서 감사하고 그 능력으로 조나단과 팀 친구들이 즐거워할 수 있어서 감사합니다. 조나단이 학교 일에 성실하며, 특히나 역사에 대해 관심을 갖게 하셔서 감사합니다. 아침에 신문을 배달하며 독립심을 키워주시고, 이를 위해 아침 일찍 잠자리에서 일어날 수 있도록 성실함을 주셔서 감사합니다. 그렇게 함으로써 신문 구독자들을 위해 봉사할 수 있는 기회를 주셔서 감사합니다.

이런 기도는 조나단에게 안성맞춤이었고 아이도 무척 좋아했다. 자녀 한 사람 한 사람을 위한 개인 맞춤 기도를 해보라. "주님, 오늘 이 아이를 축복하소서"처럼 틀에 박히고 두루뭉술한 내용보다는 훨씬 더 의미가 있다.

아이들이 어렸을 때 우리는 매일 잠자리에 드는 시간을 기도하기 위한 최적의 기회로 삼았다. 아이들은 단 몇 분 만이라도 더 "깨어 있을 수 있는" 방편으로 이 시간을 환영했다.

캔자스에서 열린 한 야외 페스티벌에서 나와 같은 무대에 올랐던 스티븐 커티스 채프먼(Steven Curtis Chapman, 미국의 CCM 가수 ─옮긴이)은 자기 아이들 이야기를 관객에게 들려주었다. 스티븐 부부는 저녁 외출 준비에 정신이 없었다. 스티븐은 자녀들이 기도를 마친 후 잠자리에 들게 하려고 애를 썼다. 말쑥하게 차려 입고 외출하는 부모님 때문에 온 집안의 분위기는 들썩거렸고, 아이들은 자신이 생각할 수 있는 지구상의 모든 사건을 위해 기도하면서 시간을 질질 끌었다. 결국 스티븐은 단호하게 이렇게 말할 수밖에 없었다. "오늘밤엔 우리 가족만 위해 기도하자꾸나!"

아이들으라고 기도하지는 말라. 아이에게 어떤 행동을 이끌어내기 위한 방편으로 기도를 활용하지 않도록 조심하라. 당신은 주님과 대화하는 것이지 아이들에게 이야기하는 것이 아니다. 이런 술책 때문에 아이가 기도에 싫증을 느낄 수도 있다.

하나님이 가르쳐주신 것을 아이들과 나누라. 1975년, 신학교를 갓 졸업한 나는, 어느 목사님을 도와 "열린문"(The Open Door)이라는 기독교 상담센터에서 일하게 되었다. 우리는 상담 비용을 청구하거나 후원금을 모금하지 않았다. 대신 18세기 영국의 선교사 조지 뮬러(George Mueller)의 방식을 따랐다. 그는 하나님을 제외한 그 누구에게도 자신에게 비용이 필요하다는 사실을 알리지 않았다. 그런데도 그는 고아원 선교에 필요한 140만 파운드(현재 가치로 7백만 달러 이상)를 모금했다.[4]

첫 해에 우리는 예산 규모를 작게 편성했는데, 재정은 매월 원활하게 돌아갔다. 우리는 조지 뮬러의 방식이 잘 가동되는 상황에 적잖이 고무되면서도 두려움을 떨칠 수는 없었다. 두 번째 해에는 예산을 늘려 잡았다. 후원은 꾸준히 이어졌다. 그런데 4월이 되자 7백 달러의 적자가 발생했다. 솔직히 고백하자면 그때 나는 무척이나 화가 났다. 우리가 감행한 믿음의 모험을 비판하던 사람들이 우리의 실패를 두고 이러쿵저러쿵 떠들어댈 것이 분명했기 때문이었다.

그때, 나이로 보나 신앙으로 보나 나보다 연륜이 깊었던 동료 목사님이 함께 기도하자고 제안했다. 우리는 하나님이 그 필요를 채워주시기로 약속한 것을 그분 앞에서 떠올리고, 7백 달러를 구하는 우리의 간구를 하나님이 들으셨음에 감사하며 기도했다. 나의 미성숙함과 염려, 감사할 줄 모르는 마음도 함께 고백했다. 우리는 하나님의 신실하심에 감사하고, 하나님이 적절하다 여기시는 대로 상담센터를 도와주시리라는 믿음을 고백하며 기도를 마쳤다. 그리고 각자 집으로 돌아갔다.

다음 날 사무실에 출근하자 동료 목사님이 말했다. "얼마 전에 아이 넷을 데리고 이혼했다는 학교 선생님, 기억하세요? 제가 그분을 주님께 인도했었는데요."

"그럼요." 내가 대답했다.

"어젯밤 그분이 우리 집에 찾아와서 6백 달러 수표를 두고 가셨습니다!"

우리 두 사람은 전혀 예상하지 못한 깜짝 선물에 기뻐하며 기도를 드렸다. 한층 믿음이 두터워진 우리는 하나님께 1백 달러가 더 필요하다고 '상기시켜' 드렸다. 잠시 후 나는 우편함에서 아무 표시도 없고 봉인도 되어 있지 않은 봉투를 하나 발견했다. 그 안에는 20달러 지폐 네 장과 10달러 지폐 한 장이 들어 있었다. 이제 7백 달러 가운데 10달러가 모자란 상태였다.

같은 날, 연세 지긋한 퇴직 교사 한 분이 우리를 찾아와 이렇게 말했다. "두 분 선생, 기부는 받으시나요?" (그분은 신문에서 열린문 센터에 대한 기사를 읽었지만 기부에 대한 내용은 못 보았다고 했다.) 우리가 그렇다고 말씀드리자, 그분은 10달러짜리 수표를 내밀었다. 자신이 매달 고정수입으로 살고 있기는 하지만, 십일조 이외에 믿을 만한 단체에 5달러를 기부하려고 노력하고 있다고 설명했다. 그런데 그분이 우리 사무실로 운전하며 오는 길에 주님이 마음에 이렇게 말씀하셨단다.

"두 배로 해라!"

우리는 그분에게 진심으로 감사를 전했다. 전날 밤 내 마음을 헤집어놓았던 분노와 불신이 떠올라 살짝 부끄럽기는 했지만 그보다 천 배는 더 기뻤다. 내 입은 귀까지 걸렸다. 주님은 내게 기도와 믿음의 능력에 대해 잊을 수 없는 교훈을 가르쳐주셨다. 이것이 내가 우리 아이들에게 전해준 교훈인데, 곧 하나님은 얼마든지 능력이 있으시며 우리가 기도할 때 그 능력을 발휘하신다는 말이다. 아주 오래전에 경험한 사건이지만, 이 일은 우리 가족에게 기도의 능력을 일깨워줌으로써 오늘날까지도 영향을 미치고 있다.

하나님을 믿고 따르는 일과 관련해서 하나님은 당신에게 어떤 가르침을 주셨는가? 기도를 통해 하나님을 만날 때 당신의 기쁨을 속에만 담아두지 말라. 다음에 나오는 어머니처럼 당신도 가족에게 그 기쁨이 흘러넘치게 하라.

저는 꽤나 오랜만에 기도를 다시 시작했고 교회에도 출석하기 시작했습니다. 요즘은 성경을 열심히 읽고 있으며 하나님이 인도하시는 길에 자신을 맡기고 있습니다. 저는 제 인생에 일어난 일들을 더 잘 이해할 수 있게 해달라고 반복해서 기도했습니다. 하나님은 저를《그 여자가 간절히 바라는 사랑, 그 남자가 진심으로 원하는 존경》이라는 책으로 이끄셨고, 이 책은 제 기도에 대한 해답을 찾아주었습니다. 영생에 대해 이야기하는 책의 끝부분에서 큰 영감을 받은 저는 즉시 그 자리에서 내 삶을 온전히 하나님께 드리기로 결심했습니다.

저는 세례를 받기로 마음먹었습니다. 모든 가족에게 전화를 걸어 세례식에 참석하여 내 새로운 삶에 증인이 되어달라고 부탁했습니다. 또 다른 기도 응답은 세 아들이 모두 저와 뜻을 함께하게 된 것입니다. 스물네 살 큰아들에게 전화를 걸었을 때, 그 아이도 세례를 받고 싶다는 바람을 전했습니다. 말로 설명할 수 없을 만큼 큰 기쁨과 행복으로 가슴이 벅차올랐습니다. 아들은 한 달쯤 후에 두 번째 군복무를 위해 이라크로 돌아가는데 이번 일은 제 마음의 근심을 누그러뜨리는 데 도움이 되었습니다. 하나님은 다른 두 아들의 삶 가운데서도 역사하고 계십니다.

부모가 진정한 믿음을 가지고 주님을 즐거워하는 모습은 자녀에게 그대로 전염된다!

기도 생활은 당신이 진짜로 믿는 것을 드러낸다

당신의 기도가 주위 사람들에게도 널리 영향을 끼치기 위해서는, 기도하는 방법을 알려주는 성경 말씀을 묵상하는 것이 좋다. 예를 들면 야고보서 1장 5-6절을 기억하고 암송하라. "너희 중에 누구든지 지혜가 부족하거든 모든 사람에게 후히 주시고 꾸짖지 아니하시는 하나님께 구하라. 그리하면 주시리라. 오직 믿음으로 구하고 조금도 의심하지 말라." 야고보는 하나님께서 지혜를 주신다고 말하며 이를 믿으라고 충고하는데, 이는 가족 구성원 모두에게 해당된다. 자녀 양육은 끝이 없으며, 스트레스가 동반되는 어려운 일이다. 물론 그에 따르는 축복도 크지만, 곳곳이 지뢰밭이다.

야고보서 말씀은 만사형통을 보장하신다는 의미가 아니라 어려움에 대처할 수 있는 지혜를 주신다는 뜻이다. 하나님은 우리에게 지혜를 주시는데, 이때 중요한 조건이 있다. 하나님이 주실 것을 의심하지 않는 것이다.

의심은 우리를 불확실성과 걱정, 불안으로 내몬다. 야고보가 두 마음이라 부르는 그것은 우리에게 불안정과 불확실을 남긴다(약 1:6-8). 히브리서 12장 9-10절을 기억하는가? 우리가 그리스도를 따를 때는 최선을 다해 하나님의 지혜를 신뢰해야 한다.

자녀로 인해 문제에 부딪히면, 당신은 기도를 통해 당신이 진정으로 믿는 하나님의 성품을 드러내게 된다. 당신은 진정으로 그분의 지혜를 원하는가? 역경에 처했을 때 하나님의 지혜를 구하기 위해 기도를 드리는 것은, 어떤 상황에서도 하나님이 당신 편이시고, 당신과 자녀들을 사랑하신다는 것을 믿는다는 고백과 같다.

당신이 어떤 상황에 처해 있든—당신과 함께 기도하는 든든한 배우자와 함께 살고 있든, 결혼은 했지만 혼자서 육아를 감당해야만 하든, 편부모로서 전쟁 같은 삶을 살고 있든—기도를 잊어서는 안 된다. 우리가 기도해야 하는 까닭은 예수님이 기도하셨기 때문이다. 예수님은 우리의 본이시며 우리에게 기도하는 법을 알려주시는 선생님이다. 보여주기 위한 겉치레로 하지 말고 '골방'에서 기도하라. 당신의 필요와 함께 찬양과 감사를 나눌 수 있는 은밀한 장소 말이다(마 6:5-6).

그렇다. 바쁘고 정신없고 혼란스러울 때가 많아 자기만의 은밀한 장소에 가는 것이 불가능해 보일 수도 있다. 하지만 바쁘다고 기도를 소홀히 하지는 말라. 기저귀를 갈면서, 쏟아진 우유 컵을 치우면서, 깨진 유리창을 치우면서, 신호를 기다리면서, 분주한 중에도 기도하라. 누가복음 18장 1-18절을 기억하라. 예수님은 끈질긴 과부의 비유를 통해 "항상 기도하고 낙심하지 말아야 할 것을" 말씀하셨다(1절).

나의 할머니는 결코 기도를 포기하지 않는 분이셨다. 1900년대 초반 사우스다코타의 농장 지대에서 가정을 꾸리셨던 할머니는 늘 하나님의 지혜를 구했는데, 심지어 하나님이 자신에게 관심이 없으신 듯 보일 때도 그렇게 했다. 할아버지는 1918년, 당신의 막내아들, 그러니까 내 아버지가 고작 생후 3개월이었을 때 악명 높은 유행성 독감으로 돌아가셨다.

아버지는 할머니의 믿음을 보며 자랐다. 할머니는 가족의 필요를 위해 매 순간 기도했고, 모든 일에서 하늘에 계신 아버지가 그 가족의 유익을 위해 일하고 계심을 믿었다(롬 8:28). 1930년대 대공황 시기에 할머니는 집을 팔아 그 돈을 '믿음의 집'(Faith Home)이라는 기독교 고아원과 성경학교에 기부했다. 할머니의 신실한 삶과 기도에도 불구하고 아버지는 열여덟 살에 집을 나왔고 신앙에서도 떠나버렸다.

그 뒤로 오랫동안 아버지는 교회를 멀리했다. 결혼하고 자녀들이 태어나 꽤 성장했을 때까지도 아버지는 예수 그리스도에 대해 한 마디도 하지 않았다. 단 한 마디도! 할머니의 기도가 헛된 것처럼 보였지만 결국 결실을 맺었다. 나는 열여섯 살에 그리스도를 만났고, 2년 후에는 어머니와 여동생 그리고 아버지까지 그리스도를 만났다!

쉰한 살에 그리스도를 만난 아버지는 할머니가 가르쳐준 믿음에서 멀리 떨어져 사느라 허비한 세월을 안타깝게 여기셨다. 하지만 아버지는 할머니의 간구 덕분에 우리 가족 모두에게 임한 하나님의 은혜에 감사드렸다. 아버지의 이야기를 대략적으로 알고 있던 나는 신학교에 입학한 후 아버지께 이렇게 여쭈었다. "아버지가 주님을 거부했기 때문에 하나님의 영이 아버지를 건너뛰었지만, 할머니의 기도 덕분에 저에게로 오셨다고 생각하시나요?"

아버지는 재빨리 대답했다. "당연하지!" 그러고서 아버지는 이 말씀을 덧붙였다. "나를 위한 네 할머니의 기도―비록 나는 거부했지만―덕분에 주님이 너를 찾아오셨다고 믿는다. 이 모든 일을 나는 이해하지 못하지만 네 할머니의 기도와, 할머니와 함께 기도한 다른 사람들의 기도 덕분에 주님이 너를 더 깊이 만지셨다는 것을 마음속으로 느꼈단다."

나는 할머니를 뵌 적이 없다. 할머니는 내가 태어나기 전에 천국으로 가셨다. 당신 아들을 위한 할머니의 기도는 응답받은 것일까? 아버지의 말씀을 빌려 대답하자면 이렇다. "당연하지!" 할머니의 이야기는 그리스도의 명령에 순종하여 자녀들을 위해 기도하고, 하늘에 계신 아버지의 지혜를 신뢰하여 그분 뜻대로 자녀를 양육하는 사람들을 위한 훌륭한 본보기다.

팀워크:
자녀를 최우선으로 생각하기

부모들에게 깜짝 퀴즈를 하나 내겠다. 다음 중 당신 아이에게 더 큰 영향을 미치는 관계는 무엇일까?

① 당신과 배우자의 관계

② 당신과 아이의 관계

4장에서 9장까지 다양한 양육 기술을 논했기 때문에 "아이와의 관계겠죠"라고 말하기 쉽다. 하지만 부부들을 35년 이상 상담하고 난 후 나는, 부부 관계 곧 견고한 결혼 생활이 아이와의 관계 못지않게 자녀에게 큰 영향을 미친다는 사실을 확신하게 되었다. 결혼 생활은 양육이라는 동전의 뒷면과도 같다.

구약의 마지막 선지자 말라기는 기원전 430년경 유대 민족에게 하나님의 말씀을 전했다. 포로 생활에서 풀려난 유대 민족은 예루살렘 성벽과 성전을 재건했다. 그들은 축복을 많이 받았지만, 늘 그랬듯 얼마 지나지 않아 예배를 건성으로 드리며 여호와께 불순종하기 시작했다. 불성실한 결혼 생활, 불신자와의 결혼 그리고 이혼이 만연했다. 말라기는 파탄 난 혼인 관계에 대한 하나님의 불쾌감을 대변하며 이렇게 적었다. "오직 하나를 만들지 아니하셨느냐? 어찌하여 하나만 만드셨느냐? 이는 경건한 자손을 얻고자 하심이라"(말 2:15).

경건한 자손은 여호와께 매우 중요했고 그분은 이혼을 원치 않으셨다(말 2:16). 하나님은 이혼이 가족과 하나님 나라에 미치는 악영향에 대해 우리가 상상하는 것 이상으로 크게 여기신다. 예수님도 동일하게 공감하셨다. 바리새인들이 예수님을 궁지에 몰기 위해 남자가 아내와 이혼하는 것을 율법이 용인하는 경우가 언제인지를 질문했을 때 예수님은 신성한 결혼의 중요성을 강조하기 위해 창조의 때로 돌아가셨다. "창조 때로부터 사람을 남자와 여자로 지으셨으니 이러므로 사람이 그 부모를 떠나서 그 둘이 한 몸이 될지니라. 이제 둘이 아니요 한 몸이니"(막 10:6-8).

남녀가 결혼하여 가정이라는 하나의 구성단위를 이루는데, 하나님은 부부의 이 하나 됨을 양육 방식에도 반영하기를 바라신다. 남편과 아내는 부모로서 협력하고 함께 일하고 조화를 이루어야 한다. 우리는 한 팀이다. 어떤 남편은 나에게 보낸 편지에서 결혼은 누구 생각이 옳은지 다투기 위해 존재하는 게 아니라고 말했다. "팀이 되어 함께 노력하는 것이죠. 모든 부부가 하나가 되어야 합니다." 아마도 전도서의 저자가 이 진실을 가장 잘 표현한 듯싶다. "두 사람이 한 사람보다 나음은 그들이 수고함으로 좋은 상을 얻을 것임이라"(전 4:9).

아내와 나는 부모님이 하나를 이루지 못했을 때 자녀가 받는 고통을 잘 알고 있었다. 아내와 나의 부모님은 이혼을 경험했고(다행스럽게도 우리 부모님은 재결합했다) 우리는 "뭉치면 살고 흩어지면 죽는다"라는 말의 실상을 직접 목격했다. 이 때문에 우리 부부는 무슨 일이 있어도 갈라서지 말고 화합하며 살기로 약속했다. 우리가 어렸을 때 겪은 일이 우리 결혼 생활과 자녀들에게 되풀이되어서는 안 된다고 결심했다.

나 같은 경우, 부모님이 싸울 때마다 수많은 밤을 울다 지쳐 잠들곤 했다. 아내도 똑같은 감정의 상처를 입었다.

아내와 나는 아이들이 아주 어릴 때부터 팀워크를 통한 화합에 초점을 맞추었다. 물론 아내와 내가 언제나 의견이 같았던 것은 아니다. 하지만 우리는 화합(통일되고 조화로운 태도)과 만장일치(만사에 늘 절대적으로 의견을 일치시키는 일)를 구별할 줄 알았다. 자녀 양육에 대한 의견이 달라 불꽃을 튀기며 싸우기도 했지만, 우리를 남자와 여자로 나누셨을 때는 더 나은 생각과 통찰이 불꽃처럼 일어나도록 만드신 것임을 알고 있었다. 잠언 27장 17절을 살짝 바꾸어 표현하면 이렇다. "철이 철을 날카롭게 하는 것같이 사람이 자기 배우자의 얼굴을 빛나게 하느니라." 아내와 나는 서로의 차이가 더 나은 결정을 이끌어 내는 데 도움이 된다고 확신했다.

우리가 의논을 끝내고 문을 열고 나와 아이들을 마주 대하면, 아이들은 엄마와 아빠를 떨어뜨릴 수 없다는 것과, 자기들이 제멋대로 행동한다 한들 엄마와 아빠를 이길 수 없음을 깨달았다. 이제 본인도 부모가 된 큰아들 조나단은 우리 부부의 연대를 돌아보며 이렇게 말했다. "어머니와 아버지는 항상 한 팀이 될 때까지 기다리셨다가 결정을 내리셨죠." 막내딸 조이는 이렇게 회상한다. "두 분은 팀워크가 정말 좋았어요. 저희 삼남매는 우리가 아무리 애를 쓰더라도 부모님을 흔들어 놓을 수 없다는 걸 알고 있었어요."

우리 부부의 하나 됨에 영감을 준 또 다른 성경 본문은 마가복음 3장 25절이다. "만일 집이 스스로 분쟁하면 그 집이 설 수 없고." 우리는 협력하기 위해 애써야 한다. 그렇지 않으면 결국 적이 될 수도 있다. 유진 피터슨이 《메시지》에서 표현했듯이 "늘 싸움질하는 가정은 무너지게 마련이다."

어떤 아내는 그들 부부가 겪고 있는 양육 위기에 대해 이런 편지를 보내왔다. "저는 그저 우리 부부가 한 팀이 되길 원합니다. 남편도 저와 생각이 같지만 방법을 못 찾겠습니다. 우리가 한 팀이 되기 위해서는 어떻게 해야 할까요?" 동감한다. 분명 과정이 필요하다. 내 경험에 비추어 볼 때, 다음의 세 단계를 제안한다.

● 부부 사이가 최우선이고 아이들은 그다음이다

이상하게 들릴지도 모르겠다. 그러나 최선의 결과를 보장하는 가장 좋은 방법은 바로 이 순서를 존중하는 것이라고 생각한다. 남편과 두 번째 별거 중인 한 여성은 이런 편지를 썼다. "저는 그 어떤 헌신도, 동반자로서의 느낌도 갖지 못했어요. 남편은 가족이라는 집합체에서 부부 관계를 따로 구별하는 것 같지 않았고, 저는 우리 관계가 뒷전으로 밀려났다고 느꼈어요."

이혼 서류는 자녀들에게 결코 도움이 되지 않는다. 부모들은 종종 나에게 이렇게 말한다. "저는 아이들을 사랑하기에 아이들에게 상처를 주거나 아이들을 망치고 싶지 않습니다. 우리 부모님의 이혼이 저에게 어떤 영향을 미쳤는지 잘 아니까요. 아이들의 예쁜 마음을 절대로 아프게 하지 않을 거예요."

맞는 말이다. 그렇기 때문에 사랑과 존경이 넘치는 팀을 이루기 위해서는 반드시 협력해야 한다. 부부가 서로에게 적대감과 불화를 드러낸다면 아이의 감정은 대혼란에 빠진다. 분란이 있거나 별거 또는 이혼 가정에서 자란 아이들은 대개 위축되어 있고, 어른이 되어서도 자신이 부부 생활을 잘 꾸려나갈 수 있을지 자신이 없다. 법적 이혼은 물론 정서적 이혼 모두 아이들에게 상처를 준다. 자녀들의 여린 마음을 무너뜨린다.

이혼의 부정적 영향은 이 정도만 언급해도 족하다. 그렇다면 어떻게 부부 관계를 긍정적으로 돌릴 수 있을까? 혼인 서약을 통해 다짐했던 헌신을 되짚어보는 시간을 갖는 일부터 시작해보자. 다시 말하면 우리가 하나님께 헌신했던 그 순간으로 돌아가야 한다.

사랑과 존경 세미나 마지막 시간에는 "보상을 받는 선순환" 즉 아내가 존경을 표현하지 않더라도 늘 변함없는 남편의 사랑, 남편이 사랑을 표현하지 않더라도 늘 변함없는 아내의 존경에 대해 이야기한다. 어느 세미나 참석자는 이런 글을 남겼다. "저는 아기처럼 엉엉 울었습니다. 특히나 마지막 부분에서, 사랑하는 구세주 되신 주님을 대하듯 배우자를 대하라고 배웠을 때 말입니다. 오랜 세월 우리 가족을 망가뜨리고 있는 악순환의 고리를 끊어야 할 때가 된 것이죠."

어떤 남편이 보내온 편지에는 이렇게 적혀 있었다. "저는 보상을 받는 선순환을 계속 유지하려고 노력합니다. 무슨 일이 있더라도 아내를 사랑하기 위해서죠. 그런데 그것이 내 아내와 관련된 것이라기보다는 하나님과 나의 관계에 대한 것임을 깨달았어요. 우리 집엔 십대 자녀가 둘 있습니다. 많이 힘들었죠. 하지만 제 자신의 역할을 깨달은 다음에는, 그동안 제가 너무 이기적이어서 아내의 필요를 채워주기보다 자기 필요만 채우려 했던 것을 알게 되었습니다."

올바른 순서는 하나님이 먼저이고 그다음이 결혼 생활, 마지막으로 아이들이다. 우리가 이 순서를 제대로 지킬 때 아이들 마음에는 좋은 일이 이루어진다. 아이들은 부모가 서로를 최우선으로, 가장 중요하게 여기며 사랑하고 존경하고 있음을 알게 되면 자신들이 훨씬 더 많이 사랑받고 있다고 느낀다. 한 어머니는 이렇게 말했다. "아이들은 우리 부부가 입 맞추고, 포옹하고, 함께 시간을 보내고, 서로 사랑하는 모습을 보며 킥킥거렸어요. 틈날 때마다 서로 사랑하는 시간을 가지면 제가 예상하지 못했던 미소가 아이들의 얼굴에 피어났죠. 우리가 서로 사랑하면 아이들도 우리를 사랑한답니다!"

우리 아이들이 어렸을 때, 녀석들이 가끔씩 아내에게 무례한 말을 할 때면 나는 이렇게 말했다. "엄마에게 그런 식으로 말하지 마라. 엄마는 아빠의 여자 친구야. 너희들은 크면 이 집을 떠나겠지만 엄마와 아빠는 계속 같이 살 거야. 솔직히 너희들이 다 떠나면 우리는 파티를 열 거다. 그러니 내 여자 친구에게 버릇없이 말하지 마라."

아이들이 성장한 다음, 이 말을 어떻게 생각하는지 물어보았을 때 데이비드가 이렇게 말했다. "아주 멋지다고 생각했어요. 두 분이 파티를 하시길 바랐죠. 솔직히, 파티 해보신 적 없잖아요."

아이들이 내 말을 조금 오해한 것 같다. 내 말뜻은 이랬다. "무엇보다도, 우리는 한 팀이야. 그러니 내 여자 친구를 괴롭히지 말아라." 조이가 덧붙였다. "아빠 엄마가 주방에서 춤추시는 걸 우린 항상 지켜보곤 했죠. 부모가 애정이 넘칠 경우 자녀들이 훨씬 더 안정감을 느낀다는 연구도 있지 않나요? 혹시 없더라도 제 생각에 그게 절대적으로 맞는 것 같아요. 제 말을 현장 연구원의 논평으로 인용해도 좋아요."

물론 남편과 아내의 하나 됨을 우선시하라는 것이 자녀들을 습관적으로 베이비시터에게 맡기고 부부만을 위해 이기적인 즐거움을 추구하라는 말은 아니다. 대신 자신들의 결혼 생활을 희생해가면서까지 아이들에게 집착하는 부모들에게 생각할 기회를 제공하고 싶은 것이다. 별다른 생각 없이 아이들을 대하다 보면 결혼 생활은 뒷전이요, 자녀들을 마치 우상처럼 떠받들 수도 있기 때문이다. 우리가 자녀들을 '숭배'하면 자녀를 망치게 된다. 우리 부부는 그런 덫에 빠진 적이 없었다고 생각하지만 아이들이 어렸을 때 딱 한 번 이런 말을 했던 기억은 난다. "아이들 이야기는 하지 않고 아주 잠깐이라도 단 둘만의 시간을 가질 수 있을까요?"

아내는 이 말이 일종의 계시였다고 기억한다. 그때까지만 해도 아내는 남편을, 아이와 관련된 이야기를 매일 나눌 수 있는 사람 정도로 생각하고 있었다. 아내는 아이들 이야기를 할 때는 언제나 살아 있다고 느끼고 있었다. 이거야말로 엄마와 아빠가 해야 할 일이 아니겠는가? 그런데 내 말을 듣고 아내는 생각을 고쳐먹었다. '아, 이런. 남편에겐 분명 남편만의 인생이 있고, 그 일부를 나와 함께 나누고 싶은 거야. 남편은 오로지 나와 함께하는 오붓한 시간을 원하고 있어. 아이들은 커서 떠나고 우리만 남을 텐데. 그렇다면 우리 결혼 생활의 불꽃이 계속 타오르도록 해야겠어.'

양육과 부부 관계 중에 양자택일을 해야 한다고 결론짓지는 말라. 자녀들이 성장하여 부모 곁을 떠날 때까지 결혼 생활을 뒷전으로 미루지는 말라는 뜻이다. 하나님은 가족 구조에서 두 가지 역할을 설계하셨는데, 배우자와 부모가 그것이다. 결혼하고 자녀를 양육하는 거 추장스러움과 불편함은 큰 부담이지만 하나님의 능력 안에서는 가능한 일이다.

이 문제에서 가장 중요한 부분은 이것이다. 아버지가 자녀를 위해 할 수 있는 최선은 하나님과 아내를 사랑하는 것이고, 어머니가 자녀를 위해 할 수 있는 최선은 하나님을 경외하고 남편을 존경하는 것이다.[2]

상대방의 호의를 믿어라

대부분의 사람들은 배우자에게 호의적으로 대하려고 한다. 내가 말하는 '호의'란 "상대방에게 좋은 일을 해주려는 의도"를 뜻한다. 물론 그런 호의가 끝까지 유지되는 것은 아니다. 예수님이 겟세마네 동산으로 기도하러 가셨을 때, 깨어서 망을 보기로 했던 세 제자도 잠이 들어버렸다. 주님은 그들에게 이렇게 말씀하셨다. "마음에는 원이로되 육신이 약하도다"(마 26:41). 바울도 로마서 7장 19절에서 "내가 원하는 바 선은 행하지 아니하고 도리어 원하지 아니하는 바 악을 행하는 도다"라고 고백하면서 의도는 선하되 이를 끝까지 지키지 못하는 현실을 정확히 표현했다. 바울이 말하는 것에 대해서는 누구나 공감한다. 당신이나 배우자는 옳은 일을 하기 원하지만, 실제로는 그렇게 하지 못하는 경우가 더 많다. 반대로 옳지 않은 일을 그만두기를 원하지만, 실제로는 질질 끌려다닌다. 만일 배우자가 선한 의도를 끝까지 유지하지 못했다면 당신은 그런 사실에 주목하기보다는 그에게 악의가 없었다는 점에 더 주목해야 한다. 즉, 아내나 남편은 서로에게 악한 의도가 없다.

하지만 날마다 복닥거리는 결혼 생활과 자녀 양육이라는 스트레스를 겪다 보면, 당신은 배우자가 당신의 필요나 즐거움 따위는 눈곱만큼도 생각하지 않는다고 오해하기 쉽다. 배우자는 무심하거나 건망증이 있거나 부주의하거나 당신 마음을 아프게 할 수도 있다. 그래서 당신은 상처를 받거나 화가 난 나머지, 상대를 몰아세워 앙갚음하려 한다. 만성적인 스트레스와 부정적 성향은 부부 모두를 좌절시키고 두 사람은 서로의 선의를 의심한다. 그러므로 부부에게는 서로를 무조건 믿어주는 것이 필요하다.

나는 상담 도중 부부에게 이런 질문을 자주 던진다. "당신 배우자는 선의를 가진 사람인가요?" 부부는 기다렸다는 듯 이렇게 대답한다. "그럼요." 많은 부부는 이 질문이 자신들의 결혼 생활에 일종의 지각 변동을 가져왔다고 말했다. 여러 불편한 상황에도 불구하고 배우자가 선의를 가지고 있음을 마음으로 믿는다면, 서로에게 여전히 큰 차이점이 있고 조금 짜증을 느낀다 하더라도 호흡을 맞추어 긍정적인 길을 걸을 수 있다.

배우자의 선의를 믿으라. 자녀들을 위해서라도 말이다. 아이들이 부모에게서 기본적인 선의를 느끼는데도, 정작 부부는 서로에게서 그런 선의를 보지 못한다면 얼마나 슬픈 일이겠는가.

나는 인간의 타락과 선의를 어떻게 조화시킬 수 있느냐는 질문을 자주 받는다. 컵에 든 물에 물감이 떨어지면 시간이 지날수록 전체로 번져나가듯, 인간 존재의 모든 부분은 죄로 더럽혀졌다. 하지만—이것은 정말 강한 어조로 말하는 것인데—우리는 하나님의 형상대로 만들어졌기에 선의에 따라 행동할 수 있다. 우리는 옳은 일을 열망할 수 있고 또한 어느 정도는 그 일을 해낼 수 있다.[3] 배우자에게 이러한 열망이 있음을 인식하는 것이 바로 팀워크의 시작이다. 때로는 남편이나 아내가 사려 깊지 못하고 무례할 때도 있겠지만, 나쁜 뜻은 없다고 믿는 편이 최선이다. 그들도 인간일 뿐이니 말이다. 그들이 그리스도를 알기는 하지만, 자신이 해야 할 일이 무엇인지 알면서도 항상 그 일을 하지는 못하는 게 사람이다(롬 7:19).

당신이 배우자와 한 팀으로 일하려 할 때, 일상에서 수많은 스트레스와 짜증거리를 만나게 될 것이다. 엄마들은 양육에 대한 부담감으로 늘 머리가 아프다. 그럴 때면 아내는 비판적이 되거나 심지어는 무례하게 보이는 행동을 할 수도 있다.

나는 남편들에게 이런 주의 사항을 일러주고 싶다. 아내는 당신이 못마땅한 게 아니다. 만일 아내가 불평을 늘어놓거든 아내에게 악의가 있어서 그러는 것이 아님을 무조건 믿어주라. 아내는 바가지를 긁거나 비판하려는 것이 아니다. 한 팀이 되어 협력하고 싶은 것이다. 아내가 당신을 무시한다고 생각하여 한 팀이 되기를 포기한다면, 당신은 힘과 지지를 원하는 아내의 필요를 보지 못한 것이다. 아내의 선의와 선한 마음이 보내는 암호를 해독하라. 아내는 관심이 필요한 것이다. 그런 아내의 마음을 당신에 대한 공격이라고 자의로 해석해서는 안 된다.

그렇지만 가끔씩은 아내가 자신의 좋지 않은 감정을 표현하면서 실수를 범하기도 한다. 어떤 가정에서 남편이 자녀들과 함께 성경 공부를 하자고 제안했다. 그런데 아내는 온 가족 앞에서 그 제안을 거절했다. 성경 공부가 너무 길어서 아이들에겐 지루할 것이라는 이유였다. 알고 보니 아내는, 말씀의 의미를 극단적으로 해석하고 습관적으로 장광설을 펼치는 남편에게서 아이들을 보호하려 했던 것이었다. 안타깝게도 아내는 가족을 영적으로 이끌려는 남편의 선한 의도를 지지할 수 있는 기회를 놓친 셈이었다.

아내는 어떻게 행동해야 했을까? 그 자리에서는 침묵을 지킬 수도 있었다. 그런 다음, 아이들 나이에 맞게 좀 더 짧은 본문을 골라 설교 시간을 줄이자고 따로 만나 제안할 수도 있었다. 아내로서 할 수 있는 최선을 다하여, 남편이 악의가 있어서 그러는 것이 아님을 무조건 믿어주고 그의 선의를 신뢰해야 한다. 특히나 남편이 옳은 일을 하려 할 때는 더더욱 그렇다.

힘들더라도 서로의 진심과 선의를 믿어라

다음은, 짐과 캐시 부부가 심각한 양육 문제를 겪으면서 상대방에게 선의(비록 두 사람은 이 단어를 사용하지는 않았지만)가 있음을 어떻게 인정했는지 보여주는 사례다. 딸아이가 5개월간 선교 여행을 떠나기 전, 이 부부는 딸아이의 의료보험을 그대로 유지하기 위해 여행에서 돌아오는 대로 아이를 대학에 보내기로 합의했다. 딸아이가 대학에 가지 않겠다고 하면 직장을 얻은 후 스스로 보험을 부담하라고 할 예정이었다.

딸아이가 선교 활동에서 돌아온 지 얼마 지나지 않았을 때였다. 아내 캐시는 무심코 남편에게 이렇게 말했다. "딸아이가 치아 스케일링 같은 것을 해야 한다면 우리가 부담해야죠." 남편 짐은 합의한 내용과 이야기가 다르지 않느냐며 아내에게 따졌다. 그러자 가족 관계의 악순환이 시작되었고, 모든 것이 무너져내렸다. 아내는 남편이 무정하다고 생각했고, 남편은 아내가 두 사람의 합의를 무시한다고 여겼다.

사랑받지 못한다고 느낀 캐시와 무시당한다고 느낀 짐은 '케케묵은 밀당'을 시작했다. 지금껏 아내가 자주 남편의 의견을 묵살해왔기 때문에 남편은 아내와는 말싸움에 말려들지 않으려고 철벽 방어를 했다. 그래도 캐시가 계속 짐을 들쑤셔대자 짐은, 전형적인 남자로서는 너무도 어려운 일이었지만, 아내에게 먼저 마음을 열어야 함을 깨달았다. 짐은 아내에게, 자기도 딸을 사랑하지만 이렇게 일방적으로 일을 처리하면 자신이 무시당하는 것처럼 느껴진다고 설명했다. 짐은 자신이 아내와 딸을 모두 사랑하기 때문에, 딸을 보호하려는 '극성 엄마'와 사랑하는 아내 사이에서 시달리길 원치 않는다고 강조했다.

캐시는 남편을 무시할 생각은 없었다고 말했다. 두 사람은 입을 맞추고 각자 출근했다. 짐은 편지에 이렇게 적었다. "저는 사랑을 실천하려고 애썼습니다만, 실제로 존경받는다는 느낌은 여전히 받지 못했죠. 시간이 지나면서 제 마음이 달라져서 어쩔 수 없이 받아들이게 되길 바랄 뿐입니다."

두 사람 사이의 벌어진 틈을 메우기 위해 짐은 자신이 할 도리는 다 했다고 생각했는데, "진짜 노력은 그날 오후에 아내 편에서 나왔다"고 인정했다. 아내가 전화를 걸어왔을 때 짐은 고장 난 장비와 귀찮게 구는 사람들 때문에 짜증 나는 하루를 보내고 있었다. 짐이 짜증을 표현하자 캐시는 부드러운 목소리로 그를 격려했다. 바로 그때 또 다른 전화가 걸려왔고, 아내가 전화를 끊었으리라 생각한 짐은 다른 전화를 받았다. 잠시 후에 통화가 끝나고 전화기를 내려놓으려는 찰나 어떤 목소리가 들렸다. 남편을 위해 기도하는 아내의 목소리였다. 무슨 영문이었는지 아내의 전화는 끊어지지 않았고, 그 시간 내내 아내는 기도하고 있었던 것이다.

짐은 그날 모든 문제가 해결되었는지는 분명하지 않다면서 편지를 끝맺었지만, 아침에는 자신의 의견을 존중하지 않는 듯 보였던 아내가 저녁에는 "자신감과 존경심을 북돋워주는" 아내로 바뀌어 있었다고 말했다. "아내는 저를 진심으로 존중해주었어요. 아내는 존경의 비밀을 알고, 저는 다시 평정심을 찾게 되었습니다."

두 사람은 서로의 진심을 알아보지 못할 뻔했다. 하마터면 캐시는 사랑받지 못하고 상처받았다고 느끼고, 짐은 아내가 무례하다고 오해할 뻔하지 않았는가. 하지만 뜻밖의 상황에서 짐은 수화기를 통해 아내가 자신을 위해 기도하는 것을 듣게 되었고, 아내의 선한 의도를 깨닫게 되었다. 짐에게는 얼마나 특별한 순간이었겠는가.

이 사연을 나누는 까닭은, 우리도 배우자 안에 있는 선의를 믿어야 함을 상기시키기 위해서다. 그렇지 않으면, 우리는 배우자에게 악한 의도가 있다고 상상하여 없던 갈등을 만들게 되고, 그러다 보면 팀워크가 무너질 수도 있다. 양육 드림팀이 되기 위해서 우리는 배우자에게 옹졸한 사람이라는 꼬리표를 달지 말아야 한다. 그렇게 할 때 우리는 세 번째 단계로 나아갈 수 있다.

● 사랑과 존경을 담아 말하라

자신도 남편들처럼 존경받고 싶다고 말하는 아내들의 편지를 많이 받는다. 당연한 일이다. 모든 사람은 똑같이 사랑과 존경을 필요로 한다. 《그 여자가 간절히 바라는 사랑, 그 남자가 진심으로 원하는 존경》을 보면, 남편이 자신을 존경하면 사랑을 느낄 수 있다고 말한 어떤 여성에 대한 이야기가 나온다. 상대 여성을 존경하지 않는 남성은 그녀에게 "사랑합니다"라고 솔직히 말하지 못한다.

여성들도 존경을 받고 싶어 하지만 내면을 들여다보면, 마치 사랑이 세상의 전부인 양 살아가는 경우가 많다. 남자가 자기 여자를 끌어안고 "진심으로 당신을 존경하오!"라고 말하며 끝나는 영화는 없다. 실제로 우리는 7천 명에게 다음과 같은 질문을 했다. "당신에게 의미가 있다고 생각되는 사람과 갈등이 벌어질 경우 당신은 사랑받지 못한다고 느낍니까, 존경받지 못한다고 느낍니까?" 이에 대해 72퍼센트의 여성이 사랑받지 못한다고 느낀다고 대답한 반면, 83퍼센트의 남성은 존경받지 못한다고 느낀다고 답했다.

션티 펠드한(Shaunti Feldhahn)은 고전이 된 저서 《여자들만 위하여》(미션월드라이브러리)에서, 홀로 남겨져 사랑받지 못하는 경우와 무능하고 존경받지 못하는 모습으로 비쳐지는 경우 중에 어느 쪽이 더 끔찍한지를 물었을 때 80퍼센트의 남성이 후자를 견디지 못한다는 사실을 분명히 보여주었다.[4]

일반적으로 말해서 자녀 양육에서 팀워크를 향상시키려면 아내는 남편의 다정한 목소리와 말투를, 남편은 아내의 존경심이 담긴 목소리와 말투를 듣기 원한다는 점을 분명히 알아야 한다.

아내와의 팀워크에서 불을 댕길 수 있는 확실한 방법은 아이들을 보살피는 아내의 어여쁜 마음을 칭찬해주는 것이다. 우리 세 아이들이 모두 어렸을 때였다. 어느 날 나는 아내에게 이렇게 말했다. "내가 엄마 노릇을 했다면 난 아마 교도소에 갔을 거요!" 그러자 아내가 대답했다. "그 말을 들으니 정말 기쁘네요! 엄마 노릇하기가 얼마나 어려운지 당신이 이해해주다니 말이에요. 정말 사랑받고 존경받는 기분이 들어요."

솔직히 나는 아이들이 어른으로 제대로 성장한 것에 대한 대부분의 공로는 엄마 역할을 잘해준 아내에게 있다고 확실히 인정한다. 나도 아빠 역할을 하긴 했지만 아내는 엄마 노릇에 정말 전력을 다했다. 부모로서 아내는 나보다 월등하다.

천성적으로 양육 본성을 갖춘 아내들은 자기 아이를 속상하게 만드는 일들을 즉각 정리한다. 그런 상황에서는 아내가 조언하고 설명하도록 하는 남편이 지혜롭다. 그런 남편은 아내의 제안에 부정적으로 반응하지 않는다. 남편이 아내의 이야기나 의견, 심지어 불평까지도 기꺼이 들어주면 아내는 부모가 되어 함께하는 팀워크에 흥미를 느낀다. 그러나 남편이 화를 낸다면 그는 아내의 마음을 얻지 못하게 되고, 두 사람은 팀워크를 발휘할 수 없다.

물론 사랑과 존경 원리는 쌍방으로 작용한다. 지혜로운 여성은 남편의 의견을 은근히 흘려듣거나 무시하지 않고 경청하는 것이 중요함을 안다. 자녀를 돌보고 사랑하는 일에 열중한 나머지 남편의 말을 귓등으로 흘려들을 수 있음을 알아야 한다.

남자들은 어떨 때 가족에게서 존경받지 못한다고 느낄까? 아내들도 이 점을 궁금해했다. 찾아보니 한 가지 경우가 있었다. 집안일에 대한 조언을 아내가 시답지 않게 여길 때 그런 경우가 많았다.

다음 편지는 다가오는 딸의 결혼식과 결혼 비용 때문에 남편과 심각한 대립을 겪었던 한 아내가 보내온 것이다. 누가 얼마를 부담할지에 대한 논의는 거의 없었고, 남편은 가족 모두가 자기 생각을 무시하고 아무도 자신에게 존경심을 보이지 않는다고 느꼈다. 결혼 비용 이야기가 나올 때마다 아내는 남편이 그저 똑같은 소리만 되풀이한다고 생각했고, 그로 인해 그녀는 딴생각을 하거나 방어적으로 변했다. 그녀는 주로 이런 식으로 대답했다. "이 아이는 무남독녀 외동딸이라고요. 그래서 근사한 결혼식을 치러주고 싶은 거예요." 하지만 이런 대답은 부부 사이에 갈등만 증폭시킬 뿐이다. 결국 아내는 대화가 통하지 않음을 깨닫고 존경을 실천하기로 마음먹었다. 그녀는 편지에 이렇게 썼다.

저는 남편의 관점에서 상황을 바라보고, 남편이 하는 말에 모두 찬성하면서 사과도 했습니다. 일을 그렇게 처리한 것은 제 잘못이라고 말했죠. 남편과 딸아이 중간에 껴서 애매해진 제 입장도 설명했고요. 우리는 결혼식 비용에 대해 이야기를 나누고 우리가 얼마를 부담할지를 합의했습니다. 그러자 남편의 마음이 즉시 누그러져서 상황은 더 이상 번지지 않았고, 우리는 분명하고 이성적으로 대화를 나누었습니다. 예전엔 남편 마음을 누그러뜨리려고 사랑한다고 말했죠. 그러면 남편은 이렇게 말하곤 했습니다. "나도 알아! 하지만 당신은 날 만만하게 생각해!" 남편은 '존경'이라는 말 대신에 "만만하게 생각한다"는 말을 사용하는 것 같아요. 남편에게 사랑한다고 말하면 됐지, 뭐가 문제인지 이해할 수 없었죠. 그 일이 있고 나서 우린 가까워졌어요. 문제가 생겼을 때 우리는 함께 일하는 한 팀처럼 느껴집니다.

한 팀! 그 말이 맞다! 그녀는 자신이 무례해 보일 수 있다는 것을 간파하고 태도를 고쳤다. 대부분의 아내들은 일부러 무례하게 행동하려고 하진 않지만, 자신이 '분홍색'으로 세상을 볼 때 남편은 '파란색'으로 세상을 본다는 것을 이해하지 못한다. 남편들도 선의를 가지고 있지만 많은 부분에서 아내와 다르게 보고 생각하고 느낀다. 위 편지의 주인공은 곧 결혼할 딸을 생각하면서 결혼식에 대한 기대감이 커질수록 점점 더 분홍색 세계관에 사로잡혔다. 그녀는 남편이 왜 돈에 대한 '유치한 태도'를 버리지 못하고, 순순히 자기 뜻에 따라 경사를 즐기지 못하는지 도대체 이해할 수가 없었기에 딴생각을 하거나 방어적인 태도를 취했던 것이다.

해답은 간단했고, 다행스럽게도 그녀는 결국 해답을 찾았다. 남편이 못되거나 유치한 것이 아니라, 만사를 파랗게 바라보는 남편의 관점이 그녀의 분홍색 관점과 달랐던 것이다. 그가 틀린 게 아니라 그저 달랐을 뿐이고, 그가 입버릇처럼 말하던 "당신은 날 만만하게 생각해!" 라는 원망이 마침내 그녀 마음에 와 닿았다. 그들은 악순환을 멈추고 해결책을 찾아냈다. 아내가 자신을 만만하게 생각한 것이 아니라 자기 말에 귀를 기울이고 있었음을 남편이 알게 되자 그들은 하나가 되었고, 남편이 가장 염려하는 결혼 비용에 집중할 수 있었다.

남편에게는 아내에게 없는 강점과 약점이 있고, 아내에게는 남편에게 없는 강점과 약점이 있다. 이런 부부가 한 팀을 이루려 한다면 두 사람은 조건 없는 사랑과 존경으로 함께 일해야 한다.[5] 두 사람은 아내의 분홍색과 남편의 파란색을 혼합하여 하나님의 '보라색'을 만들어야 한다. 둘이 하나가 되어, 그리스도께 하듯 결혼 생활에 헌신한 완벽한 팀이 되어야 하는 것이다.[6]

승패에 집착한 나머지 배우자가 틀렸다고 증명하려 애쓰지 말고, 선의를 가지고 기분 좋게 반대 의견을 내어 상생의 해결책을 찾는 법을 배우라. 아내와 의견이 일치하지 않는다고 해서, 아내가 틀리고 나만 옳은 것은 아니기 때문이다. 우리는 이 단순하고 자명한 이치에 공감한다. "틀린 것이 아니라, 다를 뿐이다."

전도서 4장 9절은 둘이 하나보다 낫다고 말하지만, 10-12절에 드러난 지혜의 말씀에도 주목하라. "혹시 그들이 넘어지면 하나가 그 동무를 붙들어 일으키려니와 홀로 있어 넘어지고 붙들어 일으킬 자가 없는 자에게는 화가 있으리라. 또 두 사람이 함께 누우면 따뜻하거니와 한 사람이면 어찌 따뜻하랴? 한 사람이면 패하였거니와 두 사람이면 맞설 수 있나니."

당신과 배우자의 의견이 다를 때 누가 옳은지 나는 답할 수 없다. 분명히 말해두지만, 부부가 한마음 한뜻으로 하나님과 상대방을 중시하지 못하면, 그 결과 자녀들이 오랫동안 고통받을 것이다. 상대방의 선의를 믿고, 사랑과 존경을 담아 말하고 행동하라. 두 사람의 분홍색과 파란색 관점을 혼합하여 하나님 나라의 기품 있는 보라색을 만들라.

분홍과 파랑에 대해, 그리고 자녀들의 성별에 따라 각기 다른 양육법을 적용하는 일은 정말 중요하다. 다음 장에서 설명하겠지만, 남자아이와 여자아이에게는 각각 다른 방식으로 접근해야 한다.

11

분홍 공주, 파랑 왕자
양육법

나는 하나님이 인간을 남자와 여자로 창조하셨다는 사실에 흠뻑 빠져 있다. 그래서 이 책에서 이번 장이 가장 흥미롭다. 남자다움과 여자다움은 아주 어릴 때부터 나타난다. 나와 성별이 다른 아이는 마치 외국인처럼 보이기도 한다. 어떤 부모는 이런 농담을 했다. "우리는 이 아이들을 사랑합니다. 하지만 주님, 우리 부부처럼 이 아이들도 각기 다른 XX와 XY 염색체로 살아간다면 그건 마치 지도도 없이 외국을 헤매는 꼴이 될 거예요."

이번 장에서 나는 남자와 여자가 어떻게 다른지에 관해 기초적인 지식을 나누고자 한다. 이 지식은 '사랑과 존경'과 관련이 깊으며, 동등하지만 서로 다른 분홍 공주와 파랑 왕자를 양육하는 데 도움을 준다. 유전적으로 남자아이와 여자아이가 다르다는 것을 우리도 안다.[1] 부모들이 자녀의 성별에 따른 차이에 주목하는 것은 매우 중요한 일이며, 그 차이는 남자와 여자를 창조하신 하나님의 뜻(마 19:4)에 그 뿌리를 두고 있다. 예를 들면, 여자아이들은 사랑을 받고 사회적인 관계를 맺기 원하며, 남자아이들은 존경받기를 바란다.[2] 내 친구이자 훌륭한 연구자인 션티 펠드한은 《부모들만 위하여》(For Parents Only) 집필에 필요한 자료를 수집하면서 부인하기 힘든 패턴을 발견했다. 여자아이들은 사랑받고자 하는 경향이 있으며, 남자아이들은 존경받고자 하는 경향이 있다는 것이다.[3]

하지만 내 생각에 일부 연구자들은 남자아이들을 제대로 이해하지 못하고 있는 것 같다. 예를 들면 미취학 연령의 여자아이들은 상대방과 번갈아가며 놀이를 하는 비율이 남자아이들과 비교했을 때 스무 배 높았다. 반면 남자아이들은 상대방과의 갈등에 연연하지 않고 경쟁하는 일에서 스무 배 이상 공격적이었으며, 놀 때는 자신의 영역을 굳건히 사수했다.[4] 적지 않은 연구자들은 이런 발견을 통해 여자아이들은 사려 깊은 반면, 남자아이들은 광적이고 심지어 난폭하다고 성급하게 결론 내린다. 그렇지만 똑같은 사실을 이렇게 해석할 수도 있다. 남자아이들은 공격적으로 방어하는 능력을 개발하려고 하고, 자신의 목숨에는 아랑곳없이 무고한 사람들을 보호하는 것을 좋아한다고 말이다. 특히나 그 갈등이 선과 악의 대결일 경우에는 더욱 그러하다.

내 친구 중에 식당을 운영하는 사람이 있는데 이 식당은 미취학 아동들과 초등학교 저학년 어린이들을 주 고객으로 삼고 있다. 그 친구는 식당 한쪽에 공주님 방을 마련했다. 남자아이들과 여자아이들이 방에 들어오면, 여자아이들은 마치 자기가 정말 공주가 된 양 드레스를 입고 왕관을 쓰고 하이힐을 신고 걸으면서 요술 지팡이를 흔들어댄다. 아이들은 정말 특별하고 사랑스런 공주가 되길 소망하는 것이다. 반면에 남자아이들은 공주님 방 따위엔 눈길조차 주지 않는다. 하지만 남자아이들이 방을 나가려고 돌아서는 순간, 입구 쪽 벽에 즐비하게 늘어선 플라스틱 칼이 눈에 띈다. 우와! 아이들은 칼을 뽑아들고 신나게 놀기 시작한다.

어떤 사람들(대부분은 엄마들이다)은 남자아이들이 무기를 집어 드는 것을 보고 불편해한다. 나는 남자아이들이 악한 침략자들로부터 의연히 요새를 지켜내는(그러고서 곤란에 빠진 아가씨를 다정하게 보호하는) 자신의 모습을 상상하는 것이라고 해석한다. 제 입으로 이런 상상을 했다고 떠들어대는 남자아이는 없지만 말이다. 이것은 타고나는 것이다. 우리는 이 어린아이들을 남을 괴롭히기 위해 태어났다거나 폭력성이 잠재된 아이들이라고 보기보다는 고귀한 사람이 되고자 노력하는 중임을 인정해야 한다.

우리는 남자아이들에게도 선의가 있지만 그 성격은 각기 다르며, 여자아이들과 동등하지만 똑같지는 않다는 것을 알아야 한다. 십대 여자아이들은 사랑과 연관된 분홍색 렌즈로 인생을 바라보고, 십대 남자아이들은 존경과 연관된 파란색 렌즈로 세상을 바라본다. 우리는 사랑을 필요로 하는 여자아이들은 잘 받아주면서도, 존경을 바라는 남자아이들은 소란스럽다고 여기는 경향이 있다.

그러므로 하나님을 믿는 우리는 그분의 계획과 설계를 깨달아야 한다. 나이를 먹고 남성과 여성이 되어 결혼하는 과정에서 그들은 에베소서 5장 33절을 적용해야 하는 것이다. 실제로 아내가 얼마나 사랑스러운지와는 상관없다. 아내는 사랑받고 있다고 느껴야 한다. 반면 실제로 존경심이라고는 눈곱만큼도 생기지 않는 남편이라 할지라도 남자들은 마음속 깊은 곳에서 자신이 존경받고 있음을 느끼고 싶어 한다.

이 원리는 결혼 생활만큼이나 양육에서도 중요하다. 아이들은 존경받고 사랑받지 못한다고 느낄 때면 위축되고 반항한다. 남자아이들 속에 남성이 숨어 있기 때문이다. 여자아이들 속에는 여성이 숨어 있다. 어느 쪽도 틀린 것이 아니라, 그저 다를 뿐이다.

모자 관계: 어머니의 존경

어머니들은 존경 메시지를 사용하여 아들과 새로운 차원의 의미 있는 관계로 나아가게 되었다고 자주 이야기한다. 우리가 주최하는 결혼 세미나에 참석했던 한 어머니는 아들과 존경의 대화를 나누기로 결심했다는 편지를 보내왔다.

아들이 자기 생각을 이야기하면 저는 "네가 하는 말을 엄마는 전적으로 존중한단다"라거나 "그 상황에서 그렇게 대처하다니 정말 대단하구나" 혹은 "그 일들을 솔선수범해서 시작하고 끝까지 밀어붙이다니 정말 잘했구나"라고 말해줍니다. 그러면 아들 녀석은 이제껏 제가 본 적 없는 미소를 짓지요. 거기에 덧붙여 저는 운동 경기를 할 때도 존경심이 필요하고 상대편을 존중하는 모습을 보여야 한다고도 이야기하죠. 제가 그 아이를 사랑한다는 건 아들도 잘 알고 있었어요. 이제는 제가 이들 녀석과 그 아이의 생각까지도 존중한다는 걸 압니다. 예전엔 제가 미숙했던 부분이죠.

또 다른 어머니는 일곱 살짜리 아들과 나눈 대화를 이야기해주었는데, 이는 남자에게 존경심을 보였을 때 어떤 놀라운 결과가 나타나는지를 보여준다.

어머니: 엄마는 너를 존경한단다.

아 들: (미소를 짓는다)

어머니: 그게 무슨 뜻인지 아니?

아 들: ('아니요'라는 의미로 재빨리 고개를 좌우로 흔든다)

어머니: 흠, 그건 말이지 엄마는 너를 자랑스러워하고, 네가 훌륭한 사

람이라고 생각해. 그리고 엄마는 네가 강인한 남자라고 생각해.

아   들: (멋쩍은 미소를 지으며 자세를 더욱 바짝 고쳐 앉는다) 고마워요, 엄마.

어머니: 어떤 말이 더 듣기 좋으니? 엄마는 너를 자랑스러워하고 네가
        강인한 남자라고 생각한다는 말이랑, 엄마는 너를 사랑한다는
        말 중에서?

아   들: 자랑스럽고 강하다는 말이요.

일곱 살 아들은 엄마가 자신을 사랑한다는 것을 알고 있다. 하지
만 존경받는 것은 뭔가 새로운 것이기에 아들은 그 말이 더 좋은 것
이다!

존경의 대화는 나이와 관계없이 남자아이들에게 '효과적'이다. 아
이의 영혼 깊은 곳에 자리한 존경에 대한 뿌리 깊은 필요를 채워주기
때문이다. 물론 당신은 아들을 사랑한다. 하지만 그 사랑을 전달할 수
있는 가장 좋은 방법은 아들의 영혼, 즉 하나님께 소중한 그 영혼에 존
경을 표하는 것이다. 아들이 때로는 비뚤어지기도 하겠지만 그래도 아
이에게는 여전히 존경이 필요하다. 아들이 존경스럽지 않을 때가 있을
것이다. 하지만 그런 때일수록 아이에게는 존경이 필요하다.

어머니가 아들에게 존경을 담아 이야기하고 행동하는 데 효과가
있다고 입증된 세 가지 방법을 아래에 소개한다.

●
아들이 하는 이야기에 주의를 기울이라

한 어머니는 아홉 살 먹은 아들에 대해 이렇게 이야기한다. "이번
주에 세상에서 가장 귀여운 글씨가 적힌 카드를 받았어요. 첫 줄을 읽
고는 깜짝 놀랐죠. '엄마, 저를 존경해주셔서 감사합니다.' 그다음에는
자기 빨래를 해주어서 고맙다는 이야기와 제가 수학을 잘한다는 이야

2부 ● 힘이 되는 선순환

기가 쓰여 있었지만 '존경'에 대한 이야기를 제일 먼저 썼더라고요."

다른 어머니의 증언을 들어보자.

어느 날 밤, 아들 녀석들을 재우면서 제가 아이들을 얼마나 사랑하는지 혼잣말로 중얼거리고 있었어요. 그때 다섯 살짜리 아들이 슬픈 얼굴로 저를 바라보며 이렇게 말했어요. "엄마, 엄마는 내가 자랑스러워요?" 깜짝 놀란 저는 재빨리 아들에게 당연히 그렇다고 말했죠. 그러자 아들은 쓸쓸히 말했어요. "그럼 왜 그렇다고 저에게 한 번도 말해주지 않아요?" 그날 이후 저는 녀석을 안아 올려 두 볼에 마구 뽀뽀해주고 싶은 충동을 억누른 채, 아이 어깨에 손을 올리고 엄마는 네가 자랑스럽다고 말하는 연습을 하고 있답니다. 그러면 아들은 가슴을 내미는 간단한 동작을 보이며 "고마워요, 엄마"라고 말하고는 고개를 끄덕입니다. 그러고는 제가 일 년 치 뽀뽀를 해준 것보다도 훨씬 기분이 좋은 표정을 하면서 유유히 걸어가죠.

남자아이들이 이토록 간절하게 존경을 바라는데, 그들이 하는 말을 어머니들이 경청해준다면 얼마나 좋겠는가.

또 다른 어머니의 편지를 보자.

저는, 아들들에게 화를 내거나 아이들을 통제하려 하면 아이들이 분노하고 결과적으로 존경받지 못했다고 느끼는 것을 알게 되었습니다. 어린 나이의 아이들이지만 저에게 존경을 바란다는 걸 알 수 있었죠. 아이들이 실수하더라도 용기를 북돋워주고, 참아주고, 용납해주고, 다정하게 실수를 바로잡아주고, 아이들의 인격을 존중해주었더니 훨씬 더 평화로운 가정이 되었습니다. 인내심 없이 내뱉는 말 한마디로 우리 가정이 파괴되지 않도록 노력할 겁니다!

핵심을 이해한 이 어머니는 다음 단계로 넘어갈 준비가 되었다.

아들 곁에 있어주되, 말을 아끼라

우리가 개최한 세미나에는 수많은 아내들을 깜짝 놀라게 하는 시간이 있다. 남편과 나란히 앉아 아무 말도 하지 않는 것이다. 이것은 아들에게도 똑같이 적용된다.

어떤 어머니는 자신의 사춘기 아들들에게 다른 접근법이 필요하다는 점을 깨달았다고 편지에 적었다. 더 이상 자장가는 필요 없었다. 몸이 아플 때 위로해줄 필요도 점점 줄어들었고, '엄마 아들'이라는 느낌도 희미해졌다. 이 어머니는 제임스 돕슨(James Dobson)의 책에서 남자아이들과는 어떤 일을 하면서 대화하는 것이 효과적인지를 기억해냈다. 그래서 그녀는 어느 날 아들들에게 자신이 쿠키 굽는 모습을 지켜보게 하기로 마음먹었다.

그녀는 아이들에게 도움을 청하지 않고 쿠키 반죽을 섞기 시작했고, 말을 거의 하지 않으려고 주의했다. 한참 후에 아이들은 동참하고 싶어 했다. 아이들은 계피 설탕에 쿠키 반죽을 굴리며 함께 쿠키를 만들었고, 그녀는 아이들의 마음속 생각을 알 수 있었다. 그녀와 아이들은 이내 가족에 대한 이야기를 하게 되었는데, 엄마가 자라면서 해온 일들과 아이들의 꿈, 심지어는 학교에서 있었던 일들까지 나누게 되었다.

백 개도 넘는 쿠키를 오븐에서 구워내고 나서 이들은 뭔가를 함께 했다는 느낌이 들었다. 이 어머니는 이렇게 편지를 끝맺었다. "보람찬 오후였어요. 아이들과 다시 연결된 것처럼 근사한 시간이었고요. 바로 그날 저녁, 곧 열두 살이 되는 아들 녀석이 자기 잠자리를 봐달라고 하더군요! 저와 똑같은 느낌을 받았음이 분명해요. 제가 느긋하게 여유를 갖고, 있는 그대로 아이를 받아들였기 때문일 거예요."

당신도 눈치 챘는가? 그렇다. '열두 살'짜리 아이가 어머니에게 잠자리를 봐달라고 했다. 남자아이들과 어깨를 나란히 하고 어떤 활동을 함께하면, 반항심이 생기는 사춘기 소년이라고 해도 엄마에 대한 사랑의 불씨를 되살릴 수 있다.

아들에게 질문을 많이 던지는 어머니들이 있다. 직장에서 돌아온 한 어머니는 네 살배기 아들에게 베이비시터와 무엇을 하면서 놀았는지 물어보기 시작했다.

"게임 하고 놀았니?"

"네, 엄마."

"무슨 게임?"

"숨기기 놀이요."

"뭘 숨겼는데?"

"장난감."

"어떤 장난감?"

"내 장난감."

"숨긴 장난감은 다 찾았니?"

"네, 엄마… 이제 좀 그만하면 안 돼요?"

틀에 박힌 질문만 쏟아내던 어머니는 아들이 지난 일들에는 전혀 관심이 없다는 사실을 알게 된다. 식상한 질문에 대한 무관심과 혐오는 남자아이들이 성장하는 내내 계속된다(이 책 5장 앞부분에는 아내가 데이비드에게 "오늘 하루는 어땠니?"라고 물었던 이야기가 있다).

많은 경우, 어머니가 말을 적게 할수록 아들들이 말을 더 많이 한다. 물론 엄마가 이야기해야 하는 경우도 있다. 특히 다음 경우에 그렇다.

● 아들에게 존경심을 담아 말하라

단언컨대 아이는 시시한 질문에 답을 하는 것보다 존경을 담은 말을 훨씬 더 좋아할 것이다. 한 어머니의 이야기를 들어보자.

'존경'이나 '감사', '칭찬'이라는 단어를 사용하는 것만으로도 남편과 아들에게 큰 변화를 줄 수 있다는 것이 놀랍습니다. 주님이 우리 가족을 위해 무엇을 준비해놓으셨을지 기대가 됩니다. 저는 존경심을 표하고 존경을 담아 말하려고 끊임없이 애쓰고 있습니다.

또 다른 어머니는 이렇게 말했다.

아이가 겨우 열한 살이긴 하지만 아이에게 존경심을 보여줘야 한다는 걸 배웠습니다. 저는 아이에게 말할 때 신중하게 단어를 선택합니다. 아이가 스스로를 하찮게 여기길 원치 않거든요. 제 말이 아이의 영혼을 망가뜨리지 않도록 늘 조심한답니다.

어머니들이여, 당신의 말뿐 아니라 얼굴에 드러난 표정과 목소리 톤만으로도 아들의 영혼을 힘들게 할 수 있다는 점을 명심하라. 많은 어머니들이 아들을 너무나 사랑하는 나머지 존경을 필요로 하는 아들의 마음을 보지 못한다. 어머니는 아들에게 자신의 깊은 사랑을 알려주어야 한다고 생각한다. 하지만 정작 아들에게는 그런 사랑이 정나미가 떨어져 보일 수도 있다는 점을 주지해야 한다. 예를 들면 아들을 훈계할 때, 어머니가 잘난 척하는 것처럼 보일 수 있다.

한 어머니는 이렇게 말했다.

최근까지 큰아들을 훈계할 때면 윽박지르곤 했습니다. 효과가 있었냐고요? 절대 아니죠. 좌절감에 빠진 제 아들에게 무엇이 필요한지 알게 해달라고 기도했습니다. 글쎄요, 아들에게 필요한 건 남편에게 필요한 것과 크게 다르지 않더군요. 아들은 존경받기를 좋아합니다. 반응도 긍정적이어서 더 이상 저를 좌절시키지도 않아요.

어느 어머니는 자신에게 충격과 놀라움을 안겨준 열다섯 살짜리 아들을 통해 이 진실을 확실히 깨달았다. 그녀는 이렇게 고백했다.

최근 들어 우리 아들이 저를 대하는 방식이 달라졌습니다. 아이는 자기 의견을 큰소리로 말했고, 제가 자신의 입장에서 상황을 봐주길 원했습니다. 저는 아들에게 조용히 말하곤 했는데 제 기억으로는, 내가 부모이고 너는 아들이지 그 반대가 아니라는 말을 했던 것 같습니다. 우리는 끝내 잔뜩 화가 난 목소리로 말다툼을 벌였죠. 아들은 참담한 기분에 빠졌고 저 역시 마찬가지였습니다. 최근에는 이런저런 요구를 하며 아들이 고함을 질러대는 동안 저는 이런 말만 해주었습니다. "나는 네가 엄마에게 무슨 부탁을 하든 그 방식을 존중하고, 네 이야기를 잘 듣고 좋은 결정을 내리고 싶단다. 하지만 엄마는 시끄러운 건 참을 수 없어. 그건 정말 사랑스럽지 못하거든." 평소 같았으면 제가 어떤 반응을 보이든 간에 아이는 계속 소리를 질렀겠지만, 이번엔 한 발짝 물러나더니 자기 방으로 가버리더군요. 그러고 나서 아이는 다시 돌아왔고 우리는 아이의 계획에 대해 대화를 나누었습니다. 저는 충격과 행복이 뒤섞인 상태에 빠져들었습니다.

이 어머니는 평소에는 쓰지 않던 단어를 하나 꺼내들었을 뿐이었다. 바로 '존중'이다.

성인이 된 아들을 둔 어느 어머니의 편지를 보자.

아들 녀석들과 전화 통화를 할 때 평소처럼 "아들, 사랑해"라는 말로 대화를 끝맺지 않고 "엄마는 네가 …한 걸(아이들 상황에 맞게 내용은 달라집니다) 존중한단다"라고 말했습니다. 아들 녀석 하나가 조용해지더니 "어머니, 감사합니다"라고 대답하는데 가슴이 찡했습니다. 다른 아들 녀석은 신앙심도 깊지 않고 가족과도 마음을 닫고 지내는 편인데 이 아이도 역시나 잠자코 있다가 이렇게 말했습니다. "어머니, 사랑합니다." 이런 말은 거의 하지 않는 녀석인데 정말 놀랐어요.

아들들과 존경의 대화를 하고 나면 어머니들은 기뻐서 어쩔 줄 몰라 한다. '존경'이 정답은 아니지만 아들과의 관계를 개선하는 데는 분명 효과가 있다.

어머니들은 한결같이 자신은 어린 아들을 존중한다고 말한다. 그러나 어머니는 한 걸음 물러나서 자신이 아들에게 어떻게 말하고 있는지를 살펴보아야 한다. 아들들 눈에는 적지 않은 어머니들이 자신에게 미친 듯이 화를 내는 것처럼 보인다. 아들들은 그런 모습을 보며 마음의 문을 닫아버린다. 딸은 어머니가 느끼는 좌절감을 조금은 이해하지만 아들은 상대적으로 공감 능력이 떨어진다. 그리고 아들은 딸들처럼 울음을 터뜨리는 일이 좀체 없기 때문에 어머니들은 아들이 점점 더 무뚝뚝해진다고 느끼면서 결국 아들을 못마땅하게 여기는 말을 자주 내뱉는다. 아들은 나긋나긋하게 구는 대신 어머니에게 점점 등을 진다. 따라서 어머니 쪽에서 자신이 얼마나 부정적으로 아들을 대하는지 알아채고 고쳐나갈 때, 아들과의 관계는 훨씬 더 좋아진다.

한 여성은 이렇게 말했다. "저는 일부러 아들들 앞에서 남편을 치켜세우고 존경하는 모습을 보여줍니다. 그러면 남편과 세 아들 모두가 더욱 당당해지더군요!" 모자 관계에서는 분홍색과 파란색의 차이점이 훨씬 더 크다.

● 부녀 관계: 아버지의 사랑

아버지가 딸을 특별한 방법으로 사랑해야 한다는 것은 별로 새로울 것이 없는 사실이다. 대부분의 아버지들은 아내의 귀띔을 통해 딸들에게 그런 특별한 사랑이 필요하다는 것을 배운다. 당신은 아마도 이런 말을 들어본 적이 있을 것이다. "딸을 사랑하는 최고의 방법은 그 어머니를 사랑하는 것이다." 정말 탁월한 조언이다. 자기 부모가 악순환을 거듭하는 모습을 계속 지켜보아야 하는 딸이 있다면, 그 아이는 아버지가 자신도 사랑하지 않는다고 믿을 수밖에 없다.

만약에 당신이 딸을 대면하거나 잘못을 고쳐주려 한다면 다정하게 나가가야 한다. 자기 딸을 내치려는 아버지는 없겠지만, 아빠가 자신을 꾸짖는다고 생각하는 딸은 아버지의 말을 이렇게 듣기 쉽다. '아빠는 나를 사랑하지 않아.' 아버지들은 이렇게 자문해보아야 한다. "내가 딸아이의 잘못을 바로잡을 때, 사랑받지 못한다고 생각이 들게 하는 부분은 없는가?"

딸은 실패를 경험하면 극단적으로 자책하기 마련이므로 긍정적인 면을 언급해주고, 당신의 가르침을 잘 따라줘서 고맙다고 말해주어야 한다. 아이가 자신의 실수에서 배울 수 있도록 격려하되, 실수는 반복하지 않도록 한다.

나는 사랑을 받는 것만큼 존경도 받고 싶다고 말하는 아내들의 편지를 자주 받는다. 열세 살 에이미도 그 말에 동의하면서, 부모님의 무조건적인 사랑에 안정감을 느끼지만 자기도 존경이 필요하며 아버지가 "잘했다"고 말해주는 것이 좋다고 했다. 그러면서도 에이미는 계속

해서 이렇게 말했다. "하지만 만약 (사랑과 존경 중에서) 하나만 선택해야 한다면… 두말할 것도 없이 부모님의 사랑 없이는 살 수 없지요. 그건 원하는 것이라기보다는 필요한 것이니까요."

대부분의 딸들은 아빠가 무조건 나를 사랑해줄까 궁금해한다. 그래서 딸에게 하는 가장 심한 말은 "널 사랑할 사람은 세상에 아무도 없어"일 것이다. 어느 아버지가 그런 말을 하겠느냐고 생각하겠지만, 나는 그런 말을 들었다는 편지를 많이 받는다.

딸들에게는 풍부한 언어 능력이 있다. 또한 딸들에게는, 깊은 교우 관계를 맺고 긴장을 완화시키며 "얼굴 표정과 목소리 톤으로 상대방의 감정과 마음 상태를 읽을 수 있는 거의 초자연적인 능력"이 '내장되어' 있음을 명심해야 한다.[5] 하나님은 아버지들이 그분의 소중한 설계를 이해하고 함께 일하도록 요구하신다.

다음은 아버지들이 딸을 양육할 때 기억해야 할 몇 가지다.

● 유아기 이후로 쭉, 여성들은 당신과 눈을 맞추고 싶어 한다

전문가들에 따르면, 생애 처음 석 달 동안 여아들의 눈 맞춤과 안면 응시 기술은 400퍼센트 넘게 증가하지만, 남아들에게는 그런 비약적 발전이 일어나지 않는다. 얼굴 표정의 변화가 적으면 여자 아기들은 혼란스러워하며 고개를 돌린다. 목소리에서도 여아들은 남아들보다 더 민감하다. 여아들은 어른들이 자신의 말을 얼마나 잘 들어주는지에 따라 자아의식을 형성한다. 실제로 첫돌 무렵의 여자 아기들을 보더라도 슬프거나 상처받은 것처럼 보이는 사람들에게 더 반응함으로써 공감 능력이 더 뛰어난 것을 볼 수 있다.[6]

어떤 어머니는 10개월 된 자기 딸을 이렇게 표현했다. "우리 딸아이는 이렇게 놀아요. 제가 바닥에 등을 대고 누우면 제 위로 기어올라

제 얼굴을 자세히 들여다보고, 자기 코를 제 코에 대고 누르면서 제 눈을 봅니다. 그러면서 함박웃음을 지으면서 옹알이를 하죠."

딸들이 자라 여자가 되고 아내가 되는 동안, 아버지의 눈을 바라보고 싶어 하는 마음 역시 함께 커진다. 그 눈길에 호응해주는 아버지와 남편이 지혜로운 사람이다.

딸의 모국어는 '사랑'이다

딸은 애정 표현을 잘하며, 어릴 때부터 애정이 담긴 말을 간절히 원한다. 어떤 아버지의 경험이다. 딸아이가 네 살쯤 되었을 무렵, 이 부녀는 "내가 더 사랑해"라는 말을 주고받기 시작했다. 아버지가 어린 딸에게 "아빠는 너를 하늘만큼 땅만큼 사랑한단다"라고 말하면 딸은 이렇게 대답했다. "나는 하나님보다 아빠를 더 사랑해요!" 아버지의 편지는 이렇게 이어진다. "그 말을 듣고 어안이 벙벙했습니다. 딸아이의 완승이었죠." 귀여운 아가씨가 네 살이건 마흔 살이건 간에 사랑의 말은 그녀의 귀에 가장 잘 들리는 언어가 분명하다.

반면 어떤 딸은 자신의 슬픈 경험에 대해 이렇게 말한다. "아버지 무릎 위에 앉아본 기억도, 아버지가 제 손을 잡아준 기억도, 아버지가 한 번이라도 사랑한다고 말해준 기억도 없습니다. 이 모든 게 저에겐 너무나 혼란스러웠어요."

딸들에게 감정을 억누르도록 강요하지 말라

우리 부부는 아이들이 어렸을 때 "조용히 우는 법"을 가르쳤다. 눈물을 흘리는 것은 괜찮지만, 울고불고 난리 치는 것은 용납할 수 없었다. 공공장소에서는 더더욱 견디기 힘들었다. 얼마 전 나는 딸아이에게 물어보았다. "엄마 아빠가 너희들에게 조용히 울라고 당부했던 걸

어떻게 생각하니?" "전 싫었어요. 우리가 이따금 말을 안 듣긴 했지만, 내가 울고 슬퍼하는 것이 적절치 않은 것이고 인정받지 못한다는 생각이 들었거든요. 아마 부모님은 그렇지 않았겠지만 말예요. '조용히 울어. 여긴 공공장소야'라는 말이 참 싫었어요. 울음이란 게 맘대로 되는 게 아니라서 뚝 그치기가 쉽지 않거든요."

조이에게는 울음소리를 줄이라는 우리의 요구가 "감정을 억누르라"는 말로 들렸던 모양이다. 당신은 우리의 실수에서 배울 수 있다. 아버지는 딸에게 "그만 울어!"라는 말을 해서는 안 된다고 분명히 말할 수 있다. 딸들과 어머니들은 만사에 예민하기 때문에 하나님은 울음을 통해 조금이나마 그들이 마음의 짐을 덜어낼 수 있도록 하신 것이다.

사춘기 딸의 돌출 행동을 해독하라

많은 아버지들은, 일부 사춘기에 접어든 딸들 이마에 '시한폭탄'이라는 단어가 찍혀 있는 것 같다는 말에 동의할 것이다. 아버지는 십대 딸이 여러 차례 과장된 표현을 하며 반대 의견을 내뱉고 반항하는 이유가 아버지를 존경하지 않아서가 아니라 자신이 부차적인 존재로 느껴지기 때문이라는 것을 깨달아야 한다. 이러한 '감정 동요'의 근본 이유는 불안감을 해소해줄 아버지의 사랑이 필요하기 때문이다. 딸은 자신의 명백한 불순종에도 불구하고 아버지가 자신을 사랑해주기를 기대한다.

열세 살짜리 딸과 쇼핑몰에 데이트를 하러 가기로 했다가 회사에 갑작스런 일이 생겨 약속을 취소해야 했던 어떤 아버지의 이야기가 생각난다. 안타깝게도 딸에게 상황을 설명할 시간이 충분하지 않았던 아버지는 짤막한 문자메시지를 보낸다. "애야, 미안하구나. 다음에 가야겠다." 하지만 딸은 데이트를 손꼽아 기다렸기에 분노의 문자메시지로 답했다. "늘 이런 식이죠! 아빠는 약속을 지키는 법이 없다고요!!!!"

만약 아버지가 딸의 과장된 분노를 자신에 대한 무시라고 해석한다면, 딸아이와 충돌하는 것을 피해보고자 딸과 정서적으로 거리를 두려 할지도 모른다. 이렇게 하면 아빠는 딸을 사랑하지 않는 것처럼 보이고, 그의 깊은 속내는 제대로 전달되지 못한다. 딸은 얼핏 무례한 듯 보이는 미성숙한 반응을 보였지만 진심으로는 아버지의 사랑을 원한 것이다. 하지만 아버지가 "그런 식으로 말하면 안 된다"고 엄하게 가르치려 든다면, 해결은 요원해지고 아버지라는 존재는 아이에게 상처로 남는다.

●
분홍이냐 파랑이냐: 딸은 사랑을 원하고 아들은 존경을 원한다

대학을 졸업한 아들 매트와 아직 내학생인 딸 에이미를 둔 한 아버지에게서 편지가 왔다. 그는 사랑과 존경이 아들딸에게 어떤 영향을 미쳤는지 아주 적절히 설명해주었다.

에이미는 공부보다는 룸메이트 때문에 힘든 한 해를 보내고 있었다. 크리스마스를 맞아 집으로 돌아온 에이미에게 아버지는 개성이 강한 친구들 틈바구니에서 쉽지 않은 시간을 보내면서도 그들을 사랑하고자 노력하는 딸이 자랑스럽다고 말해주었다. 에이미는 아버지의 칭찬에 감사하면서도 학교로 돌아가는 것은 여전히 불편하고 부담스러웠다.

에이미는 이 사실을 어머니에게도 말했는데, 어머니는 "무슨 일이 있더라도" 엄마 아빠는 너를 응원하고 사랑한다고만 말해주었다. 머릿속에서 뭔가가 번뜩이는 것 같았다. 그 동안은 방학이 끝나고 학교로 돌아가는 것만 생각해도 두려웠지만, 이제는 용기백배하고 오히려 살짝 흥분이 되었다. 아버지의 표현에 따르면, "딸아이를 향한 우리 사랑은 딸아이가 안심할 수 있는 마음의 안식처와 같습니다. 아이도 그 사랑에 의지할 수 있다는 걸 잘 알죠. 에이미는 우리가 자기를 사랑하고 자기를 위해 기도한다는 것을 알기 때문에 친구들을 용감하게 대면할 수 있을 겁니다."

이 아버지는 큰아들과 나눈 전화 통화 내용도 편지에 함께 적었다. 큰아들은 멀리 떨어진 도시의 대형 기독교 단체에서 일하고 있다. 아들과 대화를 나누던 중, 아버지는 아들에게 네가 자랑스럽다고 말했다. 아들이 그 이유를 묻자 아버지가 대답했다. 대학을 최우등으로 졸업한 아들이 지금보다 50퍼센트나 더 많은 돈을 벌 수도 있었지만 자신의 재능을 주님을 위해 쓰기로 했으니 얼마나 자랑스러운지 모른다는 내용이었다. 또한 아버지는 자동차를 잘 다루는 능력과, 교회와 선교사들에게도 한결같이 섬기는 모습 등 몇 가지 이유를 더 언급했다. 아버지가 이야기하는 동안 수화기 반대편의 아들은 침묵을 지켰다. 편지에는 이렇게 쓰여 있다.

"아들을 자랑스러워하는 이유를 한창 읊고 나자 잠시 뒤에 아들이 입을 열었는데 녀석이 울고 있다는 걸 알 수 있었습니다. 아들 녀석을 칭찬하면서도 그것이 아이에게 얼마나 큰 의미로 다가올지는 미처 생각하지 못했죠. 이 일로 아내와 저는 교훈을 얻었습니다. 그래서 아내는 아들이 자랑스러운 이유와 아들을 존경하는 이유를 편지로 적어 아들에게 띄웠습니다." 그리고 나서 이 아버지는 성인이 된 두 자녀 모두 여전히 부모의 지지를 원한다는 것을 깨달았다고 덧붙였다.

하지만 그들이 원하는 지지 방식은 각기 다르다. "매트는 부모가 자신을 사랑한다는 것을 알지만 녀석에게 그것은 그리 큰일이 아닙니다. 매트는 우리가 자기를 자랑스러워 한다는 걸 더 알고 싶어 하죠. 에이미는 우리가 자기를 자랑스러워 한다는 것을 알지만 그것이 아이에게 대수로운 일은 아니죠. 에이미는 우리가 자기를 사랑한다는 걸 알고 싶어 합니다.”

여러분의 아이들은 자신에게 꼭 필요한 것을 그 성별에 맞게 잘 공급받고 있는가?

지금까지 살펴보았듯이, 우리는 암호를 해독하고 가족 관계의 악순환을 해결할 수 있다. G-U-I-D-E-S를 활용하여 힘이 되는 선순환에 올라탈 수 있다. 하지만 그리스도를 따르는 부모에게는 중요한 단계가 한 가지 더 남아 있다. 다음 단계에서 그 내용을 살펴보겠다.

보상을 받는
선순환

설령 자녀의 존경을 받지 못했더라도

자녀는 존경을 표현한다

부모는 사랑을 표현한다

보상을 받는
선순환

설령 부모의 사랑을 받지 못했더라도

지금까지 살펴본 바와 같이, 자녀들은 사랑받지 못한다고 느끼고 부모는 존경받지 못한다고 느낄 때 가족 관계의 악순환이 일어난다. 힘이 되는 선순환 과정을 보면서 우리는 하나님의 뜻대로 자녀를 양육하고 가족 관계의 악순환을 억제하는 데 G-U-I-D-E-S 전략이 효과가 있음을 알 수 있었다.

하지만 이러한 부모의 노력에 자녀들이 당최 협조해주지 않는다면 어떻게 해야 할까? 가령 이런 일들이 자주 일어난다면?

우리는 사랑하는 마음으로 베풀려고 하지만, 아이들이 언제나 감사와 존경의 마음으로 받는 것은 아니다.

우리는 애정을 가지고 이해하려고 하지만, 아이들은 여전히 화를 내거나 짜증을 부리며 우리에게 애정이 없다고 비난할 때가 많다.

우리는 좋은 것을 가르치려고 끈질기게 애쓰지만, 아이들이 늘 교훈을 배우는 것은 아니다(때로는 전혀 배우려 들지 않는다).

우리는 합리적이고 공정하게 훈육하려 하지만, 때때로 아이들은 우리가 불공정하고 애정이 없다고 투덜댄다.

우리는 격려하려고 최선을 다하지만, 아이들에게는 그런 노력이 별 소용이 없어 보이는 경우가 있다.

우리는 신실하게 간구하지만, 아이들이 하나님을 신뢰하고 순종하는 삶을 살 것이라는 보장은 없다.

오작동을 하지 않는 시스템은 없으며, 완벽한 청사진도 존재하지 않는다. 가족들 사이에서 사랑과 존경을 적용하는 데 있어 보상을 받는 선순환이 절대적으로 중요한 이유가 바로 여기에 있다. 이번 장에서는, 자녀 양육이 실상은 자녀와의 관계보다는 그리스도와 더욱 깊은 연관이 있다는 사실을 알게 될 것이다. 여기서 우리는 주 예수님께 온전히 의지하면서 포기하지 않는 법을 깨닫게 된다.

12

하나님의 뜻대로 자녀를 양육하는 진짜 이유

– 그리스도를 대하는 마음으로 자녀를 양육하는 것이 우리의 가장 큰 사명이다

3부의 시작 부분에 나온 그림을 다시 보자. "설령 자녀가 존경심을 표현하지 않더라도 부모는 무조건 사랑을 베풀어야 한다." 이 말을 좀 더 이해하기 쉽게 풀면 이렇다. "자녀가 부모를 존경하든지 존경하지 않든지와는 상관없이, 부모는 예수 그리스도와 자녀를 사랑해야 한다." 부모는 아이들이 내리는 결정과는 무관하게 예수 그리스도를 대하는 마음으로 자녀를 양육해야 한다는 것이다. 자녀가 우리 바람과는 다른 모습으로 성장하더라도 우리는 그리스도를 대하듯 그들을 양육한다는 뜻이다.

어떻게 하는 게 '그리스도를 대하듯 양육한다'는 말일까? 이 말은 우리가 '자녀들과 함께/자녀들을 위해' 하는 모든 일에서 그리스도를 의식한다는 의미인데, 하나님이 부모들에게 주신 가장 큰 사명이기도 하다. 이는 완전히 다른 접근이다.

골로새서 3장 15-24절에서 바울은 모든 신자에게, 날마다 우리와 함께하시는 그리스도를 의식해야 한다고 가르친다. 우리는 "그리스도

209

의 평강이 [우리] 마음을 주장하게" 하고… "[하나님께] 감사하는 자"가 되어야 한다(15절). 또한 "그리스도의 말씀이 [우리] 속에 풍성히 거하게" 해야 한다(16절). 무엇을 하든지 "말에나 일에나 다 주 예수의 이름으로 하고 그를 힘입어 하나님 아버지께 감사해야" 한다(17절).

간단히 말해, 행동할 때나 말할 때나 "주께 하듯" 해야 한다(예를 들면, 엡 5:22). 나는 이 구절을 "주께 하듯"(as unto the Lord)으로 번역하는 것을 좋아하는데, 그 이유는 모든 일을 단순히 주를 '위해서'가 아니라 예수님'께' 하듯(마 25:40) 해야 한다는 의미를 더욱 강하게 표현하기 때문이다.

바울은 골로새서 3장 15-24절 전체 문맥에서 이 강력한 진리를 결혼과 가정생활에 적용한다(특히 18-21절). 배우자와 부모로서, 우리는 주 예수 그리스도를 통해 하늘에 계신 아버지와 맺고 있는 수직적인 관계를 삶의 모든 부분으로 가져와야 한다. 우리는 모든 일들을 "주께 하듯"(23절) 해야 하는데 이는 우리가 "주 그리스도를 섬기"기(24절) 때문이다. 평행 본문인 에베소서 5장 18절-6장 9절을 보아도 동일한 진리가 등장한다.

이것은 단순한 문제가 아니다. 아주 심오한 의미에서 본다면, 양육에 관한 이 책은 자녀들과는 그다지 관련이 없다고도 할 수 있다. 자녀들은 부차적이다. 이 책은 자녀 중심의 양육이 아니라 그리스도 중심의 양육을 다룬다. 우리는 자녀들에게 관심을 기울이고 우리 목숨보다도 아이들을 더 사랑하지만, 일상에서 G-U-I-D-E-S를 적용하다 보면 자녀들보다 그리스도를 더 많이 의식하게 된다. 우리는 자녀들의 생각을 아는 것보다, 궁극적 의미에서 우리가 기쁘게 하려는 단 한 분, 그리스도의 생각은 무엇인지를 알고자 해야 한다.

실제로 성경은 자녀를 사랑하는 것보다 그리스도를 더 사랑하라고 말한다. 예수님은 "아들이나 딸을 나보다 더 사랑하는 자도 내게 합당하지 아니하며"(마 10:37)라고 말씀하셨다. 그렇다. 자녀를 양육하면서 우리는 필연적으로 아이들에게 관심을 쏟아야 하지만, 그보다 더욱 우리는 그리스도께 집중해야 한다. 주님은 비교의 대상이 아니기 때문이다.

또한 각 사람은 우리를 지켜보시는 하나님의 영원한 시선과 그분이 부여하신 무한한 가치를 깨달아야 한다. "공중의 새를 보라. 심지도 않고 거두지도 않고 창고에 모아들이지도 아니하되 너희 하늘 아버지께서 기르시나니 너희는 이것들보다 귀하지 아니하냐?"(마 6:26) 가장 중요한 것은, 하나님이 부여하신 가치가 우리의 결혼 생활과 자녀 양육에 정말로 영향을 미치고 있느냐 하는 점이다.

예수님이 나를 위해 행하신 일들을 설명하는 단어들을 곱씹어보면 가슴이 먹먹해진다. 그분은 나를 위해 몸값을 지불하셨고, 나를 용서하셨고, 영생을 주셨으며, 나를 사랑하셨고, 거처를 예비하셨다(마 20:28; 26:28; 요 3:16; 15:9; 14:2). 그리스도의 말씀이 내 속에 풍성히 거하게 되면서 나는 그리스도의 은혜로운 용납과 영원한 보증, 나를 귀히 여기심을 확실히 깨닫는다. 여기서 당연하게 여길 만한 것은 하나도 없다. 우리는 이런 선물들을 받을 자격이 전혀 없지만, 그것들을 받아 누리면서 이 모든 진리가 자녀 양육에도 구석구석 영향을 미치게 해야 한다.

우리의 중요성과 진정한 정체성은 아이들이 아니라 그리스도 안에 있다는 사실을 이해하지 못한다면 낙담이라는 위험에 빠지기 쉽다. 아래의 편지를 보낸 어머니가 그랬다.

아이들이 버릇없이 굴거나 제가 바라는 대로 행동하지 않을 때면, 그것이 마치 저의 모습을 확대해 보여주는 것처럼 느껴집니다. 이런 일들이 저를 무력하게 만들어 패배감마저 들게 합니다.

아내와 나는 이 어머니가 무슨 말을 하는지 모두 이해한다. 우리도 그랬기 때문이다. 아내는 우리가 부모가 된 첫해를 회상했다. "조나단이 교회 영아부에서 얌전하게 있길 바랐어요. 하지만 안타깝게도, 이제 3개월이었던 아기 조나단은 의젓함과는 거리가 멀었고, 주일마다 우렁차게 울어대는 바람에 마치 패배자가 된 기분이었어요."

우리 아이들은 또래 나이에 걸맞게 '불완전한' 행동을 하면서 컸다. 행실이 바른 아이들로 자라주길 원했던 우리의 동기는 순수했지만 (잘못된 선택 때문에 치러야 할 대가에서 아이들을 보호하고 싶었다), 우리에게 부모 자격, 심지어는 그리스도인으로서 자격이 있는지 의문이 들게 하는 아이들의 행동을 보며 우리는 깊은 절망에 빠졌다. 아이들이 잘못된 선택을 할 때마다 우리 부부는 참담한 마음으로 뭐가 어디서부터 잘못되었는지 복기해야만 했다. 부모로서 우리가 잘못한 것은 무엇인가? 아이들이 시험과 유혹에 빠져 있을 때 왜 더 잘 이끌어주지 못했는가? 많은 부모들이 그랬겠지만, 우리 부부도 이런 비통한 심경에 빠져 어둠의 터널을 걸어야 했다.

다행스럽게도 방법은 있다. 우리는 실패와 부족함을 하나님께 고백함으로써 그분의 사랑을 깨달을 수 있었다. 하나님은 우리 편이시며 모든 것이 협력하여 선을 이루게 하신다는 사실을 다시금 되새겼다.

만일 우리가 진정한 정체성을 아이들의 지극히 '정상적인' 행동에 따라 결정되도록 내버려두었다면, 어떤 일이 일어났을까?

- 우리의 자존감은 아이들이 얼마나 '착하게' 구느냐에 좌우되었을 것이다. 그런 조건에서 우리가 스스로에게 만족하려면 아이들이 좋은 결과를 내야만 한다. 우리는 물론 아이들에게도 이것은 공평하지 않았다.
- 그리스도의 평강이 우리 마음을 다스리게 하는 대신, 평안에 대한

책임을 아이들에게 물었을 것이다.

- 우리의 자존감을 결정하는 그리스도의 말씀을 신뢰하는 대신, 아이들이 부모에게 하는 말로 스스로의 가치를 결정했을 것이다.

그리스도 안에 있는 자신의 위치에 대해 당신은 충분히 이해했는가? 어떤 일을 하거나 하지 않아서가 아니라, 그리스도가 그렇게 말씀하셨기에 당신이 존귀해졌음을 알고 있는가? 이와 관련해서 당신 마음속에는 어떤 말씀이 새겨져 있는가?

전국을 다니며 부모를 대상으로 강연을 하다 보면 자녀들의 잘못된 행실(이나 드러난 결과) 때문에 패배감에 빠진 부모들을 많이 만난다. 지금부터 나누려는 이야기는 당신의 영혼을 새롭게 해줄 뿐만 아니라, 부모로서 하나님의 의도대로 자녀를 기를 수 있도록, 아니면 적어도 그러한 방향으로 나아갈 수 있도록 도와줄 것이다.

당신은 하나님께 "예수님만큼 귀하다"

그리스도를 구세주로 믿는 모든 사람에게는 소위 "천국행 여권"이 있는데, 거기에는 "이 사람은 예수 그리스도 덕분에 용서받고 용납되고 인정을 받았으며 의롭게 되고 완전해진, 하나님의 입양아"라고 적혀 있다. 예수님이 하나님의 아들이시듯이 우리는 하나님이 입양하신 자녀다. 우리는 절대 버림받지 않을 하나님의 가족이다. 이것이 우리의 진짜 신분이다. 우리는 하나님의 사랑스런 자녀들이며, 그분은 우리에게 끝없는 긍휼을 품고 계신다. 우리가 스스로에게 동정심을 느끼지 않을 때조차도 하나님은 우리를 긍휼히 여기신다는 사실을 믿을 수 있겠는가? 믿어야만 한다! 믿음이란 바로 이런 것이다.

성경이 모든 신자에게 수없이 반복해서 사용하는, "하나님의 사랑을 받는 사람"이 어떤 의미인지 알고 있는가? 우리 부부는 이 진리의 말씀을 이해하는 데 시간이 걸렸다(지금도 여전히 조금씩 이해해가는 중이다). 하지만 일단 그 말씀을 이해하자 우리의 양육법에는 엄청난 변화가 일어났다. 우리는 모든 그리스도인 부모가 반드시 믿어야 할 것, 곧 우리는 하나님께 예수님만큼 귀한 존재라는 진실을 받아들이고 믿어야 했다! 성경은 "여러분은 하나님께서 값을 치르고 사들인 사람입니다"(고전 6:20; 7:23, 새번역)라고 단언한다. 무슨 값을 치르셨는가? "너희 조상이 물려준 헛된 행실에서 대속함을 받은 것은 은이나 금같이 없어질 것으로 된 것이 아니요 오직 흠 없고 점 없는 어린 양 같은 그리스도의 보배로운 피로 된 것이니라"(벧전 1:18-19). 우리는 그리스도의 피로 산 바 되었다. 하나님께서는 우리의 생명을 위해 그분의 생명을 주신 것이다.

함께 이렇게 말해보자. "그래요, 저는 하나님께 예수님만큼 존귀해요. 하나님이 저를 존귀하다고 해주셨기에 저는 그런 사람입니다!"

단조로운 일상을 살다 보면, 우리가 하나님께 진정 존귀한 존재라는 사실을 믿지 못하고 감정적으로도 동의하기가 쉽지 않다는 점을 잘 알고 있다. 하지만 자신이 하나님께 존귀한 존재임을 알게 되면, 우리는 자신의 가치를 자녀들을 통해서 확인하려던 시도를 멈출 수 있다. 오늘 우리에게 기뻐할 이유를 제공하는 아이들이 내일이면 상심과 슬픔을 안겨줄 수도 있다. 그리스도를 믿는 우리는 자신의 정체성을 양육에 적용하는 것이지, 양육하면서 자기 정체성을 찾지 않는다.

한 어머니는 나에게 이렇게 말했다. "아이들은 우리가 입은 상처를 치유해주지 못합니다. 하나님만이 치유해주실 수 있죠." 그녀는 무너져 내린 자존심을 세우기 위해 아이들에게 고분고분하게 굴라고 강요하기도 했다. 아이들을 통해 자기 내면에 건강한 자아상을 만들어보려고 했던 시도로 인해 아이들이 얼마나 힘들어 했는지 깨달았다.

자신의 행복에 대한 책임을 아이들에게 물으려 했다는 것도 알게 되었다.

우리가 하나님 아버지께 예수님만큼 존귀하다는 것은 성경에 나오는 다른 약속을 통해서도 재차 확인된다. "그러므로 네가 이 후로는 종이 아니요 아들이니 아들이면 하나님으로 말미암아 유업을 받을 자니라"(갈 4:7). 여기서 "유업을 받을 자"란 무슨 뜻인가? "성령이 친히 우리의 영과 더불어 우리가 하나님의 자녀인 것을 증언하시나니 자녀이면 또한 상속자 곧 하나님의 상속자요 그리스도와 함께한 상속자니"(롬 8:16-17). 바로 이거다! 우리는 "그리스도와 함께한 상속자"이다. "다 너희의 것이요 너희는 그리스도의 것이요 그리스도는 하나님의 것이니라"(고전 3:22-23).

믿는 부모에게는 하나님의 신탁이 있다. 우리는 매일매일 자녀를 양육할 때 하나님의 진리를 믿어야 한다. 비록 그 진리가 피부로 와 닿지 않을 때라도 말이다.

성경에서 말하는 자아상은 매일 시험을 당하는 부모들에게 세상에서 얻을 수 없는 평안을 준다. 이는 부모와 자녀들에게 매우 실제적인 유익이다. 아이를 키우다 보면 절망스럽고 심신이 지치는 날들도 분명히 있다. 그러나 우리가 간구하기만 하면, 하나님이 주시는 평안이 삶의 전반에 자리 잡고, 아이들을 해할 수도 있는 모난 부분을 부드럽게 다듬어주실 것이다.

그리스도 안에 있는 정체성 덕분에 우리는 주께 하듯 자녀를 양육한다. 거기에 더해 우리가 이렇게 할 수 있는 이유가 하나 더 있다. 그 무엇과도 비교할 수 없는 영원한 보상이 우리를 기다리고 있기 때문이다. "이는 기업의 상을 주께 받을 줄 아나니 너희는 주 그리스도를 섬기느니라"(골 3:24). 바울은 부모를 포함하여 모든 믿는 자들이 이 사실을 분명히 알기를 바랐다.

● "잘하였도다, 착하고 충성된 종아!"

모든 그리스도인 부모는 먼 훗날 심판석에 앉으신 주님 앞에 서게 될 텐데(고후 5:10; 롬 14:10) 우리의 자녀 양육도 그 심판 대상에 포함될 것이다. 물론 자녀가 우리를 대한 태도가 아니라, 우리가 자녀를 대한 태도가 심판의 대상이 된다. 우리는 자녀들에 대한 우리의 행동과 반응을 겸허하고 정확하게 평가하시는 하나님의 음성을 들을 것이다. 이때 주님께 "잘하였다"라는 칭찬을 들을 뿐만 아니라, 양육하면서 주님을 섬기듯 드렸던 모든 반응과 행동에 대하여 주님이 주시는 상을 받게 된다면 좋겠다.

마태복음 25장에 나오는 주님의 말씀을 보면 "내가 진실로 너희에게 이르노니 너희가 여기 내 형제 중에 지극히 작은 자 하나에게 한 것이 곧 내게 한 것이니라"(40절)라고 하셨다. 또한 바울이 에베소서 6장 7-8절에서 말하듯 "기쁜 마음으로 섬기기를 주께 하듯 하고 사람들에게 하듯 하지 말라. 이는 각 사람이 무슨 선을 행하든지 종이나 자유인이나 주께로부터 그대로 받을 줄을" 알아야 한다. 바울은 우리가 무슨 일이든 주님께 하듯 하면 그분이 되돌려주신다고 말했는데, 여기에는 자녀 양육도 확실히 포함된다(바울은 6장 4절에서 이미 이 부분을 언급했다). 아이가 당신을 무시하더라도, 주님을 아는 부모로서 당신이 하는 모든 행동은 중요하다. 그것이 곧 보상을 받는 선순환이다. 하나님은 그런 당신을 절대로 무시하지 않으신다!

부모들은 낙심하다가도 자신이 하는 행동이 하나님께는 중요하다는 사실을 갑작스레 깨닫는다. 그냥 버려지는 것은 아무것도 없다. 무례한 아이에게 사랑을 실천하면, 비록 아이가 그 사랑에 감사하지 않는다 해도 하나님은 인정해주신다. 헛수고처럼 보이는 이러한 노력에 대해서도 하나님은 상을 주시기 때문에 그분께는 중요한 문제다. 다시 말해 자녀들이 우리에게 반응하지 않을 때도 변함없이 그들을 사랑하기만 하면, 주님은 부모인 우리에게 상을 주신다.

그 상은 무엇인가? 이 세상에 사는 동안에도 일부분 상을 받지만, 더욱 놀라운 상은 천국에서 우리를 기다린다. 예수님은 이렇게 말씀하신다. "잘하였도다 착하고 충성된 종아. 네가 적은 일에 충성하였으매 내가 많은 것을 네게 맡기리니 네 주인의 즐거움에 참여할지어다 하고"(마 25:23). 여기서 말하는 "적은 일"(few things)이란 무엇인가? 그 적은 일에는 분명 우리가 G-U-I-D-E-S를 통해 배운 내용도 포함될 것이다. 당신이 하나님의 뜻대로 자녀를 양육하기로 결정했다면 그 보상은 끝이 없다.

당신은 "주인의 즐거움에 참여한다"는 말이 어떤 의미일지 진지하게 생각해본 적이 있는가? 그것은 어마어마한 기쁨일 것이다. 졸업식, 결혼식, 생일, 자녀들의 생일, 여름휴가, 승진, 은퇴 등 인생에서 좋았던 순간들을 모두 떠올려보라. 만일 매시간 이 모든 순간의 영광과 기쁨을 최고 강도로 경험한다면 어떻겠는가? 주인의 즐거움에 참여하는 일은 인생에서 누리는 행복과는 비교되지 않는 환희를 안겨줄 것이다.

신자들이 하늘로 올라가서 그리스도 앞에 서는 장면을 상상해보라. 어떤 부모에게 그리스도가 이렇게 말씀하신다. "잘하였다. 무례한 자녀에게 사랑을 실천했구나. 다 지켜보았다. 네가 한 모든 사랑의 행동으로 인해 곧 상을 받을 것이다."

그리스도를 따르는 부모들은 종말을 생각하며 살아가는 특권을 누린다. 곧 그리스도의 뜻을 행하고 "잘하였다, 착하고 충성된 종아"라고 말씀하시는 그분의 음성을 듣는 삶이다. 우리의 양육 방식으로 그리스도를 기쁘게 하는 삶이다. 다시 말해, 양육이란 예수 그리스도를 향한 우리의 사랑과 경외, 신뢰와 순종을 깊게 만들고 동시에 이를 입

3부 • 보상을 받는 선순환

3부 • 보상을 받는 선순환

증하는 도구이자 시험대라고 할 수 있다.

그렇다면 우리는 그 시험을 어떻게 견뎌낼 것인가? 일상의 전투에서 이 모든 것이 어떻게 효과를 발휘할 것인가? 다음 세 장에서는 이러한 질문들을 다룰 것이다. 우선, 우리는 불가능한 일을 가능하게 하기 위해, 곧 우리 아이들을 조건 없이 사랑하기 위해 하나님의 도우심을 구해야 한다.

이유 불문하고 하나님이 우리를 사랑하시듯,
이유를 불문하고 자녀를 사랑하라

"가족 관계의 악순환을 겪고 있는 건 남편과 제가 아니라, 저와 아이들이에요! 나는 엄마니까 아이들을 사랑하긴 하지만, 그렇다고 매번 아이들이 예뻐 보이는 건 아니거든요. 제가 아이들에게 반응하면 아이들은 다시 부정적으로 저에게 반응을 합니다. 이 일로 가족 모두 맥이 빠진답니다. 우리 가족의 악순환을 끝낼 수 있도록 도움이 필요해요."

이 편지를 보낸 여성만의 고민이 아니다. 또 다른 어머니도 이렇게 말했다. "언젠가, 걸음마를 시작한 아이 둘과 곧 학교에 갈 큰아이까지, 우는 아이 셋을 차에 태우고 운전을 하고 있었어요. 저도 울면서 이렇게 말했죠. '내가 미쳤지. 도대체 무슨 생각으로….' 그때 하나님이 너무도 분명하게 말씀하시는 바람에 저는 차를 세울 뻔했답니다. '네가 생각한 것이 아니다! 내가 한 것이다!' 그 말씀이 해방감을 줬어요. 지금은 제가 어찌할 바를 모를 때면 이렇게 말합니다. '주님, 이건 주님 생각이었으니, 제발 도와주세요!'"

어린 세 자녀를 둔 이 어머니의 말이 맞다. 우리 모두는 도움이 필요하다. '재치 가'(Wit's End, '어찌할 바를 모른다'라는 뜻의 'wit's end'를 거리 이름으로 표현함―옮긴이)와 '스트레스 애비뉴'(Stress Avenue)의 모퉁이에 다다랐을 때, 그리스도를 따르는 자들은 보혜사 성령님 쪽으로 '꺾어 지면' 된다('꺾다'라는 뜻의 'turn to'는 '의지한다'라는 의미로도 쓰인다―옮긴 이). 실제로 하나님은 우리가 그분께 의지하기를 바라신다. 그렇게 하 지 않으면 우리는 무력감과 절망감에 빠질 것이다. 시편 저자는 지나 친 자기 의존을 경계한다. "여호와께서 집을 세우지 아니하시면 세우 는 자의 수고가 헛되며…"(시 127:1).[1]

우리 집에는 여호수아 24장 15절을 새긴 액자가 두 장 있다. "오 직 나와 내 집은 여호와를 섬기겠노라." 우리 부부가 결혼식에서 전해 들은 말씀이다. 우리 아들 조나단과 며느리도 그렇게 했다. 딸 조이는 우리 부부가 세상을 떠나면 액자는 자기 것이라고 점찍어두었다.

주님의 도우심을 구하고 하나님을 섬기기 원하는 마음은 주님을 기쁘시게 한다. 그렇지만 가족 관계의 악순환에 빠져 허우적대는 일상 의 전쟁이 계속된다면 과연 그런 노력이 힘을 발휘할 수 있을까? 이런 식으로 하나님의 도우심을 구하는 모습을 상상해보는 것은 어떤가? 특히나 자녀들이 무책임하거나 심지어 무례하게 굴 때, 아이들 어깨 너머에서 당신에게 용기와 인내는 물론 필요한 모든 것을 주시려고 준 비하고 계신 예수님을 바라보는 것이다. 그러고는 간단한 기도를 올리 면 된다. 단도직입적으로 말이다. "도와주세요, 예수님!"

예수님은 그런 우리에게 아이들을 사랑할 수 있는 힘을 주시며 미 소 지으신다. 우리가 주님을 사랑한다는 사실은 이렇듯 자녀를 사랑하 는 것으로 나타난다. 이것이 바로 주께 하듯 양육하는 모습이다.

하나님이 우리를 사랑하시듯 우리도 아이들을 조건 없이 사랑해 야 한다는 사실을 깨달으면 사실 압박감만 늘어난다. 많은 부부와 부 모를 가르치고 상담하고 대화를 나누면서, "조건 없는 사랑이나 존경"

은 강요한다고 되는 일이 아님을 알게 되었다. 특히나 "남편이 존경받을 행동을 할 때에만 남편을 존경하는" 문화에 적응된 아내들이 그렇다. 그러나 그 말을 배우자에게 적용하든 아이들에게 적용하든 간에, '조건 없다'라는 말은 원래 그런 뜻이 아니다.

●
'조건 없다'는 말의 진정한 의미

"우리는 아이들이 얌전하게 굴면 예수님처럼 행동하고, 아이들이 불순종하면 엄하게 반응하는 경향이 있어요." 대부분의 사람들도 동감하겠지만, 이것은 조건 없는 사랑과는 거리가 먼 것이다. 사실상 정반대다. "아이들이 얌전하게만 군다면 조건 없이 아이들을 사랑할 거야!"라는 말은 모순이다. 우리가 이런 모순적 태도를 고수한다면 우리는 늘 아이들이 어떻게 행동하느냐에 따라 조건적으로 사랑하거나 존경하게 될 것이다. 아이들이 자라면 상황은 역전된다. 슬프게도 아이들은 우리가 그랬던 것처럼 우리에게 반감을 보인다.

그렇다면 자녀를 조건 없이 사랑하려면 어떻게 해야 할까? 우리는 그 어떤 상황에서도 사랑과 존경을 실천하라는 하나님의 명령에 순종해야 한다(롬 12:10; 벧전 2:17). 이 계명에 순종하기를 거부한다면, 우리는 결국 자신을 합리화하면서 아이들이 우리를 그렇게 냉정하게 만들었다고 주장할 것이다. 애들 때문에 이렇게 됐다고 온갖 핑계를 찾을 것이다.

우리는 비록 죄를 범했지만 주님은 우리를 경멸하거나 혐오하지 않으신다. 정말 그렇다(롬 8:1-2). 우리가 어떤 잘못을 하더라도 예수님은 우리를 사랑하시지만, 주님은 그 잘못을 어떻게 해서든 다루셔야만 한다. 예수님이 우리를 징계하시는 것은 이런 까닭이다(히 12:5-11). 마찬가지로, 부모인 우리가 아이들을 조건 없이 사랑하고 존중한다는 것은 그들에게 무엇이든 해도 좋다고 허용한다는 뜻은 아니다.[2] 우리는 아이들의 불순종에 맞서 잘못을 지적하고 사랑으로 아이들의 무례한 태도를 고쳐줌으로써 아이들을 훈육한다. 그러므로 조건 없는 사랑이란, 아이들에게 그러한 자격이 없을 때라 하더라도 그들을 사랑하고 존중하는 것을 말한다. 여기서의 핵심은 아이들의 잘잘못을 따지는 것이 아니라, 하나님이 우리에게 이렇게 하도록 부르셨음을 알고 실천에 옮기는 일이다.

개인적인 경험과 수천 쌍의 부부 및 부모와의 대면을 통해 조건 없는 사랑을 완벽히 실천하는 일은 불가능하다는 것을 잘 알고 있다. 나는 우리 아이들을 조건 없이 사랑하는 법을 배워야만 했는데(지금도 여전히 배우는 중이다) 이 일은 저절로 되지 않았다. 아이들의 어린 시절을 되돌아보면, 아이들 때문에 벌컥 화를 냈을 때 예수님 생각은 거의 하지 못했다. 자녀 양육과 그리스도 사이에는 거대한 벽이 존재했다. 나를 향한 그리스도의 조건 없는 사랑을 닮으려 애쓰기보다는, 주님을 생각하기도 전에 화부터 내곤 했다. 나중에는, 계속되는 아내의 재촉에 못 이겨 내 죄를 하나님께 고백하고 아이들에게도 사과한 적도 있었다.

하지만 나는 그리스도를 더욱 닮아가기 위한 노력을 몇 번이고 반복하여 다시 시작하곤 했다. 아이들을 양육할 때에는 그리스도가 임재하고 계신다는 것, 말하자면 그리스도가 우리 아이들의 어깨 너머에서 계신다는 것을 떠올리려 애썼다. 내가 기쁘게 해드릴 관객은 단 한 분이며, 아이들은 부차적인 존재라는 것을 알고 있었다. 또한 내가 짜증과 주제넘음, 집착, 자만심, 분노, 패배감으로 인해 주님의 도움을 구하면, 그분은 언제나 기꺼이 나를 도우신다는 사실도 알았다.

아버지가 보여주셨던 격한 분노와 성마른 기질 등의 잘못된 본보기에 크게 영향을 받지 않으려고 애썼지만, 그럼에도 불구하고 아버지의 부정적인 본은 번번이 나를 괴롭혔다. 나는 드러내놓고 화를 낸 적은 거의 없었다. 그 대신에 내가 맞서 싸워야 했던, 아버지가 물려주신 반갑지 않은 영향을 느낄 때면 속에서 화가 끓어오르곤 했다. 우리 모두는 심리학자들이 말한 '원가족'(family of origin)의 힘을 잘 안다. 이런 문제들 때문에 어떤 사람들은 양육 과정에서 다른 사람들보다 더 고군분투한다. 하지만 감사하게도 우리는 보혜사 성령의 도움을 받을 수 있다. 내 친구인 래리는 가정생활이 올바른 지식의 문제가 아니라 올바른 행동의 문제임을 발견했다. 그의 증언을 들어보자.

> 혼자 힘으로는 이것을 성취할 수 없고, 그리 쉬운 일도 아님을 알고 있네. 때때로 나는 내 안에서 꿈틀대는 아버지의 모습을 지켜보아야만 했지(그럴 때면 메스꺼움이 심해서 하던 일을 멈추고 "심리적 구토"를 할 정도야). 그런데 성령님께 의지했더니 갈라디아서 5장 22-23절에 자세히 기록된 대로 하나님이 내 삶에서 바라시는 몇 가지 열매들을 경험할 수 있었다네. 궁극적으로 이 악순환을 깨뜨리려면 내가 가진 자원이 아닌 하나님의 자원에 의지해야 한다는 걸 알고 있어. 내 의지를 발휘해도 상황을 어느 정도 바꿀 수는 있겠지만, 그건 잠시 지속될 뿐 다시 옛 습관으로 돌아오고 말 거야. 한번은 어떤 친구 녀석이 이런 말을 해주더군. 갈라디아서 5장 22-23절은 래리의 열매가 아니라 성령의 열매를 설명하는 것이라고 말이야.

또한 어떤 어머니는 자신의 고군분투를 편지에 이렇게 담았다.

> 저는 일곱 살 먹은 아들과 순종 문제로 엄청나게 싸우는 중입니다. 가족 관계의 악순환에 말려들면서 아들에 대한 반감 때문에 부담이 됩니다. 저는 악순환에 빠지고 싶지 않지만, 출장이 잦은 남편의 도움 없이 생

후 4개월부터 열세 살에 이르는 일곱 아이를 혼자 기르다시피 하다 보니 주님을 섬긴다는 목적을 잃어버리기를 잘합니다. 이 악순환의 고리를 끊지 못하는 무능력함에 지쳐 어찌할 바를 몰랐죠. 목사님의 오늘 메시지는 저를 너무도 자유롭게 했습니다…. 이제는 아이 어깨 너머에 계시는 예수님을 바라보겠습니다. 아이를 향한 예수님의 사랑을 보여주는 성경 말씀도 묵상할 거고요. 우리 아들을 새롭게 빚는 일을 하나님께 맡기려고 합니다…. 아이의 장점에 집중하면서 부정적인 순환에 마음을 뺏기지 않겠습니다. 때로는 성령님이 제게 그저 아이를 꼭 안아주라고 말씀하실 때도 있었답니다. 요즘 우리 모자 관계에는 몇 가지 큰 변화가 생겼어요.

곤궁에 빠진 어느 아버지의 고백도 들어보자.

변덕스러운 반항에 지쳐 그만 화를 참지 못할 때면 어떤 것도 소용이 없습니다…. 그저 이 상황을 모면하려 애쓸 뿐이죠. 아이가 부모에게 반항하고 버릇없이 굴 때는 몇 가지 패턴이 있습니다. 그럴 때마다 아이를 때리고 싶은 마음이 불쑥불쑥 일어납니다. 아들은 친절하고 예민한 마음을 가진 착한 아이예요. 하지만 그러다가도 15분 만에, 녀석을 방에 가두어놓고 집 밖으로 도망치고 싶어질 만큼 우릴 화나게 하기도 하죠. 마치 지킬 박사와 하이드 같아요…. 주님을 만났을 때 "잘하였구나, 착하고 충성된 종아"라는 말을 들을 수 있다는 희망이 저에겐 더 이상 없습니다. 예수님이 이렇게 말씀하시지 않기만을 바랄 뿐이에요. "내가 너를 도무지 알지 못하니 불법을 행하는 자야, 내게서 떠나가라."

우리는 이 아버지의 말에서 일종의 고통과 두려움을 느낀다. 우리 중 몇몇은 이 아버지가 느끼는 무기력에 공감한다. 따라서 우리는 다음과 같은 단순한 진리를 이해할 필요가 있다. 우리 힘으로는 G-U-I-D-E-S를 실천할 수 없고, 그 어떤 긍정적이고 사랑이 넘치는 양육도 할 수 없다. 하지만 괜찮다. 하나님은 우리를 이용하여 자녀들의 삶에 영향을 미치는 것보다 자녀들을 이용하여 우리 삶을 바꾸는 일에 더 관심이 있으신지도 모른다. 양육이란 일방통행 도로가 아니다. 그 진리를 깨닫는 순간, 아이들을 이해하는 방법은 달라진다.

● 성령님을 '보혜사'라고 부르는 이유

우리는 무례하고 불순종하는 자녀를 절대로 완벽하게 사랑할 수 없다. 하나님의 도우심이 절대적으로 필요하다. 그렇게 솔직히 인정하는 게 도움이 된다. 우리 부부도 그랬다. 하나님의 뜻대로 아이들을 양육하기엔 우리 자신이 너무나 무력하다고 인정할 수밖에 없었다. 하지만 도망치기보다는 주님께 그 감정을 맡겼다. 베드로도 충고했듯, 주님이 우리를 돌보시기 때문에 우리 염려를 그분께 맡겨야 한다(벧전 5:7).

우리 부부는 지금도 이러한 내려놓음을 지속적으로 실천하고 있다. 실제로 아내는 이런 말을 자주 한다. "아이들을 키우기 전에는 제 자신이 영적 성장에 대해 꽤나 진지한 편이라고 생각했죠. 하지만 아이들을 키우면서는 제가 영적으로 얼마나 성장해야 하는지를 분명히 보게 됐어요." 다시 말해 우리는 아이들로 인해 우리가 목표로 하는 인간이 되는 데 필요한 내적인 힘과 지혜가 우리에게는 없음을 깨닫는다. 그럴 때 우리는 자신을 정당화하면서 아이들에게 책임을 전가할 수도 있고, 아니면 하나님이 필요하다고 인정할 수도 있다.

우리는 그렇게 자신의 한계와 연약함을 인정하면서 바울이 고린도후서 12장 9절에서 뜻한 바가 무엇인지를 배운다. "내 은혜가 네게

족하도다. 이는 내 능력이 약한 데서 온전하여짐이라." 아내와 나는 우리 연약함을 그리스도께 맡기면서, 그분의 능력을 구함으로써 이 원리를 적용하려 애썼다. 아내는 자신이 통제할 수 없는 어려움 가운데서도 감사하는 법을 배우면서 믿음과 순종이 더욱 깊어졌다고 말한다.

당신도 배우자와 함께 주님 앞에 나아와 그분의 도움이 필요하다고 인정해보라. 예배 시간이나 기도회에서 자녀들을 주님 앞에 드리는 특별한 시간도 있었을 것이다. 하지만 그런 일회성 행사에서 한두 번 아이들을 드리는 것과 일상에서 지속적으로 그렇게 하는 것은 전혀 다른 문제다. "하나님이 하나님 되시게 하라"는 유명한 표현은 아마도 지금 우리에게 해당되는 것이리라. 스가랴 4장 6절을 암송하면서 가능하면 자주 기도하라. "만군의 여호와께서 말씀하시되 이는 힘으로 되지 아니하며 능력으로 되지 아니하고 오직 나의 영으로 되느니라."

우리가 주님께 의지하는 모습을 보여주면 자녀들 마음에도 그러한 믿음을 키워줄 수 있다. 이것이 곧 가정을 세워가는 방법이다. 우리 큰아들과 며느리는 두 살 먹은 손자 잭슨에게 벌써 시편 118편 7절을 가르쳤다. "주님께서 내 편이 되셔서 나를 도와주시니"(새번역). 우리가 그리스도께 도움을 구할 때 자녀들도 그렇게 하도록 격려할 수 있다.

● 아이들이 비록 기대에는 미치지 못했더라도

내게는 원가족이 매우 현실적인 문제였다. 아버지에게서 보았던 바로 그런 감정이 내 안에서도 끓어오르는 것을 느꼈다. 하지만 나는 자제력을 잃지 않으려 했다. 아이들이 버릇없어 보일 때에도 어려서 그럴 수밖에 없다는 것을 알고 느긋하게 생각했다. 내가 비슷한 감정을 품었다면(빈도나 강도를 보더라도 그보다는 덜했지만) 그것은 전적으로 내 문제였다.

예수님은 "속에서 곧 사람의 마음에서"(막 7:21) 죄로 가득 찬 선택이 나오는데, 하나님은 그것을 속속들이 알고 계신다고 하셨다. 자녀의 불순종이나 무례함 때문에 우리가 애정 없이 반응하는 것이 아니다. 우리 반응은 우리 속에서 나온다. 사실을 말하자면, 우리가 엄격함을 선택한 것이지, 아이 때문에 엄격해진 것은 아니다.

하지만 조건 없는 사랑을 한다는 말이 곧 자녀들에게 불순종해도 괜찮다고 허가해준다는 의미는 아니다. "가서 네가 원하는 걸 다 해도 좋다. 그럼 내가 너를 얼마나 사랑하는지 너에게 보여줄 수 있을 테니까. 네가 무슨 짓을 하든 나는 괜찮다." 이런 것이 아니다. 내가 말하는 조건 없는 사랑이란 자녀들의 무례하고 짜증스런 행동을 애정을 품고 대면하는 것을 뜻한다. 아이들이 버릇없고 약 오르게 한다 하더라도 사랑을 잃지 않는 것이다. 아이들이 기대에 미치지 못했다 하더라도 사랑의 크기를 줄이지 않고, 아이들의 잘못을 악용하여 애정 없음을 정당화하지 않는 것이기도 하다.

또한 조건 없는 사랑은 조건 없는 '신뢰'와 같은 말이 아니다. 어머니는 무슨 일이 있어도 자기 아이를 사랑하지만, 그렇다고 아이 혼자서 길을 건널 수 있다고 믿지는 않는다. 어머니는 조건 없이 사랑하지만 그렇다고 모든 조건을 없애지는 않는다. 어린아이가 혼자 길을 건널 수 있다고 믿는 것이야말로 애정이 없는 일이다.

십대들에게 우리는 이렇게 말할 수 있다. "무슨 일이 있어도 널 사랑해. 네가 무슨 짓을 하는지, 심지어 거짓말을 하더라도, 내가 널 사랑하는 걸 막을 순 없어. 내 사랑엔 조건이 없으니까. 하지만 네가 나에게 거짓말을 한다면 무턱대고 너를 믿을 순 없겠지. 네가 거짓말을 하고 나서도 내가 무작정 널 믿는다면 난 널 사랑하는 게 아니란다."

조건 없이 사랑하는 연습

부모의 사랑은 자녀의 존경과는 무관하게 예수 그리스도와 아이들을 향한 것이 되어야 한다고 앞장에서 이야기했다. G-U-I-D-E-S에는 예수님께 하듯 자녀들을 양육할 수 있는 전략이 들어 있다. 이 여섯 가지 전략(실제로는 책임)을 사용하면, 자녀들의 반응과는 별개로 예수 그리스도를 본받는 훈련을 할 수 있다.

주님이 우리 행동이나 가치와는 무관하게 우리를 사랑하시듯, 우리는 G-U-I-D-E-S를 사용하여 아이들의 행동과 무관하게 그들을 사랑할 수 있다. 다음은 이와 관련된 몇 가지 아이디어다.

베풀기: 그리스도가 우리에게 관대하시므로 우리도 아이들에게 베푼다. 아이가 우리의 섬김에 감사하든 그렇지 않든 간에 우리가 할 수 있는 한 베푼다. 우리가 베풀지 않을 때가 있다면, 아이가 이기적인 사람이 되지 않도록 일부러 그렇게 하는 것이다.

이해하기: 그리스도가 우리에게 공감하시므로 우리도 아이들을 이해한다. 아이가 우리의 공감에 감사하든 그렇지 않든 간에 우리는 이해하려고 애쓴다. 우리가 이해하지 않을 때가 있다면, 자녀들이 과도한 자기연민에 빠져 있다는 것을 알았기 때문이다. 우리는 아이들을 소중히 여기기 때문에 아이들의 그런 상태를 그냥 두고만 볼 수 없다.

가르치기: 그리스도가 우리에게 지식과 지혜를 주시므로 우리도 아이들을 가르친다. 아이가 이해를 하든 그렇지 못하든 간에 우리는 가르친다. 우리가 가르치지 않을 때가 있다면, 아이들이 시행착오를 겪으면서 배우도록 하기 위해서이지 그들의 성공을 방해하려는 것이 아니다.

훈육하기: 그리스도가 우리를 대면하시고 고치시고 훈육하시므로 우리도 아이들을 훈육한다. 필요한 경우 대가를 치르게 한다. 우리

가 대가를 보류할 때가 있다면, 자비와 은혜를 베푸는 것이지 아이의 반항과 협박을 두려워해서가 아니다.

격려하기: 그리스도가 우리를 부르셔서 이 세상을 변화시키는 일을 맡기시듯 우리도 아이들을 격려하여 세상에서 제 역할을 감당하게 한다. 아이들에게 원수를 물리칠 수 있는 사회적 자존감과 기술이 부족하다 하더라도 우리는 아이들을 응원한다. 우리가 긍정의 말을 아낄 때가 있다면, 아이들이 스스로 굳건히 서는 법을 배울 수 있도록 돕기 위해서다.

간구하기: 그리스도가 우리를 위해 간구하시므로 우리도 아이들을 위해 간구한다. 아이들의 영적인 흥미나 반응과는 무관하게 우리는 아이들을 위해 기도한다. 우리가 기도하지 않을 때가 있다면, 믿음 가운데 기다려야 할 때가 아니라 순종으로 나아가야 할 때이기 때문이다.

양육은 부모가 어떤 사람이냐의 문제이지, 아이들이 왜 제대로 살지 못하는지를 따지는 문제가 아니다. 아이의 행동과는 무관하게 우리는 G-U-I-D-E-S 원칙을 적용하여, 우리가 목표로 하는 사람이 될 것이다.

나는 망설임 없이 말할 수 있다. "내가 베푸는 걸 아이가 당연하게 생각한다 하더라도 나는 베푸는 사람이 될 것이다. 아이가 나를 다정하게 생각하든 그렇지 않든 간에 나는 이해심 많은 부모가 될 것이다. 아이가 잘못된 가르침에 귀를 기울인다 하더라도 나는 가르침을 주는 부모가 될 것이다. 세상에서 가장 못된 부모라는 소리를 듣더라도 나는 훈육할 것이다. 아이가 나의 위안을 받아들이지 않는 것처럼 보이더라도 나는 격려할 것이다. 하나님이 침묵하시고 나와 내 아이에게서 멀리 계신 듯 보이더라도 나는 기도하는 부모가 될 것이다."

간단히 말하면 G-U-I-D-E-S란 이런 것이다. "나는 무슨 일이 있어도 사랑 넘치는 부모가 되기로 결심했다." 무슨 일이 있어도 주님이 나를 사랑하시기 때문이다. 그리고 하나님의 뜻에 따라 주께 하듯 양육하는 것에는 그 이상의 의미가 있는데, 이는 자연스럽고 인간적인 성향에 빠지지 않는다는 뜻이기도 하다. 다음 장에서는 이러한 덫을 어떻게 피할 수 있는지를 살펴볼 것이다.

14

결과라는 함정을
조심하라

가족 관계의 악순환을 끊고, G-U-I-D-E-S를 통해 선순환을 만들어냈다고 하더라도 양육은 여전히 어렵고 부담스러우며 누군가에게는 좌절감을 안겨준다. 솔직히 말하자면 우리에겐 통제권이 없다. 아이들은 자유로운 도덕적 주체이기 때문에 자기 내면의 태도를 스스로 정할 것이다.

보상을 받는 선순환은 그리스도 안에 있는 우리의 정체성과 주님이 준비하고 계신 보상을 잊지 않게 한다. 주님은 언제나 아이들 너머에 계시면서 우리를 도우시며, 그분만이 자녀를 조건 없이 사랑할 수 있는 힘을 주신다.

그러나 보상을 받는 선순환의 가장 중요한 기능은 따로 있다. 바로 결과라는 함정에 빠지지 않게 해주는 것이다. 내가 이것을 '함정'이라고 부른 까닭은, 늘 결과를 요구하는 문화에서 대부분의 사람들은 자녀 양육에 따른 결과로 자신을 판단하기 때문이다. 예를 들어, 사업을 하면 반드시 결과를 내야 하는데 그렇지 못할 경우 회사는 문을 닫아야 한다. 운동의 경우에도 어린이 야구 리그에서 프로야구에 이르기까지 감독이라면 누구나 좋은 결과를 원한다. 무용 수업에서 피아노 수업, 난초 재배에서 옥수수 재배에 이르기까지 어느 영역을 보더라도 사람들은 어느 정도의 결과를 원한다.

거의 모든 분야에서 우리는 결과를 통해 성공과 실패 여부를 판단하는데, 양육도 예외는 아니다. 아이들이 '훌륭하면'(아이들이 순종적이며 우리를 뿌듯하게 하면) 우리는 스스로를 성공한 부모, 훌륭한 부모라고 생각한다. 아이들이 '훌륭하지 않으면'(아이들이 불순종하고 우리의 가치에 반하며 우리를 당황시키거나 부끄럽게 하면) 우리는 스스로를 패배자이자 부끄러운 부모라 생각한다.

하지만 당신이 양육을 하는 부모라면, 마음에 새겨야 할 질문은 이것이다. 우리는 하나님의 사명에 집중하는가, 그렇지 않으면 아이들의 마음과 영혼을 통제하는 데 더욱 관심을 두는가?

결과는 우리가 통제할 수 없다

원하는 결과를 얻기 위해 아이들을 통제하느라 에너지를 소모하다 보면 우리의 전략인 G-U-I-D-E-S를 활용하여 하나님의 뜻대로 양육하는 일에는 소홀해진다. 궁극적으로 영혼의 판단(믿음과 가치관의 문제)은 아이들 개개인에게 달려 있다. 자녀는 성인이 되어가면서 자신만의 길을 독립적으로 걷게 될 것이다. 그들은 독립적이고 도덕적이며 영적인 존재로서, 부모와 동일한 자유를 갖는다. 자녀들은 하나님의 명령을 순종할 수도 있고 불순종할 수도 있다. 부모의 임무는 자녀들이 결국에는 자신의 태도와 믿음, 행동을 스스로 결정할 것을 알면서도 우리가 최선이라 생각하는 것을 베풀고, 이해하고, 가르치고, 훈육하며 간구하는 것이다.

그렇다. 우리는 영혼의 문제에 대해 아이들에게 말해주고 부모로서 무엇을 바라는지 이야기해주어야 하지만, 이는 아이의 선택이지 우리의 선택이 아님을 인정해야 한다. 또한 아이들은 (적어도 일정한 나이가 될 때까지는) 우리와 함께 교회에 출석해야 하지만, 궁극적으로는 신앙을 가지고 교회에 출석할지 말지를 스스로 결정해야 한다. 아이의 믿음은 오롯이 자신의 몫이 되어야 한다. 사랑은 자유 의지를 인정해야 한다.

그렇다면 우리는 양육의 결과에는 무관심해도 좋다는 뜻인가? 물론 그렇지는 않다. 하나님은 아이들에게 자유 의지를 허락하시면서 동시에 부모들에게도 양육 방식을 자유롭게 선택할 수 있도록 하셨다. 다행인 점은, 겸손하고 참을성 있게 G-U-I-D-E-S 원칙을 적용하면 아이들이 부모의 믿음과 가치관을 따르는 데 도움이 된다는 것이다. 믿음의 본을 보이는 것이 아이들에게 순종하라고 고함을 지르는 것보다 훨씬 설득력이 있다. 늘 감사한 마음으로 살아가고, 침착한 태도를 보이며, 좋은 가르침을 잘 받아들이고, 하나님의 말씀에 순종하고, 하나님께서 주신 사명을 용감하게 실천하고, 그리스도에 대한 믿음이 충만한 부모라면 아이들의 마음도 자연스럽게 끌릴 테니 말이다.

우리 부부는 자녀에게 모범을 보이려 할 때 하나님의 도우심이 필요하며, 또한 아이들이 스스로 선택을 할 때도 하나님이 도우셔야 함을 알았다. 그래서 우리는 자신과 아이들을 위해 기도했다.

- 감사가 넘치는 마음을 키워가도록
- 잔잔하고 평온한 마음을 갖도록
- 가르침을 잘 받아들이는 마음을 갖도록
- 선을 위해 진로를 바꿀 수 있는 열정을 갖도록
- 하나님이 인간에게 주신 사명을 다할 수 있는 용기를 갖도록

• 하나님을 신뢰하고 그분께 순종하려는 간절한 마음을 갖도록

아이들이 부모 곁을 떠나 독립한 지금도 여전히 무릎을 꿇고 두 손을 모은다.

선한 부모는 언제나 착한 자녀를 길러내는가?

가족학에서는 아이들이 현재와 같은 모습으로 성장하게 된 이유를 두 가지 관점으로 설명한다. '사회학습이론'은 자녀들이 부모를 모방한다고 주장한다. 아이들은 좋건 나쁘건 부모와 똑같이 행동한다는 것이다. '보상이론'은 자녀들이 부모의 본에 대항한다고 주장한다. 좋건 나쁘건 부모와 반대로 행동한다는 것이다.

사실 내부분의 가정에서는 두 이론이 모두 작동한다. 어느 것이 맞고 그른지를 분명히 말할 수는 없지만, 부모에게는 아이들의 행위를 강제하는 절대적인 힘이 있으며 아이들은 그다지 결정권이 없는 백지 상태라는 의견이다.

그렇다면 성경은 어떻게 말하는가? 많은 그리스도인 부모가 잠언 22장 6절을 떠올릴 것이다. "마땅히 행할 길을 아이에게 가르치라. 그리하면 늙어도 그것을 떠나지 아니하리라." 어떤 부모들은 이 말씀을 하나님의 약속으로 생각한다. 하지만 이것은 성경이 말하는 원리이지 약속은 아니다.

잠언은 함축적인 서술로 쓰여 있는데, 대체적으로 사실이지만 예외도 있다. 잠언 26장 4절과 5절을 비교해보라. 4절에서는 미련한 자에게 대답하지 말라더니, 5절에서는 다시 미련한 자에게 대답하라고 한다! "겸손과 여호와를 경외함의 보상은 재물과 영광과 생명이니라"(잠 22:4)라는 말씀은 진실이지만, 그렇다고 항상 그렇게 되는 것은

아니다. 원리이지 약속은 아니기 때문이다. 세상에는 경건하고 겸손하지만 재물이 없는 사람도 많다. 재물이 없다고 해서 이 가난한 사람이 겸손하지 못하고, 여호와를 경외하지 않는다는 뜻이겠는가? 잠언은 재물 소유에는 예외도 있다고 알려준다. 정직함을 유지하려면 오히려 가난한 편이 낫다(잠 28:6, 11).

의로운 삶을 살면 장수가 보장되는 것처럼 이야기하는 말씀은 어떠한가?(잠 3:2, 16; 4:10) 예수님도 서른셋에 이 세상을 떠나셨고, 젊은 나이에 믿음 때문에 목숨을 잃은 사람들도 많지 않았는가? 그렇다. 경건하고 지혜롭게 살면 장수할 가능성이 높지만, 성경에는 믿음 때문에 박해를 받아 요절한 사람도 등장한다.

그러므로 성경을 해석할 때는 좀 더 폭넓은 맥락에 비추어 모든 구절을 해석해야 한다. 부모는 잠언 22장 6절에 따라 자녀들을 바르게 훈련시킬 수 있다. 하지만 한편으로, 잠언은 아이들이 부모의 가르침을 저버릴 수 있으며, 심지어 경멸하거나 비난하고 도둑질하고 저주할 수 있다고도 가르친다(잠 1:8, 6:20, 19:26, 20:20, 23:22, 28:24, 30:11). 이 성경 본문에 나오는 자녀가 부모를 구박하거나 삿대질하거나 남의 물건을 훔치거나 저주를 퍼부은 것은 부모의 잘못이 아니다.

따라서 잠언 22장 6절을 묵상할 때 우리는 믿음을 떠나는 자녀들도 있다는 사실을 인정해야 한다. 슬프고도 역설적이게도, 솔로몬은 아들 르호보암을 염두에 두고 이 잠언을 썼는데 르호보암은 여호와의 율법을 버린 자였다(대하 12:1). 더군다나 르호보암은 성장 과정에서 하나님이 친히 아버지 솔로몬에게 두 차례나 나타나셨으며(왕상 9:2) 아버지가 이 세상에서 가장 지혜로운 사람이라는 것(왕상 4:30-31)을 알고 있었다.

아담과 하와가 가인과 아벨을 낳은 이래로 부모와 자녀 사이에는 각기 다른 네 가지 시나리오가 펼쳐져왔다.

- 나쁜 부모와 나쁜 자녀
- 나쁜 부모와 착한 자녀
- 좋은 부모와 착한 자녀
- 좋은 부모와 나쁜 자녀

곧 살펴보겠지만, 네 종류의 시나리오에는 사회학습이론(아이들은 부모를 모방한다)과 보상이론(아이들은 부모를 따르지 않는다)이 모두 반영되어 있다.

나쁜 부모와 나쁜 자녀

나쁜 부모란 하나님에 대한 신뢰와 순종을 거부하고 악한 생활 방식을 택하는 부모를 뜻한다. 그러한 나쁜 부모의 자녀들 또한 하나님을 신뢰하고 순종하기를 거부하는 경우가 많다.

성경에 나오는 수많은 사례 가운데 하나를 살펴보자. "아합의 아들 아하시야가 사마리아에서 이스라엘의 왕이 되어 이 년 동안 이스라엘을 다스리니라. 그가 여호와 앞에서 악을 행하여 그의 아버지의 길과 그의 어머니의 길과 이스라엘에게 범죄하게 한 느밧의 아들 여로보암의 길로 행하며"(왕상 22:51-52). 아하시야는 아버지 아합과 어머니 이세벨의 전철을 밟았다. 이처럼 어떤 자녀들은 "그들의 조상들이 행하던 대로" 행동한다(왕하 17:41).

자기 딸에게 세례 요한의 머리를 요구하도록 부추긴 헤로디아도 떠오르는데, 딸은 어머니의 요청을 그대로 따랐다. "그가 제 어머니의 시킴을 듣고 이르되 세례 요한의 머리를 소반에 얹어 여기서 내게 주소서 하니"(마 14:8).

부모가 쾌락에 빠져 살면 자녀에게도 유혹이 찾아와 악의 길을 걸을 수 있다는 것을 우리 모두는 안다. 이사야서에도 그런 장면이 나온다. "무당의 자식, 간음자와 음녀의 자식들아, 너희는 가까이 오라. 너희가 누구를 희롱하느냐? 누구를 향하여 입을 크게 벌리며 혀를 내미느냐? 너희는 패역의 자식, 거짓의 후손이 아니냐?"(사 57:3-4)

어떤 부모들은 자녀를 학대하고 폭력을 가한다. 이 아이들은 끔찍한 학대에 노출되어 있다. 그러나 이렇게 학대당한 경험이 있는 아이들도 다른 사람들을 괴롭힐지 말지 선택할 때는 스스로 결정한다. 가정에서 괴롭힘을 당한 아이가 집 밖에서도 남을 괴롭히게 될까? 결국엔 아이 스스로가 결정할 일이다. 아이는 남을 괴롭히는 사명을 띠고 태어나지 않았다. 자유 의지가 있다는 것은 다행스러운 일이다.

아이들에게는 언제나 미래에 대한 선택권이 있다. 과거에 부모가 그들을 육체적으로나 성적으로 학대했다 하더라도 말이다. 내가 이런 입장을 고수하는 것은 부모의 죄악을 모른 체하거나 아이들이 극복해야 할 무거운 짐이 있음을 몰라서가 아니라, 아이들이 좋지 않은 환경에서 성장했더라도 나쁜 짓만 하며 살 운명이 아니라는 점을 분명히 하기 위해서다.

다음 시나리오에서는 자유 의지가 있다는 증거와 선택의 능력에 대해 알아보자.

나쁜 부모와 착한 자녀

부모는 죄악을 선택했지만 그럼에도 불구하고 그 자녀들은 하나님을 신뢰하고 순종하기로 선택한다. 어떻게 그럴 수 있는가? 아이들은 도덕적이고 영적인 존재라서 부모와 상관없이 하나님의 길을 선택할 수 있기 때문이다.[1] 어린아이에게는 쉽지 않은 일이지만, 다행스러운 것은 아이들이 그저 절망적이고 무력하게 당하고만 있지는 않는다는 점이다. 나라면 아이에게 이런 말은 절대 하지 않을 것이다. "너는 너에게 닥친 나쁜 운명대로 살아갈 수밖에 없겠구나." 이것이야말로 진짜 학대다.

어린 시절 보상이론을 경험했던 나는, 아버지의 부정적인 영향에 저항하려고 무진 애를 썼다. 우리 아버지가 한 행동은 어린 소년에게 지울 수 없는 큰 상처를 주었다. 언젠가는 화가 난 아버지가 어머니의 목을 조르려 했고, 나중에는 바람까지 피웠다. 하지만 왠지 나에게는 아버지와는 다른 길을 선택할 자유가 있다는 생각이 들었고, 그래서 아버지의 전철을 밟지 않았다. 나는 홀로 힘겨운 싸움을 하면서 상처를 지워나갔다. 나에게는 아버지와는 다른 길을 걸을 수 있는 동기가 있었던 셈이다. 내가 절대로 살고 싶지 않은 인생을 직접 목격했기 때문이었다.

악을 행하고 심판에 직면한 한 남자에 대해 이야기하는 에스겔 18장에서는 그런 아버지와 내 모습을 엿볼 수 있는데,[2] 그의 아들은 "그 아버지가 행한 모든 죄를 보고 두려워하여 그대로 행하지 아니"(14절)하였다.

성경에 나오는 다른 사례를 보자. 므낫세는 악명 높은 유다 왕이면서, 그 아들 아몬 역시 아비의 전철을 따랐다(나쁜 아버지에 나쁜 아들이다). 그러나 아몬 왕의 아들인 요시아는 여덟 살에 왕이 되어 "여호와 보시기에 정직하게 행하[였다]"(대하 34:2). 하나님께 순종하지 않았던 할아버지와 아버지의 영향에도 불구하고, 요시아는 30년 넘게 나라를 다스리면서 유다 왕국을 대대적으로 개혁하였다. 통치 18년이 되던 해 율법책을 발견했을 때는 더 놀라운 일들이 많이 일어났다(왕하 34:3-33).

내 서류철에는 부모의 나쁜 길을 밟지 않기로 결심한 자녀들의 증언들이 가득하다. 한 남자는 이렇게 썼다. "아버지와 할아버지 두 분

모두 툭하면 고함을 치셨습니다. 저는 그러지 말아야겠다고 오래전에 다짐했습니다.”

이 경우 아이의 선택은 부모가 결정하는 것이 아니다. 주님을 알지 못하는 아이들도 올바른 선택을 할 수 있다. 하지만 장애물이 만만치는 않다. 나쁜 양육은 아이들에게 장기적으로 여러 가지 고통을 일으킬 수 있다.

그래서 나는 부모가 저지르는 실수를 그냥 넘어가지 않을 뿐더러, 하나님이 그런 형편없는 양육을 ‘허용’하신다고도 말하지 않는다. 나쁜 부모는 심판을 받고, 좋은 부모는 상을 받을 것이다. 모든 부모는 하나님께 자신의 양육 방식에 대해 해명해야 한다. 예수님은 이렇게 말씀하셨다. “누구든지 나를 믿는 이 작은 자 중 하나를 실족하게 하면 차라리 연자 맷돌이 그 목에 달려서 깊은 바다에 빠뜨려지는 것이 나으니라”(마 18:6).

이것은 엄중한 경고의 말씀이다. 예수님이 쓰신 ‘실족’(stumble)이라는 단어는 의미심장하다. 헬라어로 ‘스칸달론’(skandalon)인데, 영어 단어 ‘스캔들’(추문, 수치, 부끄러움이라는 뜻―옮긴이)이 여기에서 파생했다. 이 단어에는 올가미의 줄이나 덫, 혹은 다른 사람이 다니는 길에 놓인 장애물이란 뜻도 들어 있다. 넓게는 “범죄의 원인” 혹은 “다른 사람으로 하여금 죄를 짓게 하다”라는 의미로도 쓰인다. 예수님은 여기에서 스스럼없이 자녀를 실족시키는 부모를 지적하기 위해 이 단어를 사용하셨을 수도 있다. 자녀를 속이고 미혹하여 죄에 빠지게 하는 부모에게는 화가 있을 것이다! 도리어 바다에 빠뜨리는 것이 관대한 형벌처럼 보일 지경이다.

하지만 다행스럽게도 ‘실족’이라는 단어는, 아이가 그렇게 넘어진 자리에서 다시 일어나 악이 아닌 선을 선택할 수도 있음을 가리킨다. 그러므로 가혹한 양육을 받더라도 아이는 자신에게 부여된 자유 의지를 사용하여 다른 삶을 살아갈 수 있다.

좋은 부모와 착한 자녀

누가복음에는 제사장 스가랴와 그의 아내 엘리사벳이 나오는데 두 사람 모두 "하나님 앞에 의인이니 주의 모든 계명과 규례대로 흠이 없이 행하[였다]"(눅 1:6). 하나님은 불임이던 엘리사벳에게 세례 요한을 아들로 주셨다(눅 1:7-25; 57-80). 요한은 자신에 대해 이렇게 말씀하신 예수님의 길을 예비했다. "여자가 낳은 자 중에 세례 요한보다 큰 이가 일어남이 없도다"(마 11:11).

신약 성경에 나오는 또 다른 사례는 바울의 제자 디모데다. 그의 어머니 유니스와 할머니 로이스는 그가 하나님을 신뢰하는 사람으로 성장하도록 길을 열어주었다(딤후 1:5; 3:14-15).

착한 자녀를 둔 좋은 부모와 착한 자녀를 둔 나쁜 부모 사이에는 어떤 차이가 있을까? 일반적으로 좋은 부모를 둔 자녀들이 선한 것을 더 쉽게 선택하는데, 이는 부모가 자신의 삶을 통해 무엇이 선인지 몸소 보여주었기 때문이다. 그러나 부모가 어떤 사람인지와는 관계없이 자녀들은 결국 자신이 걸어갈 길을 스스로 선택한다.

우리는 하나님의 뜻을 따르는 자녀를 둔 경건한 부모들과 함께 기뻐하면서, 동시에 이들에게 몇 가지 함정을 주의하라고 경고한다.

나는 착한 아이들을 둔 좋은 부모들에게서 자신이 여전히 불행하다는 이야기를 많이 듣는다. 우리 교회 남자 성도 한 분이 자기 아들 이야기를 끄집어냈다. "이 녀석 때문에 제 마음이 찢어집니다." "왜죠?" 아버지가 대답했다. "아들 녀석이 꾸준히 예배를 드리지 않거든요." 내가 다시 물었다. "아드님이 선생님을 존경하나요?" "아, 그럼요." 그가 대답했다. "아드님이 그리스도를 알고 있나요?" "네, 알고 있습니다.”

이 사람에게는 자기만의 기준이 있었는데, 아들이 그 기준을 완벽히 준수하지 못하기 때문에 실망에 빠졌다. 자녀의 실수에만 눈길이 가는 탓에 다른 많은 장점들을 간과하고 있지는 않은가? 착한 아이들이 상심하지 않도록 주의하라.

완벽주의 성향의 부모나 좋은 부모가 빠지기 쉬운 또 다른 함정은 독선이다. 만약 하나님의 은혜로 자녀들이 모두 주님을 섬기고 당신의 영적 지도에 순종한다면, 그런 결과가 당신의 훌륭한 양육 덕분이라고 여기기 쉽다. 그러나 성경은 이런 인과관계를 지지하지 않는다. 뿐만 아니라 부모가 스스로를 칭찬하는 것은 미성숙한 행동이며, 불순종하는 자녀들과 씨름하는 주님 안의 형제자매들에게 소외감을 줄 수도 있다. 다음과 같은 말들도 다른 부모들에게 죄책감을 안겨줄 수 있다. “저 사람은 지금 목회를 하는데 아버지와 할아버지 모두 목사님이었대요. 정말 대단한 가정 출신이에요.” “홈스쿨링을 시켜서 그 또래 아이들이 빠질 수 있는 유혹을 피하게 했대요. 저 아이는 훌륭한 부모님 덕분에 정말 잘 자란 것 같아요.”

누군가 나에게 보내온 편지에는 이런 내용이 있다. “좋은 부모의 진가는 아이들이 비뚤어질 때 드러난다고 확신합니다. 아이들이 어긋나는 근본적인 이유는 대부분 그 가정의 중심에 도덕성이 결여되어 있기 때문이죠.”

하지만 자녀에게 홈스쿨링을 시켜서 유혹은 피했는데, 그들이 반항을 한다면 어떻겠는가? 혹은 대를 이어 목사를 배출한 가정의 자손들이 목회는커녕 신앙생활도 하지 않으면 어떻게 될까?

두 가지를 다 가질 수는 없는 노릇이다. 만약 좋은 부모를 둔 자녀들은 모두 다 일이 잘 풀린다는 생각에 동의한다면, 나쁜 부모를 둔 자녀들의 인생은 나아질 가능성이 없다는 것 또한 믿어야 한다. 그런 아이들이 자신의 상처를 덜어내고 더 나은 방향을 추구할 자유를 박탈당한 채 그저 나쁜 짓을 답습해야만 한다면 그들에게 무슨 소망이 있겠는가? 그런 아이들은 이렇게 외칠 것이다. "하나님은 불공평해!" 좋은 부모를 둔 자녀들이 믿음을 거부하는 일 역시 부모의 사기를 꺾는다. 자녀들이 부모의 경건한 삶과 신앙을 본받아야 하는데, 정반대로 살기 때문이다. 이 부모들도 억울하다고 외칠 것이다. "하나님은 불공평합니다!" 많은 부모들은 결국 성경의 뒷받침을 받지 못하는 이러한 반쪽짜리 진리에 자기 신앙의 근거를 두다가 믿음의 위기를 맞이한다.

우리 대부분이 말하고 싶어 하는 진실을 과감하게 지적해준 어느 어머니의 말에 당신은 깊이 공감할 것이다.

기독교 공동체는 비교를 좋아합니다. 부모에게 순종하고 예수님을 사랑하는 완벽한 자녀에 대한 기대가 있죠. 아이들이 그렇지 못하다면 그건 당신의 잘못이라고 말합니다. 당신이 형편없는 본보기이자 부족한 부모이기 때문에 그렇게 됐다는 것이죠.

저 역시 교회를 사랑하고 예수님께 열정적인 자녀를 둔 부모들로부터 그런 평가를 받는다는 느낌이 듭니다. 우리 아이들은 교회를 좋아하지 않거든요. 제가 오랫동안 목회를 해왔다는 것과 우리 아이들이 '다른 목회자 자녀들'과 다르다는 사실 때문에 더 속이 상합니다. 저는 제 마음속에 있는 자책감과 늘 싸우고 있습니다.

좋은 부모와 나쁜 자녀

나는 이 마지막 그룹을 특별히 더 격려하고 싶다. 나의 서류철에는 부적절한 선택을 하고, 좋은 행실을 보이지 못한 자녀들을 둔 부모들에 대한 사례로 가득하다. 그중에서 몇 가지를 나누려 한다.

- 신실한 그리스도인인 내 친구는 예나 지금이나 변함없이 훌륭한 아버지다. 하지만 이혼한 두 아들이 가정에서 수많은 문제를 일으키는 바람에 그 부부는 정신을 제대로 차릴 수가 없었다.
- 또 다른 가정에서는 경건하고 겸손하게 살아가는 부모와는 달리 두 자녀가 모두 신앙을 저버렸다. 부모는 자녀들을 깊이 사랑하지만 그들은 여전히 믿음을 거부한다.
- 어떤 남자는 포르노 중독 때문에 이혼할 지경에 처할 만큼 결혼 생활이 흔들리고 있다고 나에게 편지를 보냈다. 그런데 그의 부모는 영향력 있는 기독교 지도자이고 훌륭하다고 소문난 가정이었다.

이외에도 교회를 떠나 술이나 마약에 빠진 자녀를 둔 가족들에 대한 수많은 사연들이 내 앞으로 배달된다.

나는 이 모든 부모들의 육성을 일일이 듣고, 그 이야기의 사소한 부분까지도 점검한 후에 한 가지 깨달음을 얻었다. 책 전체에서 가장 중요한 부분이 될 수도 있다. 이 편지들은 자녀를 요람에서 성인이 되기까지 양육하는 동안 부모인 우리가 어떤 선택을 해야 할 것인가를 생생하게 보여준다. '결과'에만 집중하여 끊임없이 절벽에 매달린 채 "어떻게 됐지? 우리 아이가 잘해냈나?"라고 물을 것인가? 그렇지 않으면, 가능한 한 최선을 다해 하나님의 뜻대로 양육하고 그 결과는 하나님께 맡기면서 전략과 '과정'에 집중할 것인가? 이런 결정의 순간은 몇 번이고 반복해서 다시 찾아온다.

아이들이 반항할 때 좋은 부모들은 참으로 힘겨운 고통을 떠안는다. 우리는 주변에서 이런 가정을 흔히 본다. 어쩌면 당신 가정에서 일어나는 일일지도 모른다. 일부 성도들은, 나쁜 자녀에 대한 책임이 전적으로 부모 탓만은 아니라고 말하면 그들에게 면죄부를 주는 것은 아닌지 염려한다. 반면 이런 문제로 죄책감이 있는 부모들 중에는 하나님이 자신을 버리셨다고 느끼는 사람도 있다. 하나님이 자녀들에게 '약속'하셨다고 생각했던 것들을(잠 22:6) 그분이 행하지 않으셨기 때문이다. 성경은 이 문제에 대해 어떻게 말씀하고 있을까?

선지자 사무엘의 가정은 훌륭한 부모 밑에서 잘못된 자녀가 나온 대표적인 사례다. 성경은 사무엘이 나이가 들어 그의 아들 요엘과 아비야를 이스라엘의 사사로 삼았다고 말한다. 사무엘은 장성한 아들들이 임무를 감당할 수 있으리라고 생각했지만, 안타깝게도 아들들은 "자기 아버지의 행위를 따르지 아니하고 이익을 따라 뇌물을 받고 판결을 굽게"(삼상 8:3) 하는 자들이었다.[3]

사무엘의 경건한 양육 방식과 이스라엘 백성을 이끌었던 신실한 삶에 비추어 볼 때, 그의 두 아들이 그처럼 부정한 길을 택했다는 사실에 말문이 막힐 지경이다. 그러나 모든 사람에게는 자유로운 선택권이 있으며, 날 때부터 죄인임을 생각해보면 그렇게 심각한 일도 아니다. 신지자 미가는 "아들이 아버지를 멸시하며 딸이 어머니를 대적하며… 사람의 원수가 곧 자기의 집안사람이리로다"(미 7:6)라고 외쳤다.

돌아온 탕자 이야기도 생각해보자(눅 15:11-32). 이야기에 나오는 두 아들은 모두 부적응자라 불릴 만하다. 둘째 아들은 방탕의 끝을 보여주며, 큰아들은 독선과 관용 부족의 전형적인 본보기다. 하나님의 뜻대로 자녀를 양육하는 방법에 대해 이 아버지보다 더 확실하게 가르쳐줄 만한 사람을 찾을 수 있겠는가?

예수님은 이 비유를 들어 우리 본보기이신 하나님 아버지의 성품을 드러내신다. 하나님과 자기 자녀들을 사랑하려 애쓰는 모든 부모는 이 비유를 더욱 깊이 공부할 필요가 있다. 자녀들이 완벽하지 않고 반항적이더라도 스스로를 수치스럽게 여기지 않았으면 한다. 그 대신 반항적인 자녀라 할지라도 거절을 두려워하지 않고 집으로 돌아올 수 있도록 애정이 넘치는 환경을 마련하고 유지하는 데 집중하라.

아이들의 악한 선택과 그로 인해 발생한 결과들 때문에 견딜 수 없는 좌절을 느낄 때에도, 우리는 하나님의 뜻대로 자녀 양육하기를 단념해서는 안 된다. 그 원칙을 포기하지 않은 가정들을 쭉 지켜보았더니, 그렇게 말썽을 부리던 자녀들이 이제는 멋진 모습으로 그리스도를 섬기고 있었다. 하나님은 언제나 우리 곁에서 일하고 계신다! 그러므로 자녀의 존경과 순종과는 무관하게 원칙을 고수하라.

정리하자면, 보상을 받는 선순환이란 자녀와는 무관하게 그리스도께 하듯 행하는 부모의 사랑을 말한다. 당신은 그 결과를 통제할 수는 없지만, 대신에 완벽하게 통제할 수 있는 것이 하나 있다. 다음 장에서 이에 대해 살펴보기로 하자.

15

나는 내 반응만
책임질 수 있다

결과에 연연해서는 안 된다는 것을 머리로는 이해하기 쉽다. 부모가 궁극적인 결과를 통제할 수 없다는 점도 어느 정도 수긍한다. 그러면 우리가 통제할 수 있는 것은 과연 무엇일까? 누가 봐도 확실한 답은 '나'다. 정확히 말하자면 아이들에 대한 내 행동과 반응은 통제할 수 있다.

우리가 일상적인 양육의 의무를 다하고 있다면, 이제는 또 다른 근본적인 질문을 던질 수 있어야 한다.

"지금 벌어지고 있는 일은 누구의 책임인가?"

지금 가족 관계에서 악순환이 일어난다고 해보자. 사랑받지 못한다고 오해하고, 무례하게 반응하는 아이를 비난하다가 끝나겠는가? 그렇지 않으면 나의 책임에 집중하여 좀 더 자애로운 방법으로 갈아타겠는가? 모든 권한을 아이에게 넘겨줄 것인가, 그렇지 않으면 하나님이 나를 좀 더 큰 영향력을 행사할 수 있는 자리에 두셨다고 믿고 살아갈 것인가?

서로 힘이 되는 선순환의 경우라면, 아이에게 공손하게 굴라고 요구할 것인가, 그렇지 않으면 아이가 존경할 수 있도록 스스로 처신할 것인가?

보상을 받는 선순환에서는, 만약 아이가 주께 하듯 나에게 존경을 보이지 않는다면 나는 화를 낼 것인가, 그렇지 않으면 내가 주께 하듯 아이에게 사랑을 보여주는 데 집중할 것인가?

부모는 아이들이 규칙을 따르도록 강요할 수도 있다. 그러나 자신의 내적 태도를 결정하는 것은 오롯이 아이들의 몫이다. 우리는 부모 자신의 태도나 행동, 반응을 통제하는 일에 더욱 집중해야 한다. 이는 수동적으로 양육하라는 말이 아니다. 책임은 여전히 우리에게 있다.

예를 들어, 가르치고 훈육할 때 우리는 순종을 기대한다. 선물이나 어떤 호의를 받았을 때 감사의 마음을 표현하라고 가르친다. 동시에 한계가 있다는 것도 안다. 우리는 감사를 권할 수는 있지만 강제할 수는 없다. "내가 명령했으니까, 넌 감사하게 될 거야!"라고 할 수는 없다. 우린 그저 감사하는 모습을 보여주고 아이가 진심으로 감사하는 마음을 배워갈 수 있기를 기도할 뿐이다.

나는 내 반응만 책임질 수 있을 뿐이다. 사랑이 넘치는 환경을 만들고 대답과 반응에서 책임을 지면 신뢰도가 높아진다. 자녀들은 늘 우리를 지켜보고 있으며 아주 어린 나이일지라도 부모의 위선을 찾아낼 수 있다. 우리가 가르치는 것을 아이들이 잘 받아들이고 아이가 진심어린 마음으로 가르침에 순종하기를 바란다면, 우리는 사랑하는 동시에 책임을 져야 한다. 그것이 최상의 결합이다. 곧 아이들이 따라 하기 바라는 대로 모범을 보이는 것이다. 예를 들어, 우리가 자녀들에게 소리 지르지 말라고 하면서 소리를 지른다면, 이는 부모가 감정의 통제력을 상실했다는 뜻으로, 아이들도 곧장 당신의 상태를 알아차린다. 당신이 전달하고자 하는 말 자체는 옳을 수도 있겠지만, 목청껏 소리를 지르는 행위는 엄연한 잘못이다.

버럭 화를 내서 자녀의 무례한 발언이나 행동을 멈출 수는 있지만, 당신은 아이에게 영향력을 미칠 수 있는 기회를 잃게 될 것이다. 나의 아버지는 씩씩거리며 화를 내는 것으로 내 행동을 어느 정도 제어할 수 있었지만, 나는 마음의 문을 닫아버렸다. 어머니는 내가 아버지를 따르지 않는다는 사실을 아셨다. 십대 시절 어린 내가 집을 떠나 320여 킬로미터나 떨어진 사관학교에 들어가도록 하신 것은 바로 그런 이유에서였다.

좋건 나쁘건 간에, 내 반응은 내 책임이다

세미나에서 "내 반응은 내 책임"이라는 말을 사용하면 사람들은 고개를 끄덕이며 경청한다. 하지만 내가 진짜로 말하려는 내용은 다른 데 있다. 우리 아이가 나를 이렇게 '만드는' 것이 아니라, 원래의 내 모습이 아이를 통해 '드러난' 거라고. 따라서 나의 반응이 악하다면 그것을 자신의 문제로 인정해야 한다. 나의 부정적인 반응을 아이 탓으로 돌려서는 안 된다. 현실을 받아들이고 변하기 위해 애써야 한다. 만약 내가 하나님의 뜻대로 양육하려고 최선을 다해 애정이 넘치는 반응을 했는데도 자녀가 여전히 무례하다면, 나는 그 사실을 받아들이고 인내를 구해야 한다.

부모들은 "하지만 아이 때문에 애정 없는 반응과 대답이 나옵니다. 녀석은 괴물 같아요!"라고 하소연할 때가 많다. 나도 충분히 이해한다. 그러나 사랑스럽지 않고 버릇없는 아이가 우리를 사랑 없는 부모로 만드는 것은 아니다. 오히려 아이는 사랑 없는 사람이 되기로 한 우리의 결정을 드러내는 계기가 될 뿐이다.

비유하자면 이렇다. 모래알이 사람 눈에 들어가면 처음에는 이물감을 느끼다가 감염으로 이어지고, 속히 치료하지 않으면 결국 시력을 잃는다. 똑같은 모래알이 굴(석화) 속으로 들어가면 처음엔 이물감으로 시작하여 응고가 일어나고, 그다음에는 진주가 된다. 이를 보고 우리는 질문한다. 그 모래알은 사람의 눈이나 굴을 통해 나타난 결과에 대한 원인인가? 오히려 모래는 눈이나 굴의 속성을 드러내주는 자극제일 뿐이다. 그렇지 않다면 다음번에 눈에 모래가 들어갔을 때에 조심해야 할 것이다. 진주가 튀어나올지도 모르니까. 우리 아이들이 자극제가 되어 한 사람의 인간이자 부모인 우리 내면의 속성들이 드러나는 것이다.

그렇다면 아이들은 아무 잘못이 없다는 의미인가? 물론 그렇지는 않다. 아이들은 스스로 결정을 내리고 우리에게 정서적으로 영향을 미치는 도덕적이고 영적인 존재이지만, 그렇다고 해서 아이들의 나쁜 행동이 부모들의 나쁜 행동을 '야기한다'는 의미는 아님을 말하고 싶은 것이다.

이처럼 좋은 부모가 되는 것은 우리의 선택에 달린 문제다. 좋은 부모-자녀 관계를 위해서는 공동의 노력이 필요하지만, 모든 아이가 이에 협조하는 것도 아니다. 그럴 때 우리에게는 G-U-I-D-E-S 전략이 필요하다.

● "그리스도께 하듯" 양육하는 최선의 방법

우리가 잘못되고 미성숙한 방법으로 반응하면 아이들에게 긍정적인 영향을 미칠 수 없을 뿐 아니라, 결국에는 하나님의 명령에 불순종하는 꼴이 되어 죄책감과 패배감, 좌절감을 더 많이 경험하게 될 것이다. 반면에, G-U-I-D-E-S에 집중하면 좀 더 일관성 있게 대처할 수 있다. 자녀의 반응과 무관하게 그리스도께 하듯 양육할 때에 우리는 기쁨과 힘을 얻는다.

우리는 예수님이 말씀하신 비유에 나오는, 두 아들을 둔 아버지와 비슷하다. "아버지가 맏아들에게 가서 '얘야, 너 오늘 포도원에 가서 일해라' 하고 말하였다. 그런데 맏아들은 '싫습니다' 하고 대답했다. 그러나 그 뒤에 그는 뉘우치고 일하러 갔다. 아버지는 둘째 아들에게도 같은 말을 하였다. 그는 대답하기를, '예, 가겠습니다, 아버지' 하고서는, 가지 않았다. 그런데 이 둘 가운데서 누가 아버지의 뜻을 행하였느냐? 예수께서 이렇게 물으시니, 그들이 대답하였다. '맏아들입니다'"(마 21:28-31, 새번역).

한 아들은 싫다고 말했지만 나중에 순종했다. 또 다른 아들은 가겠다고 했으나 그 후에 불순종했다. 우리 아들 조나단은 맏아들 같았다. 조나단은 나와 언쟁을 벌이거나 내 말에 반대하곤 했는데, 그건 조나단이 무슨 일이든 몰래 하는 것을 좋아하지 않았기 때문이다. 나머지 아이들은 둘째 아들과 비슷했다. 두 녀석은 우리 눈앞에선 따르겠다고 하지만 나중에 보면 우리가 시킨 대로 하지 않았다.

그렇다면 요점은? 자녀가 반항한다고 해서 당신이 실패자라고 결론 내리지는 말라는 것이다. 반대로 자녀가 말을 잘 듣는다고 해서 그 성공이 온전하고 지속적인 것이라 생각해서도 안 된다.

부모는 양육의 효과에 대한 확고한 판단을 유보해야 한다. 반항기 심한 열네 살짜리 아이가 열여덟 살이 되어서는 말을 잘 듣게 될 수도 있다. 말을 잘 듣던 여덟 살짜리 아이가 열여섯 살에는 반항아로 변할 수도 있다. 물론 우리는 반항을 다루어야 하지만 그럴 때일수록 확실히 아는 것, 곧 G-U-I-D-E-S를 항상 실천해야 한다. 즉, 적절하게 베풀라. 공감하면서 이해하라. 분명하게 가르치라. 공정하게 훈육하라. 긍정적으로 격려하라. 마지막으로, 신실하게 간구하라.

우리가 이 원칙을 적용한다면 시간이 흐르면서 아이들은 좀 더 존경심을 가지고 반응할 것이며, 우리를 '진정한 부모'로 인정해줄 것이다. 어떤 경우에도 진정성은 결실을 맺게 마련이다.

내 분노는 어떻게 다스릴 것인가

그렇다면 부모는 절대로 화를 내서는 안 되는가? 우리의 행동과 반응을 통제한다는 말은 오직 긍정적으로만 반응해야 하고, 부정적이어서는 안 된다는 의미인가? 성경에는 괴로움, 비통함, 슬픔, 고뇌, 절망, 비참함과 같이 비도덕적이고 원치 않는 감정들을 담고 있는 단어가 많이 등장한다. 이런 감정들이 반드시 죄는 아니다. 시편을 읽어보라. 예를 들어 부모는 자녀가 도둑질하거나, 거짓말이나 부정행위를 하면 슬프고 화가 날 것이다. 이것은 정상이다. 사랑 넘치는 부모가 되기 위해 로봇처럼 반응해야 한다는 뜻은 아니다.

"분을 내이도 죄를 짓지 말라"는 에베소서 4장 26절은 많은 신자들에게 친숙한 말씀이다. 다시 말해 부모로서 화를 내는 건 정당한 반응이라는 말이다. 열여섯 살 먹은 아이가 숙제를 해오지 않은 것에 대해 '아파서' 그랬다고 선생님께 거짓말을 하고 그 거짓말을 뒷받침하려고 부모의 서명을 위조했다면 부모는 당연히 화를 내야 한다. "네가 저지른 일 때문에 엄마는 정말 화가 많이 났어. 마음을 진정시킬 시간이 필요하구나. 넌 지혜롭지 못했던 행위에 따르는 대가를 받게 될 거야."

하지만 부모는 그러한 감정으로 인해 도덕적인 한계선을 넘지 않도록 조심해야 한다. 성경이 우리에게 "분을 내어도 죄를 짓지 말라"고 말하는 것도 그런 까닭이다. 화가 난 부모는 도를 넘어 분풀이를 할 수도 있기 때문이다. 에베소서 4장 26절은 계속해서 "해가 지도록 분을 품지 말라"고 말씀한다. 분노의 감정이 계속 남아 곪아터지지 않게 하라는 것이다.

우리도 자기감정을 표현할 수 있지만 그 수위는 조절해야 한다. 기분을 말로 표현할 때 나중에 후회하지 않도록 주의해야 한다. 선을 넘었다는 사실은 어떻게 알 수 있는가? 통상적으로 적정선이 어디인가 하는 것은 양심으로 분명히 알 수 있다. 그것이 애매하다면 경건하고 지혜로운 사람에게 조언을 구하라. 아울러 우리 눈에 보이는 자녀들의 짓눌린 영혼과 두려움을 통하여 아는 경우도 있다.

한 어머니는 분노에 관한 나의 강연을 들은 후 이런 편지를 보내왔다.

우리 애를 보면 화가 나고 슬프고 그 외에도 갖가지 감정이 수시로 올라옵니다. 그런데 강연을 듣고 분노와 슬픔 같은 감정은 괜찮다는 것을 알게 되었어요…. 그런 감정에서 비롯된 행동이 하나님과 아이 앞에 정말 문제가 되죠. 아이가 때로는 버릇없게 굴고 사랑스럽지도 않을 때라 할지라도, 제가 이 아이를 사랑하는 것을 주님이 지켜보시고 상을 주신다는 사실에 정말 감사하다는 생각이 듭니다. 딸아이는 제가 사랑을 주어도 고마움을 표현하는 적이 없기 때문에 그 말씀이 저에게 희망이 됩니다.

당신도 이 글에 공감할 것이다. 이 어머니에게는 꿋꿋이 버틸 힘이 필요하다. 우리 모두 마찬가지다. 양육, 그중에서도 특히 자신의 감정을 통제하는 것은 단거리 경주가 아니라 마라톤이기 때문이다.

분노와 마귀의 관계

바울이 화는 내도 죄는 짓지 말라고 한 뒤 어떤 말을 덧붙였는지를 주목하라. "마귀에게 틈을 주지 말라"(엡 4:27). 너무 화가 난 나머지 당신답지 않은 말과 행동을 한 적이 있는가? 그리고는 "내 속에 뭐가 들어왔었나 봐. 그건 내가 아니었어. 잠깐 뭐에 씌었던 거지"라고 중얼거리지는 않았는가? 바울은 26절에서 해가 지도록 분을 품지 말라고 말한다. 왜 그런가? 우리의 계속되는 분노를 사탄이 악용할 수 있기 때문이다.

사탄은 우리가 갑자기 다른 사람이 됐다고 느낄 정도로 분노를 부추긴 후 우리를 속인다. 우리를 지배하지는 못하지만 그런 식으로 억압하는 것이다. 가정에 그런 순간이 찾아온다면 화내기를 더디 하고 (약 1:19) 해가 지기 전에 화를 풀어버리면(엡 4:26) 사탄을 물리칠 수 있다. 그렇지 않으면 사탄은 틈을 파고들어와 우리를 꼬드겨 더 심한 정서적 악순환에 빠져들게 만든다(에베소서 6장 4절과 이어지는 11절, 16절을 기억하라). 성경은 사탄이 "우는 사자와 같이 두루 다니며 삼킬 자를 찾[는]"(벧전 5:8) 중이라고 분명히 말한다. 모든 부모는 이것이 얼마나 심각한 가르침인지 알아야 한다.

내가 그리스도인이 되고 나서 2년이 지난 후, 대학 입학을 앞두고 여름 방학을 맞아 집으로 돌아왔을 때 아버지는 무슨 이유에서인지 미친 듯이 화를 냈다. 평소처럼 그 자리를 피하는 대신 나는 아버지께 이렇게 말했다. "지금 누가 아버지를 조종하고 있나요? 마귀인가요?"

아버지는 그 즉시 힘없이 축 늘어지더니 "그래, 그런 것 같다"라고 말했다.

나는 무례하게 말하지 않았다. 아버지의 모습을 보며 걱정이 되어 그렇게 말한 것이었다. 아버지는 그 순간 마치 마귀에 사로잡힌 것처럼 보였다. 아버지의 그런 모습은 이전에도 수없이 보아왔지만 그런 말을 한 것은 그때가 처음이었다. 이때는 내가 아버지와 어른 대 어른으로 대등하게 말하는 것처럼 느껴졌다. 감사하게도 아버지는 내 질문을 받아주셨고 격분을 멈추셨다. 차분해진 아버지는 밖으로 나갔다. 그러고 나서 몇 달 후 아버지는 그리스도를 영접했다.

많은 사람들이 혼자만의 공간에서 자기감정과 다투고 있다. 우리는 손가락질을 할 누군가를 찾아 주위를 둘러보는 일을 그치고, 자신의 내면을 살펴야 한다. 혹시라도 격앙된 감정이 나를 뒤흔들고 있다면 지금이야말로 이를 바로잡을 결정적인 순간이다. 자녀들이 당신을 화나게 만드는 것이 아니다. 화를 내기로 마음먹는 것은 당신이며, 영혼의 원수는 당신의 분노를 더 크게 만들려고 애쓴다. 이것은 단순히 양육 문제가 아니라, 분노와 어둠의 세력에 맞서 싸우는 당신의 영적 전쟁이다(엡 6:10-12).

나는 이런 편지를 받으면 기분이 좋다. 이 어머니는 분노의 위험성을 깨닫고 하나님께 도움을 구했다.

토요일 밤, 사랑과 존경 세미나를 마치고 집에 돌아오자 열일곱 살 아들이 우리를 마중 나왔어요. 우리는 이 아이에게 무엇을 어떻게 하면 좋을지 몰랐어요. 수년 동안 아이들을 존중하지 않았음을 절실히 깨달았거든요. 제게는 열아홉, 열일곱 살짜리 아들이 둘 있습니다. 남편과 저는 분노 중독을 치료하고 있는데, 말하자면 우리 아이들은 그 전쟁통의 희생양이었죠. 아들 차에 올라탔을 때 차 안이 지저분한 걸 보았어요. 전분통을 터뜨렸죠. 아들이 저를 공항에 데려다주었을 때 제가 차를 좀 치우라고 했거든요. 아들과 나란히 조수석에 앉아 있던 남편은 사랑이 깃든 차분한 말투로 저에게 제발 그만하라고 부탁하더군요. 저는 낮은 목소리로 남편에게 비아냥거렸는데, 결코 작지 않은 소리여서 두 사람은 라디오 소리보다 제 말이 더 크게 들렸을 거예요. 저는 계속해서 장광설을 이어갔죠.

그 여자는 집에 도착한 뒤에도 잔소리를 계속했는데, 집 안도 어질러져 있어서 말싸움은 더욱 격해졌다. 남편은 아내에게 거실에서 나가달라고 다정하게 말했다. 그녀의 편지를 계속 보자.

세미나 참석은 제 생각이었어요. 그런데 도대체 내가 무슨 짓을 한 거죠? 저는 거실을 나와 수치심과 고통을 느끼며 말 그대로 안방으로 기어들어갔어요. "주님, 더 이상 이런 행동은 하고 싶지 않아요. 그런데 못하겠어요. 남편과 아들들을 존경할 수가 없습니다. 하지만 하나님은 의롭고 거룩하시기 때문에 제가 주께 하듯 하면 하나님이 저를 도우실 수 있을 거예요." 저는 여전히 집 청소를 하지 않는 아들과 단둘이 집에 있었어요. 아들은 화를 내며 물건들을 집어 던졌죠. 나는 아들의 눈을 바라보며 이렇게 혼잣말을 했어요. "주님, 어떻게 해야 제 아들을 존중할 수 있으며, 아들을 두려워하지 않고 제 생각을 지켜나갈 수 있을까요, 울어야 할까요, 아니면 화를 낼까요?" 바로 그때 놀라운 평안과 이전에는 느껴보지 못한 각오가 저를 찾아왔어요. 아들은 화가 난 채로 계속 물건을 집어 던지고 있었죠. 십 분쯤 그랬던 것 같아요. 저는 조용히, 예의 바르게, 차분하게 이 난장판을 정리해야 한다고 아들에게 계속 이야기했어요. 그러자 하나님이 오늘 놀라운 일을 행하셨어요. 아들이 집 안을 깨끗이 치웠답니다. 악조건 가운데서도 저에게 희망을 보여주셨답니다. 이 글을 쓰는 동안에 큰아들이 전화를 걸어서 사랑한다고 말했답니다! 그 아이는 절-대-로 그러는 법이 없는데 말이에요. 그렇게 하나님은 제게 달콤한 사랑을 한 조각 주셨습니다!

타협해서는 안 될 게 있다

성인이 된 어떤 아들이 부모에게 가장 실망스러웠던 점을 이야기하는 것을 들었는데, 부모가 자신의 영적 신념을 굽혔을 때 그랬다는 말이었다. 십대 시절 반항이 심했던 그를, 부모는 마지못해 넘어가주고 타협해버렸다. 그의 부모는 거짓된 평안을 유지하려고, 아들이 하려는 일이 옳지 않다는 것을 알면서도 내버려두었다. 이제 아들은 엄청난 고통과 실망감으로 과거를 회상한다. 그는 자기 때문에 부모가 신념을 꺾었다는 생각으로 죄책감에 시달렸을 뿐 아니라, 그로 인해 부모의 신앙에 의구심까지 갖게 되었다. 부모의 타협은 아들의 믿음을 약하게 했다. '엄마 아빠가 강경한 입장을 취하지 않는 걸 보니 이런 신념에는 인생을 걸 만한 가치가 없는 모양이야. 어쩌면 부모님이 내게 하신 말씀들은 사실이 아닐지 몰라.'

취향이나 견해의 문제라면 가끔은 부모도 타협할 수 있다. 그러나 어떤 문제가 성경의 진리에 위배된다면, 소극적이고 '합리적인' 태도는 그리스도를 하찮게 생각한다는 선언이나 마찬가지가 될 수 있다.

우리는 완벽함을 꿈꾸며 하루를 시작할지도 모르지만, 세 아이의 등교 준비 과정은 천방지축 고양이들을 한 자리에 모으는 일과 흡사하다. 세 아이를 자동차 뒷좌석에 태우는 일 역시 마치 고양이 세 마리를 감자 포대에 집어넣는 것과도 같다. 꽥꽥거리며 비명을 지르는 소리에 귀청이 떨어질 것 같다. 자녀들을 통제하면서 하루 24시간, 일주일 내내 완벽하리만치 냉정하고 차분하게 침착함을 유지하는 부모는 없다. 아이들은 사고뭉치니까!

부모가 자신의 행동과 반응을 통제해야 한다고 말한 것은, 모든 사람을 완벽주의라는 틀에 욱여넣으려는 의도가 아니었다. 그러니 모두들 동의하자. 아이들 일만 아니라면 우리 모두는 완벽한 부모들이다. 다행스럽게도, 우리의 실패 바로 뒤에는 하나님의 자비와 은혜가 늘 찾아온다. 잠언 24장 16절을 달리 표현하자면 "의로운 부모는 일곱 번 넘어질지라도 다시 일어날 것이다." 포기하지 말고 다시 일어나라.

바닥을 차고 올라와 다시 시작하라.

우리가 결과를 통제할 수는 없다. 하지만 우리는 스스로의 행동을 통제할 수 있고, 우리와 자녀 사이에 소중한 순간들—영원히 지속되는 긍정적인 유산을 쌓아가는 그런 순간들—을 만들어낼 수 있다. 이 말이 어떠한 의미인지는 이 책을 마무리하면서 살펴보겠다.

자녀에게 어떤 유산을
남길 것인가

　우리는 자녀들에게 무엇을 남기길 원하는가? 이 책을 마무리하기
에 안성맞춤인 질문이다. 인생의 중요한 원리 가운데 하나는 "끝을 염
두에 두고 시작하는 것"이다. 우리는 언젠가 죽는다는 사실을 인지하
고, 죽음에서부터 거꾸로 일을 진행해야 한다. 이런 사실은 우리에게
오늘을 바라보는 시각을 열어준다. 죽음은 공포의 대상이 아니라 삶을
위한 동기부여가 되어야 한다. "내가 죽는다는 사실을 감안한다면 오
늘 하루를 어떻게 살아야 할 것인가?" 인생에는 반드시 끝이 있음을
인지한 상태에서 양육에 임해야 한다.
　내 친구는 이런 메일을 보내왔다.

　1년 전 오늘, 28년간 사랑하는 아내로, 우리 딸들의 엄마로 살아온 다이
앤이 오랜 암 투병 끝에 품위 있고 우아한 모습으로 세상을 떠나 천국으
로 갔다네. 우리는 다이앤의 육신이 우리 곁에 있어주기를 바라면서도,
지난 1년 동안 아내가 우리 가족에게 얼마나 큰 사랑의 유산을 남겨주

었는지를 깨닫게 되었지. 이 편지는 아내가 우리 가족들을 잘 준비시켜 놓았다는 것과 그녀의 영향력, 그리고 우리를 위해 그녀가 남기고 간 사랑의 유산이 얼마나 큰지를 증명하는 것이라네.

어떤 아내는 고인이 된 남편에 대하여 이렇게 썼다.

주님이 남편의 마음을 붙잡으셨습니다. 그 후 남편은 다른 사람이 되었지요. 그래요, 건너야 할 다리들은 여전했지만 우린 그 다리를 함께 건넜습니다. 우린 그렇게 아름다운 결혼 생활을 했답니다. 매일 조금씩 더 가까워졌고 주님은 우리 두 사람의 삶에 역사하셨어요. 우리는 사랑과 존경을 실천했고요. 16개월 전쯤, 주님은 짧게 병치레를 하던 저의 사랑하는 남편을 아버지 집으로 부르셨어요. 남편이 숨을 거두고 자기를 기다리는 주님 품에 안겼을 때 저는 그 곁에 앉아 있었습니다. 남편은 우리 아이들(다섯 자녀가 있습니다)과 손주들, 증손주들 그리고 저에게 멋진 유산을 남겼습니다. 저는 예전이나 지금이나 남편만큼 주님을 사랑한 사람을 본 적이 없습니다.

이것이야말로 진정한 유산에 관한 이야기들이다.

슬프게도 우리 중 몇몇은 사소한 것을 중요하게 생각하고 별 것 아닌 일로 고민한다. 급한 일이 중요한 일을 밀어낸다. 결국엔 아무것도 아닌 일시적인 것들에 지나치게 신경 쓰고 걱정하느라, 정말 중요한 것에는 눈을 감아버린다. 우리 중 몇몇은 작은 것들에 지나치게 흥분한다. 인생의 끝자락에서 자기 삶을 돌아보면서 부끄러움을 느끼고 싶은 사람이 어디 있겠는가? 사소한 것에 반응하고 영원한 것을 무시하는 영혼이 되고픈 사람이 어디 있겠는가?

호주에 사는 어떤 아버지는 유산을 남기자는 취지로 쓴 나의 글을 읽고 이런 편지를 보내왔다. "책의 거의 마지막 부분에서 그 문장을 만났을 때 마음이 쿵 하고 내려앉았어요. 우리가 잘못 살아갈 경우 아이들에게 남기게 될 부정적인 유산에 대해 말하는 부분이었죠. 비수가 제 가슴을 푹 찌르는 것 같았어요."

유산에 대한 이러한 생각은 대부분의 사람들에게 중요한 시사점을 준다. 어떤 부부는 이런 편지를 보내왔다. "우리 가족은 관계의 악순환으로부터 빠져나와 동기를 부여하고 힘이 되는 선순환으로 옮겨가는 과정을 즐겼고, 이제는 보상을 받는 선순환에 함께하시는 하나님이 우리 관계의 일부가 되어주실 것을 믿습니다. 우리는 자녀와 손주들에게 좋은 유산을 남기며 영원히 감사할 것입니다."

다음은 G-U-I-D-E-S 전략에 근거하여 우리가 아이들에게 남겨줄 유산이다.

- 아이들은 보살핌을 받는다고 느낄 것이다. 우리가 사랑으로 베풀었기 때문이다.
- 아이들은 공감을 받는다고 느낄 것이다. 우리가 사랑으로 이해했기 때문이다.
- 아이들은 소양을 갖추었다고 느낄 것이다. 우리가 사랑으로 가르쳤기 때문이다.
- 아이들은 자제력이 있다고 느낄 것이다. 우리가 사랑으로 훈육했기 때문이다.
- 아이들은 자신의 용맹을 느낄 것이다. 우리가 사랑으로 격려했기 때문이다.
- 아이들은 성령의 인도하심을 느낄 것이다. 우리가 사랑으로 간구했기 때문이다.

위대한 유산의 생생한 증거

성인이 된 어떤 아들은 아버지가 은퇴 1년 만에 파산에 이른 것을 회상하며 나에게 편지를 보냈다. 아버지는 대형 증권사의 대표였다. 그는 모든 것을 잃고 무일푼 상태로 인생 후반전을 시작했다. 이어서 백내장 수술 실패로 아버지는 반 실명 상태가 되었고, 협심증에다 나중에는 알츠하이머까지 생겨 일흔일곱에 세상을 떠났다. 이 모든 좌절을 겪으면서도 아버지의 믿음은 "결코 흔들리지 않았다." 그의 아버지는 흡사 욥과 같은 고통을 견뎌내면서도 자기를 향한 하나님의 사랑을 단 한 번도 의심하지 않았다. 아들은 이런 말로 편지를 맺었다. "이 모든 것이 저에게 어떤 영향을 주었을까요? 아버지가 보여준 그런 모습을 떠올려 보면 어려운 상황에서도 나쁜 짓을 정당화하기 어렵습니다."

내가 아는 사람 중에 네 아들을 둔 아버지가 있다. 어린아이들이 교회에 다녀온 뒤에 저녁 식탁에 앉았을 때에 아버지는 하나님이 자기 마음에 하신 말씀을 들려주었다. 아이들은 자살한 할아버지가 아버지의 마음에 깊은 상처를 남겼지만 하나님이 아버지의 상처를 치유하시는 모습을 보았다. 아이들은 하나님을 더 신뢰하길 원하는 아버지를 보았다. 성경이 삶의 문제에 어떻게 말하는지 배우길 원하는 아버지를 보았다. 다른 사람들과 서서 그리스도에 대해 이야기를 나누는 아버지를 보았다. 탁자에 앉아 마음에서 우러나오는 기도를 드리는 한 남자를 보았다. 자신들에게 화를 냈지만 잠시 후 머리를 숙이고 돌아와 용서를 구하는 한 남자를 보았다. 자신의 노동에 대한 대가에 만족하는 한 남자를 보았다. 자기들 곁을 지켜주는 한 남자를 보았다. 아내를 사랑하는 한 남자를 보았다. 기도 목록을 갖고 있는 한 남자를 보았다. 다른 사람들의 삶을 위해 하나님께 쓰임받기 원하는 한 남자를 보았다. 진실한 가르침이라면 잘 받아들이는 한 남자를 보았다. 아버지만큼 하나님을 사랑하는 사람이 또 누가 있을까?

이를 가리켜 자녀의 영혼에 남겨진 유산이라고 한다.

이보다 더 위대한 유산이 있겠는가? 모든 자녀가 그런 유산을 받을 수 있는 것은 아니다. 아이들은 각기 다른 길을 갈 것이다. 그렇다면 이 말이 우리에게 의미하는 바는 무엇인가?

아내는 우리가 주최한 사랑과 존경 세미나에 온 청중에게 "중요한 건 바로 나예요"라고 말한다. 아내가 이런 말을 하면 모두들 어리둥절한 표정을 짓는다. '내가 제대로 들은 건가? 우리더러 자아도취에 빠지라는 말인가?' 뭐, 이런 표정이다.

아내는 말을 계속 이어나간다. "네, 나 자신이 정말로 중요하죠. 심판 날에 주님이 이렇게 물으실 거예요. '너는 나를 신뢰하고 순종했느냐? 결혼과 가정생활을 통해 나를 사랑하고 존경했느냐?'" 그러고 나서 아내는 분명하게 말한다. "다른 이들의 반응이 어떠하든 간에 중요한 건 내가 주님을 따른다는 것이죠."

우리 부부가 다른 어떤 기도보다 더 많이 드린 기도가 있다. "우리에게 우리 날 계수함을 가르치사 지혜로운 마음을 얻게 하소서"(시 90:12). 이 기도를 드리면서 주님 앞에 서 있는 내 인생의 마지막을 그려보았다. 마음속에서 궁금증이 일었다. '내가 끝까지 신실하게 인생을 마치게 될까? 하나님이 부모와 인간으로서 내게 맡기신 일들을 완수할 수 있을까?' 이런 질문을 던지다 보면 결국에는 이것이 예수님과 나의 문제라는 것을 깨닫는다.

바라건대 나는 이런 말을 들었으면 좋겠다.

- 아이들이 나에 대한 신뢰와 순종을 완전히 저버리고, 나를 향한 사랑과 순종을 떠나 다른 길로 걸어갔는데도 너는 아이들을 충분히

사랑했다.

- 네 아이들이 감사하지 않을 때에도 너는 너그러운 마음으로 꾸준히 베풀었다.
- 네 아이들이 신경 쓰지 말라고 외칠 때에도 너는 공감하는 마음으로 이해하려고 끊임없이 노력했다.
- 네 아이들이 배우려 하지 않고 자꾸 잊어버려도 너는 신실하게 나의 지혜를 가르쳤다.
- 고집 센 네 아이들이 몇 달이고 몇 년이고 반항할 때에도 너는 한결같이, 공정하게 훈육했다.
- 네 아이들이 용기가 부족하고 걸림돌을 만나 포기하려고 했을 때에도 너는 아이들의 재능과 은사를 반복해서 격려했다.
- 네가 바라는 대로 아이들의 삶에 나의 임재가 보이지 않고, 아이들이 내 목적과 반대되는 결정을 내릴 때에도 너는 매일같이 내 앞에서 간구했다.
- 잘하였도다, 착하고 신실한 나의 사람아!

하나님은 당신이 이런 유산을 남기기 원하신다. 이런 것들은 아이들이 얼마나 신실했는가에 관한 문제가 아니라 당신이 어떤 사람이었느냐와 더 깊이 연관된다. 지금껏 살펴본 것처럼, 우리는 스스로의 행동과 반응만을 통제할 수 있을 뿐, 아이들에게 나타날 결과는 통제할 수 없다.

중요한 건 당신이지 아이들이 아니다.

당신이 자녀에게 남길 수 있는 가장 큰 유산은 그리스도를 따르는 사람으로서 당신이 어떤 사람이었느냐 하는 것이다. 부모 밑에서 어떤 사람으로 성장하느냐는 오롯이 자녀들의 선택이다. 그러므로 우리는 마지막을 염두에 두어야 한다. 우리가 아이들을 양육할 때 하나님은 동일하게 우리를 키우신다. 우리 인생에서 하나님이 각 사람을 양육하시는 모습을 머리글자 G-U-I-D-E-S로 정리해보자.

Give: 하나님이 나에게 주시는 것에 감사하는 마음을 표현하는가?

Understand: 하나님이 내 염려를 이해하시는 것을 믿고 느끼기 때문에 분노와 상심을 다룰 수 있는가?

Instruct: 그 어떤 조건과 상황에서도 나는 언제나 하나님의 가르치심에 마음 문을 여는가?

Discipline: 나는 하나님이 불공평하다며 불평하지 않고 하나님의 훈육을 잘 받아들이는가?

Encourage: 하나님이 내게 믿음 안에서 앞으로 나아가라고 격려하시기 때문에 내 재능을 하나님의 영광을 위해 사용했는가?

Supplicate: 모든 것이 합력하여 선을 이루도록 예수님과 성령님이 나를 위해 중보하시는 것을 믿는가?

이러한 질문에 대해 기본적으로 '그렇다'라고 답변한다면, 당신은 이것이 예수님과 자신에 관한 문제임을 이해한 것이다.

아내는 유방암으로 투병하는 과정에서 매우 힘들게 그 진실을 체험했다. 아내는 일기장에 이렇게 적었다.

암 진단을 받고 나는 이것이 일생일대의 기회라고 생각했다. 지금 이 고통의 시간에 내 삶으로 그리스도의 모습을 드러낼 수 있을까? 나는 지금껏 예수님을 안다고 이야기해왔다. 내 표정과 말을 보고 들은 다른 사람은 주님을 만나고 싶어 할까? 나는 결과에 연연하지 않고 하나님을 찬양하고 감사할 수 있을까?

이것이야말로 우리가 천국에서 왕의 왕 되신 하나님과 함께 되돌아보게 될 진정한 유산이다. 이제 아내는 암이 완치되어 삶의 모든 영역에서 증인으로 일하고 있다. 아내의 이야기는 우리 모두의 이야기다. 정도의 차이는 있겠지만, 이것은 엄연히 자기의 문제다.

언젠가 아들 조나단과 오랜 시간 "그리스도께 하듯 양육하기"에 대해 대화를 나누고 난 후, 조나단은 스터드(C. T. Studd, 1860-1931)가 쓴 시 한 편을 보내줬다. 이 시가 유산이라는 개념을 잘 설명하고 있다고 생각되어 여기에 소개한다.

한 번뿐인 인생[1]

어느 날 두 줄짜리 금언을 나 들었네
종종설음으로 삶의 길을 가던 날
내 가슴에 확신을 심어준 그 말
영영 내 마음을 떠나지 않네
한 번뿐인 인생, 속히 지나가리라
그리스도를 위해 한 일만이 영원하리라.

한 번뿐인 인생, 단 한 번뿐인 인생
흐르는 그 시간도 머지않아 멈추겠지
이내 주님 만날 그날이 오고
나는 그분의 심판의 보좌 앞에 서겠지
한 번뿐인 인생, 속히 지나가리라.
그리스도를 위해 한 일만이 영원하리라.

한 번뿐인 인생, 세미한 음성은 속삭이네

더 나은 선택을 하라
이기적인 목표를 내려놓으라
하나님의 뜻만을 붙좇으라
한 번뿐인 인생, 속히 지나가리라
그리스도를 위해 한 일만이 영원하리라.

한 번뿐인 인생, 짤막한 수십 년 세월
수고와 희망과 두려움으로 엮어진 나날
시간의 진흙으로 내가 빚어가야 할 나날
자신을 위해 살건, 주님 뜻 안에 살건
한 번뿐인 인생, 속히 지나가리라
그리스도를 위해 한 일만이 영원하리라.

이 화려한 세상이 쓰리게 나를 유혹할 때
사탄이 싸움에서 나를 누르려 할 때
못난 자아가 사욕을 채우려 할 때
주님이여, 도우사 기꺼이 말하게 하소서
한 번뿐인 인생, 속히 지나가리라
그리스도를 위해 한 일만이 영원하리라.

아버지여, 심오한 목적을 내게 주소서
기쁠 때나 슬플 때나 당신 말씀 품도록
어떤 풍파가 와도 신실하고 진실하게 하소서
하루하루 살 동안 당신만 기쁘시게 하도록
한 번뿐인 인생, 속히 지나가리라
그리스도를 위해 한 일만이 영원하리라.

오, 나의 사랑이 뜨겁게 타오르게 하소서
세상에서 지금 돌이키게 하소서
당신 위해 살기 위해, 오로지 당신만 위해
보좌에 계신 당신께 나 기쁨을 드리오리니
한 번뿐인 인생, 속히 지나가리라
그리스도를 위해 한 일만이 영원하리라.

한 번뿐인 인생, 단 한 번뿐인 인생
나 지금 구하오니 주님의 뜻 이루소서
마침내 하늘로 부름받는 그 날
난 고백하리, 주님 위해 살 가치가 있었다고
한 번뿐인 인생, 속히 지나가리라
그리스도를 위해 한 일만이 영원하리라.

마지막을 염두에 두고 시작하라. 오직 그리스도께 하듯 했던 양육만이 영원하리라. 정말로 가장 중요한 것은 당신과, 당신이 가족들에게 남기는 유산이다.

가족을 위한
사랑과 존경의 목표 세우기

자녀들에게 사랑과 존경을 가르치기 위해 아래 나열한 다섯 가지 원리를 출력하여 눈에 잘 띄는 곳에 붙여놓자. 자녀들의 나이와 구체적인 필요에 맞추어 당신만의 표현으로 바꾸어도 좋다.

우리 가족을 위한 사랑과 존경

- 가족 중 누군가가 예의 없는 행동을 했더라도
  우리는 서로 예의 바르게 대한다.
- 부당하거나 무례한 대우를 받았을 때는
  그런 일이 있었다고 예의 바른 태도로 말해야 한다.
- 자녀들은 부모에게 순종하고 부모를 공경하고 존경해야 한다.
- 부모는 자녀들이 무례하게 군다 해도 언제나 자녀들을 사랑한다.
- "우리는 사랑과 존경이 넘치는 가족이 되고 싶다."

- 가족 중 누군가가 예의 없는 행동을 했더라도
  우리는 서로 예의 바르게 대한다.

작은아이에게는 이렇게 말하라. "하나님은 서로 사랑하라고 말씀하셨어. 또한 우리가 서로 존중하기를 원하신단다. 네 형이 심술궂은 짓을 하더라도 형을 사랑하고 잘 대하도록 노력해보렴."

큰아이에게는 이렇게 말하라. "자기가 좋아하는 행동을 하는 사람들을 존중하는 건 쉬운 일이야. 하지만 심술궂거나 공정하지 못한 사람들에 대해서는 어떨까? 하나님은 그렇더라도 그들을 조건 없이 사랑하고 존중하기를 바라셔. 그럴 자격이 없는데도 우리는 그들을 존중하는 거야."

- 부당하거나 무례한 대우를 받았을 때는
  그런 일이 있었다고 예의 바른 태도로 말해야 한다.

작은아이에게는 눈높이를 맞추고 조용히 말하라. "언니 때문에 짜증이 날 때는 엄마에게 와서 예의 바른 말투로 네 기분이 어떤지 말해주렴. 엄마가 도와줄게. 알겠지?"

큰아이에게는 이렇게 말하라. "동생더러 '바보'라고 하는 건 정말로 무례한 일이야. 엄마 아빠는 그런 식으로 말하지 않아. 그리고 너도 그럴 거라고 생각해. 엄마 말이 맞지?"

- 자녀들은 부모에게 순종하고 부모를 공경하고 존경해야 한다.

작은아이에게는 눈높이를 맞추고 이렇게 말하라. "성경을 보면 '자녀들아, 주 안에서 너희 부모에게 순종하라. 이것이 옳으니라. 네 아버지와 어머니를 공경하라'(엡 6:1-2)라고 하는 말씀이 있단다. 무슨 일로 화가 나면 버릇없이 굴고 싶고, 엄마 아빠 말을 듣기 싫은 마음이 들 거야. 하지만 엄마 아빠가 널 이해하지 못하는 것 같고, 공평하지 않다는 생각이 들더라도 하나님은 순종하라고 말씀하셔. 물론 엄마 아빠는 너를 이해하고 공평하게 대하려고 항상 노력할 거야. 엄마 아빠는 언제나 네가 잘되기만 바란단다."

큰아이에게는 이렇게 말하라. "성경에서 '자녀들아, 주 안에서 너희 부모에게 순종하라…. 네 아버지와 어머니를 공경하라'라고 했는데 그건 너에게는 아무 권리도 없다는 뜻이 아니야. 하나님은 부모들에게도 사랑하고 공정하라고 명령하셨으니까. 그런데 때로는 누가, 무엇이 옳은지 정확히 알기 어려울 때가 있단다. 예를 들면, 우리는 네 입장만큼 동생 입장도 들어주어야 해. 엄마 아빠는 예수님이 우리 모두에게 하신 "서로 사랑하라"는 말씀을 너희들에게 끊임없이 기억나게 할 거야."

자녀들이 당신 말을 이해한다고 생각된다면, 부모에게 순종하고 부모를 공경하는 것이 약속 있는 첫 계명이라고 이야기해주라. "이로써 네가 잘 되고 땅에서 장수하리라"(엡 6:3). 이런 말을 해주는 것도 좋다. "이건 정말 아주 간단한 이야기야. 네가 엄마 아빠에게 순종하면 우리를 존경한다는 뜻이겠지. 그렇게 하면 네가 하는 일들이 다 잘될 거야. 하지만 부모에게 불순종하거나 몰래 나쁜 짓을 하면 네가 하는 일들이 잘되지 않을 거야. 그리고 엄마 아빠는 너를 혼내줘야겠지. 넌 어느 쪽이 더 좋으니?"

● 부모는 자녀들이 무례하게 군다 해도 언제나 자녀들을 사랑한다.
작은아이에게는 이렇게 말하라. "우린 언제나 널 사랑할 거야. 네가 무슨 짓을 하더라도 너를 사랑하는 우리를 막지는 못해. 그렇다고 해서 우리가 너 때문에 항상 행복하고, 너도 엄마 아빠 때문에 항상 행복하다는 뜻은 아니야. 엄마 아빠도 너처럼 가끔씩은 화가 나. 그렇다고 해서 계속 화난 상태로 있거나 버릇없는 말을 해도 좋다는 건 아니야. 엄마 아빠가 그런 행동을 하면, 너에게 사과해야겠지. 그건 너도 마찬가지야. 무슨 일이 있더라도 엄마 아빠는 너를 진심으로 사랑했다는 걸 기억해주길 바란단다."

큰아이에게는 당신이 그들을 사랑한다고 해서 모든 것이 다 원하는 대로 된다거나, 뭐든 원하는 것을 얻을 수 있다는 의미는 아니라는 점을 강조하라. 이런 이야기를 해주는 것도 좋다. "엄마 아빠는 무엇이 최선인지 결정해야 해. 그건 어려운 일이지. 때로는 안 된다고 말해야 할 때도 있는데 그것이 네게 해줄 수 있는 가장 사랑이 넘치는 행동일 수도 있기 때문이야. 슬프고 속상할 때면 우리가 네 엄마이고 아빠라는 걸 기억하렴. 우린 언제나 네 곁에 있으니까. 엄마 아빠는 완벽하진 않지만 널 소중히 여긴단다. 넌 우리의 전부니까."

● "우리는 사랑과 존경이 넘치는 가족이 되고 싶다."

작은아이에게는 이렇게 말하라. "서로를 향해 사랑하고 존중하면 우리도 기쁘지만 하나님이 더욱 기뻐하신단다. 엄마 아빠가 너를 사랑하고 네가 엄마 아빠에게 순종하면, 하나님도 기뻐하시고 우리도 기뻐."

큰아이에게는 이렇게 말하라. "우리가 너를 사랑하면 예수님을 사랑하는 것이 된단다. 그건 너도 마찬가지야. 네가 우리에게 존경심을 보이려 애쓰면 너도 우리 어깨 너머로 예수님을 보게 된다고 상상해봐. 네가 우리를 존경하면 예수님을 존경하고 사랑하는 것이 되지. 기억하렴. 네가 우리에게 순종하면 예수님도 기뻐하신단다. 성경은 이렇게 말하지. '자녀들아, 모든 일에 부모에게 순종하라. 이는 주 안에서 기쁘게 하는 것이니라'(골 3:20). 그래, 우리가 너를 온전하게 사랑하지 못하고, 네가 우리를 온전하게 존경하지 못할 때도 있을 거야. 하지만 예수님은 우리가 다시 일어서길 바라시지. 예수님이 우리를 용서하시듯 우리도 서로 용서해야 해."

자녀 양육에 필요한
사랑과 존경 '실전 체크리스트'

● 세 종류의 순환

1. 가족 관계의 악순환에 말려들었을 때…

   a. 자신이 사랑받지 못하고 있다고 오해하며 무례하게 반응하는 아이를 혼내겠는가?

   b. 아이의 무례한 행동이 나에 대한 존경심이 부족하기 때문이라는 생각을 거부하고 좀 더 사랑이 넘치는 방법으로 반응하겠는가?

2. 서로 힘이 되는 선순환에 대하여…

   a. 내가 좀 더 사랑을 베풀 수 있도록 아이에게 공손하게 굴라고 요구하겠는가?

   b. 아이가 부모를 존경할 수 있도록 스스로 어른답게 행동하겠는가?

3. 보상을 받는 선순환에 대하여…

   a. 아이가 주께 하듯 나에게 존경심을 보이기를 기대할 것인가?

   b. 내가 주께 하듯 아이에게 사랑을 표현하는 일에 집중하겠는가?

- **상황이 조금씩 짜증 나기 시작할 때**

1. 아이가 나의 행동이나 말에 애정이 없다고 느꼈기에 그렇게 무례하게 행동하며 말하는 것일까?
2. 무례하다고 느껴지는 상황 속에서도 화를 내지 않고 아이에게 나의 사랑을 확인시켜줄 필요가 있는가?

- **아이가 여러 가지 부정적인 반응을 하면서 무례하게 구는 것 같다면, 나의 아이가…**

1. 충족되지 못한 물리적 필요를 느낀다는 것인데, 나는 그러한 필요를 충족시키기 위해 **베풀어야** 하는가?
2. 충족되지 못한 정서적 필요가 있다는 것인데, 나는 그것을 **이해하고** 공감할 준비가 되어 있는가?
3. 스스로 상황 판단을 잘 못하겠다고 느낀다는 것인데, 나는 내 아이에게 무엇을 **가르쳐야** 하겠는가?
4. 자제력이 부족하다는 것인데, 나는 내 아이를 도와 스스로 훈련을 할 수 있도록 **훈육할** 필요가 있는가?
5. 바깥세상을 마주하기를 두려워한다는 것인데, 나는 내 아이를 **격려할** 필요가 있는가?
6. 영적 공격을 받고 있다는 것인데, 나는 내 아이를 위해 어떻게 **간구/기도** 하겠는가?

- **나는 아이에게 균형 잡힌 사랑을 베풀고 있는가?**

1. 아이의 필요와 욕구를 충족해주는 **베풂**
   a. 그 필요를 등한시하며, 베푸는 것에 인색한 편인가?
   b. 그 욕구를 대부분 받아주면서 도에 넘치도록 베푸는가?
2. 아이를 화나게 하거나 짜증 나지 않게 하는 **이해**

a. 공감하는 마음 없이 기대 수준만 높고 아이를 거의 이해해주지 않는 편인가?

b. 아이를 지나치게 분석하고 자기 연민을 부추기며 그저 받아주기만 하는가?

3. 아이가 하나님의 지혜를 알고 그것을 자기 삶에 적용할 수 있게 하는 **가르침**

a. 아이들을 돕고 인도할 하나님의 진리에 대해 거의 가르치지 않는 편인가?

b. 아이들에게 지루하게 느껴지는 과도한 설교와 훈계로 지나치게 많은 것을 가르치려 하는가?

4. 아이가 나쁜 선택을 했을 때 그것을 수정하는 방법을 배울 수 있게 하는 **훈육**

a. 방임주의의 전형을 보이며 훈육은 거의 하지 않는 편인가?

b. 권위주의의 전형을 보이며 과도하게 훈육하는가?

5. 아이가 하나님이 주신 재능을 세상에서 개발하도록 하는 **격려**

a. 비판적이고 비관적으로 생각하며 격려는 거의 하지 않는 편인가?

b. 비현실적인 방식으로 지나치게 칭찬만 하지는 않는가?

6. 아이가 하나님의 손길과 진리를 경험하도록 하는 **간구**

a. 아이들 안에 역사해달라고 하나님께 구하지 않으며 기도를 거의 하지 않는 편인가?

b. 직접 챙겨야 할 부분인데도 기도로 대체하는 일은 없는가?

● **내가 할 수 없는 일은 하나님께 의지하는가?**

1. 나는 베풀 때 하나님께 내 아이(와 나)를 도우셔서 **감사로 충만한 마음을 갖게 해달라고** 기도하는가?

2. 나는 이해할 때 하나님께 내 아이(와 나)를 도우셔서 **차분하고 평**

온한 마음을 갖게 해달라고 기도하는가?

3. 나는 가르칠 때 하나님께 내 아이(와 나)를 도우셔서 **배우기 좋아하는 영혼**이 되게 해달라고 기도하는가?

4. 나는 훈육할 때 하나님께 내 아이(와 나)를 도우셔서 **진정한 회개**를 할 수 있게 해달라고 기도하는가?

5. 나는 격려할 때 하나님께 내 아이(와 나)를 도우셔서 **용기를 갖게** 해달라고 기도하는가?

6. 나는 간구할 때 하나님께 내 아이(와 나)를 도우셔서 **신뢰하고 순종하는 마음**을 갖게 해달라고 기도하는가?

1부 가족 관계의 악순환

1 사도들은 믿는 사람들을 "사랑하는 자녀"(고전 4:14; 엡 5:1; 요일 3:2)라고 불렀다. '사랑하는'에 해당하는 헬라어는 '아가페토스'(*agapetos*)다. 하나님은 그분의 자녀들에게 애정을 쏟아 부으시고 그들을 사랑하신다. 이 사랑은 하나님의 백성에게 적용되기만 하는 것이 아니라, 부모가 자녀들에게 품는 아가페(조건 없는 사랑)라는 실재에서 솟아나기도 한다. 자녀들은 부모들의 애정의 대상이다. 자녀들은 사랑을 받는다. 아이는 그런 사랑을 얻으려고 애쓸 필요가 없다. '아가페토스'는 자연스런 생득권이다. 바울이 데살로니가전서 2장 7-8절에서 말한 어머니와 젖먹이 아기 사이에서도 이러한 '아가페토스'를 찾아볼 수 있다. 자녀들에게는 이러한 사랑이 필요하며, 하나님은 부모가 자녀에게 그러한 사랑을 주도록 만드셨다.

2. 가족 관계의 악순환 끊기 ① 암호를 해독하라

1 골로새서 3장 21절의 헬라어 본문은 자녀를 짜증 나게 하거나 노엽게 만드는 것에 대해 말한다. 예를 들어, NIV는 이 구절을 이렇게 번역한다. "아버지들이여, 여러분의 자녀를 억울하게 만들지 마십시오. 그렇게 되면 그들은 낙심할 것

입니다." 나는 이 구절에 대해 다음과 같이 옮긴 NASB 번역을 더 좋아한다. "아버지들이여, 자녀들을 화나게[또는 짜증 나게(NLT)] 하지 마십시오. 그래야 그들이 낙심하지 않을 것입니다." 일부 분노한 자녀들은 패배감에 빠져 결국 포기하기도 하지만, 내 생각으로는 상심하고 낙심한 자녀들은 격분하기보다는 대개 짜증을 낸다.

2 어떤 성경 주석은 골로새서 3장 21절과 에베소서 6장 4절은 상호 참조 가능한 구절로, 근본적으로 의미가 같다고 말한다. 그러나 골로새서 3장 21절은 에베소서 6장 4절에는 없는 헬라어 단어를 두 개 사용하고, 에베소서 6장 4절은 골로새서 3장 21절에 없는 헬라어 단어를 한 개 사용한다.

바울은 골로새서 3장 21절에서 "기가 죽다 혹은 상심하다"라는 뜻의 '아뒤메오'(athumeo)를 사용한다. 다시 말해 부모가 그 자녀들로 하여금 낙담하거나 포기하거나 희망을 잃게 만들 수도 있다는 것이다. 에베소서 6장 4절은 자녀의 상심에 대해서는 한 마디도 언급하지 않는다. 게다가 바울은 에베소서 6장 4절에서는 '파로르기조'(parorgizo)라는 단어를 사용했는데 골로새서 3장 21절에서는 사용하지 않았고, 골로새서 3장 21절에서는 '에레티조'(erethizo)라는 단어를 사용했으나 에베소서 6장 4절에서는 사용하지 않았다. '파로르기조'는 본래 "분노를 유발하다"라는 의미를 지닌 합성어인데 반해, '에레토'(eretho)에서 파생한 '에레티조'는 "분노를 자극하다"라는 의미뿐 아니라 좀 더 간단명료하게 "휘젓다, 흥분시키다, 혹은 짜증 나게 하다"라는 의미를 담고 있다. '파로르기조'와 '에레티조' 두 단어는 잘 구분되지 않을 정도로 비슷한 말인가? 만약 아무런 차이가 없다면, 우리도 두 구절이 같은 의미라고 말할 수 있을 것이다. 자녀들은 약이 오르거나 짜증이 나서 분노할 수 있고, 이렇게 되면 아이들은 대개 낙심하거나 상심한다. 그렇다면 우리는 골로새서 3장 21절이 낙담을 의미하는 에베소서 6장 4절을 확장해 설명한다고 말할 수 있다.

반대로, 바울은 두 종류의 서로 다른 상태를 설명하려는 의도로 말했을 수도 있다. 화가 난/원통한 자녀(엡 6:4)와 낙심한/실패한 자녀가 그것이다. 그렇다면 우리는 두 종류의 상태, 즉 주먹을 꼭 쥔 채 화가 난 자녀나 어깨를 축 늘어뜨린 채 낙담한 자녀를 다루게 된다. 전자는 분노를 폭발시키는 반면, 후자는 패배감에 기가 죽은 상태다. 첫 번째 아이에게는 분노를 일으키고 있다면, 두 번째 아이에게는 아이가 다다를 수 없는 기준을 설정하여 아이로 하여금 "난 못해요…

난 못해요…"라고 중얼거리며 패배감에 무너져 내리게끔 한다. 극단적인 경우, 한 아이는 분노의 표현으로 벽을 발로 차며 살인이라도 저지를 기세고, 다른 아이는 바닥에 쓰러져 눈물을 흘리며 자살할 기세다. 정리하자면, 에베소서 6장 4절에서는 자녀가 분노를 폭발시킬 정도로 그들을 노엽게 해서는 안 된다고 강조하는 반면, 골로새서 3장 21절에서는 자녀로 하여금 기가 죽고 낙심할 정도로 짜증이 나게 해서는 안 된다고 강조하는 것이다.

3. 가족 관계의 악순환 끊기 ② 긴장을 풀어라

1 나는 40년에 걸쳐 사람들의 이야기를 수집했다. 이 이야기는 그중 하나다. 아버지의 양육에 대한 연속 강연을 하면서 청중에게 자신의 이야기를 보내달라고 요청하고, 그렇게 받은 사연들에 번호를 매겼다. 이름은 가명으로 처리했다. 이 이야기에는 72라는 번호가 붙어 있었는데 이름이 없었다. 내가 그 명단을 잃어버렸거나, 아니면 나중에 찾아볼 수 있게 다른 저장 장치에 담아놓았을 것이다. 이런 이유로 이 아버지에게 연락하지 못한 점을 사과드린다. 만약 당신이 원작자라면 먼저 동의를 구하지 못해 화가 났더라도 자비를 베풀어주기를 바란다. 본인이 이 이야기에 등장하는 그 아버지이거나 그분을 아는 사람은 알려주길 바란다.

4. 베풀라(Give): 너무 많지도, 적지도 않게

1 야곱이 요셉을 편애한 것이 가족에게 어떤 불화와 마음의 고통을 불러왔는지를 자세히 살펴보려면 창세기 37-50장을 읽으라. 요셉이 노예로 팔려간 이후 하나님은 그를 보살피셨으며 요셉은 결국 형제들과 화해했다.

5. 이해하라(Understand): 아이들 입장에서

1 예를 들면, 이삭의 아내 리브가는 아들 야곱을 그의 쌍둥이 형 에서보다 더 사랑했는데, 야곱을 향한 그녀의 편애로 가족은 큰 혼란을 겪었다. 에서는 몹시 화가 나 있었기 때문에, 야곱이 그에게서 도망쳐서 오랜 세월 떠나 있지 않았더라면 그는 형의 손에 죽었을지도 모른다. 전체 이야기는 창세기 25장 19절-33장 20절을 보라.

2 나는 여기서 헬라어 '쉼파데오'(sumpatheo)를 '공감하다'(empathize)라고 번역

한 NIV를 인용했다. 대부분의 번역서(개역개정 성경도 마찬가지다—옮긴이)
가 히브리서 4장 15절을 이렇게 번역한다. "우리에게 있는 대제사장은 우리의
연약함을 동정하지 못하실 이가 아니요." 이는 오늘날 많은 사람에게 오해를 불
러일으킬 수 있는데, 남의 경험이나 고통에 완전히 공감하지 못하더라도 그에게
안타까움을 느끼는 것을 사람들은 '동정'이라고 부르기 때문이다.

반면 NIV 번역자들은 '공감하다'라는 단어를 사용해서 주님이 우리에게 품으
신 감정을 한 발짝 더 가까이에서 묘사했다. 헬라어 '쉼파데오'는 "동류의식을
갖다, 동정을 표하다, 동정심을 갖다"라는 뜻이다. 성경에서는 이 단어를 다양한
뜻으로 사용하지만 대개는 히브리서 4장 15절에서처럼 공감이라는 개념—다른
사람의 감정이나 생각을 이해하고 공유하는 것—을 전달하는 데 역점을 둔다.
NLT와 유진 피터슨의 《메시지》도 살펴보라. "우리의 이 대제사장은 우리의 연
약함을 이해하시나니…"(NLT). "그분은 우리의 현실에 무관심한 제사장이 아
니십니다. 그분은 연약함과 시험, 온갖 고난을 다 겪으셨지만, 죄는 짓지 않으셨
습니다"(메시지).

6. 가르치라(Instruct): 너무 많이도 말고 핵심만

1 우리의 주 목적은 자녀들이 그리스도를 믿도록 나아가게 하는 것이어야 하지만,
   슬프게도 현실은 그렇지 않은 경우가 많다. 바나(Barna) 리서치 그룹에서 그리
   스도인 부모들을 조사했는데, 그들이 자녀에게 가장 바라는 것은 구원이 아니라
   "좋은 교육"인 것으로 나타났다. 그리스도와의 관계는 3위에 그쳤다. "부모가
   말하는 자녀 양육법"(Parents Describe How They Raise Their Children), www.
   barna.org/component/content/article/5-barna-update/45-barna-update-sp-
   657/184-parents-describe-how-they-raise-their-children#.V3zL4biLSUk (단
   축 링크: https://goo.gl/hRIcBK)

2 "목사를 위한 돈"(Money for the Preacher), www.christian-jokes.org/jokes95.
   html, 작자 미상.

3 널리 인용되는 이 구절은 마크 트웨인의 글로 여겨지지만, 여러 트웨인 동호회
   와 트웨인 페이퍼즈(Twain Papers) 직원들이 검색해보아도 그의 작품에서 찾
   아볼 수는 없었다. 자세한 정보는 다음을 참조하라. http://quotationsbook.com/
   quote/45037/#sthash.vHB55bHK.dpuf (단축 링크: http://goo.gl/5WnXnP)

4 청소년기의 전형적인 두뇌 발달 과정에 관한 유익하고 흥미로운 다음 링크의
   기사를 읽어보라. "Adolescent angst: 5 facts about the teen brain", www.foxnews.
   com/health/2012/07/09/adolescent-angst-5-facts-about-teen-brain (단축 링
   크: http://goo.gl/yzUWSU)
   성장하면서 십대들의 대뇌변연계(감정에 관여하는 부분)는 전두엽 피질의 강한
   통제를 받게 된다. 바로 뒷부분에 위치한 전두엽 피질은 계획, 충동 억제, 고차
   원 사고와 관련이 있다.

7. 훈육하라(Discipline): 대면하라, 바로잡으라, 위로하라

1 가족 규칙 지키기를 위한 칭찬 스티커판 만들기와 그 사용법에 대한 아이디어
   는 인터넷에서 많이 찾아볼 수 있다. 자녀의 연령과 발달 단계에 적합한 것을
   찾을 수도 있다. 예를 들어 "어린이를 위한 칭찬 스티커판"(Reward charts for
   children)을 검색해보라.
2 양육을 위한 팀워크는 자녀 양육에서 매우 중요하다. 10장 "팀워크"를 보라.

8. 격려하라(Encourage): 아이들이 상심하지 않고 성공할 수 있도록

1 다음을 보라. Nick Charles, CNN/SI, "By George: Brett Honored the Game
   with Respect", http://sportsillustrated.cnn.com/baseball/mlb/news/1999/07/22/
   pageone_brett (현재는 연결되지 않음—편집자)
2 Margie M. Lewis and Gregg Lewis, *The Hurting Parent* (Grand Rapids:
   Zondervan, 2009), p. 100.
3 Dr. Ross Campbell, *How to Really Love Your Child* (Colorado Springs, CO:
   David C. Cook, 2010), p. 75.《진정한 자녀 사랑》(네비게이토).

9. 간구하라(Supplicate):
   하나님이 우리 기도를 들으시고 아이들에게 말씀하시리라는 확신으로

1 바울이 에베소서 6장 1-4절에서 자녀와 부모들을 위한 가르침을 전한 후, 신자
   들에게 "모든 기도와 간구를 하되 항상 성령 안에서 기도"(엡 6:18)하라고 충고
   한 점도 기억하라. 삶의 모든 영역, 특히 양육에서 우리는 간구하면서 하나님을
   바라보아야 한다.

2 나는 미시간 주립대학교에서 "강인한 복음주의 아버지들에 대한 분석" 연구를 박사 학위논문으로 진행했다. 이 연구의 주된 목적은 사전에 선택된 강인한 아버지들의 양육 방식에 대해 자신과 아내, 성장한 자녀가 어떻게 인지하고 있는 지를 조사하는 것이었다. 이 연구에서는 강인한 아버지의 자녀들에 대한 관여, 일관성, 관심, 보살핌 등의 항목을 살펴보았다. 구체적으로는 자녀에 대한 시간 투자, 훈육 관여, 교육 관여, 부부 상호작용, 위기관리, 애정 표현, 본보기, 재정 보조, 영성 계발, 표현의 자유 허락, 자녀 알기 등이 포함되었다. 이 연구를 통해 드러난 대략적인 내용을 보면, 강인한 아버지들은 자녀들의 성장 과정을 인지하며, 자녀들을 다루고 이해하는 데 일관성이 있으며, 자녀들의 말에 주의를 집중하고 귀를 기울이며, 성숙함의 좋은 본보기가 되어주며, 위기 상황에서 해박한 지식을 동원해 긍정적으로 처리하고, 재정적인 지원을 책임지고 있음을 알 수 있다.

3 편지 인용을 위한 허락을 받기 위해 내가 이메일을 받은 지 8년 만에 연락을 드렸다. 그분은 이렇게 말했다. "최근 소식을 알려드리자면, 아들 녀석은 이제 열여덟 살이 되어 음악 공부를 위해 대학에 진학할 예정이에요. 예수님과의 관계도 지속적으로 깊어지고 있죠. 아들은 우리에게 주님이 정말 필요한 순간 우리를 그분께 인도해준 은사가 있습니다. 목사님의 사역에 감사드립니다. 제가 두 아들 녀석을 키우는 데 커다란 영향을 끼쳤으니까요."

4 조지 뮬러가 고아원을 건립하기 시작할 무렵 그의 주머니에는 2실링(55센트)이 있었다. 하지만 1989년 그가 사망했을 때는 거대한 석조 건물 다섯 채에서 2천여 명의 고아가 한 끼도 거르지 않고 생활하고 있었는데, 이는 주님이 늘 채워주셨기 때문이다. 다음 책을 보라. J. Gilchrist Lawson, *Deeper Experiences of Famous Christians* (Anderson, IN: Warner Press, 1911).

10. 팀워크: 자녀를 최우선으로 생각하기

1 성경은 습관적인 간통과 함께 배우자를 완전히 버린 경우에는 이혼을 인정해준다(마 19:9; 고전 7:15). 그러나 이는 전적으로 최후의 수단이다. 사랑과 존경 선교회의 설립 목표이자 사명은 부부가 서로의 가장 기본적인 필요 곧 아내에게는 사랑을, 남편에게는 존경을 채워줌으로써 결혼을 지킬 수 있도록 돕는 것이다.

2 사랑과 존경 커넥션(Love & Respect Connection)의 대표 구호인 에베소서 5장

33절은 남편은 "자기의 아내 사랑하기를 자신같이 하고 아내도 자기 남편을 존경하라"라고 말하고 있다. 몇 절을 더 읽어 내려가면 바울은 아버지들(과 암시적으로 어머니들도)을 향한 하나님의 명령을 계속해서 전한다. "너희 자녀를 노엽게 하지 말고 오직 주의 교훈과 훈계로 양육하라"(엡 6:4). 나는 바울이 그리스도인들의 생활 원리를 규정하면서 결혼을 먼저 다루고 난 후 양육을 다룬 것이 우연이라고 생각하지 않는다.

3   우리는 선행으로 구원받지 않는다. 구원은 믿는 사람들에게 거저 주시는 하나님의 선물, 즉 그분의 은혜를 통해서만 가능하다(엡 2:8-9). 일단 구원을 받으면 우리는 하나님을 영화롭게 하는 선한 일을 할 수 있지만, 우리는 여전히 악한 행실로 되돌아가곤 하는데 이 점은 모두에게 마찬가지다.

4   다음 책에 실린 조사 자료를 참고하라. *For Women Only: What You Need to Know About the Inner Lives of Men* (Sisters, OR: Multnomah, 2004). 설문 조사는 션티펠드한의 의뢰로 디시즌 애널리스트(Decision Analyst)에서 진행했으며, 애널리틱 포커스(Analytic Focus)에서 표로 정리했다.

5   아내를 위한 조건 없는 사랑과 남편을 위한 조건 없는 존경은 부부 사이의 두 가지 핵심적인 필요다. 많은 여성이 자신의 존경을 '받을 만한' 구석이 없는 남편을 어떻게 존경해야 하는지 몰라 힘들어한다. 여기서 '조건 없는'이라는 말은, 아내가 남편의 사랑을 받기 위해 애쓸 필요가 없듯이 남편도 아내의 존경을 받기 위해 애쓰지 않아도 된다는 의미이다. 사랑과 존경은 하나님께 순종하고 헌신하는 사람들에게 거저 주어진다. 조건 없는 사랑이나 존경에 대한 자세한 내용은 다음을 참조하라.

http://loveandrespect.com/blog/unconditional-love-vs-unconditional-respect/ (단축 링크: http://goo.gl/iraQGI)

6   "Conclusion: Pink and Blue Can Make God's Purple", Emerson Eggerichs, *Love & Respect* (Nashville: Thomas Nelson, 2004), pp. 297-298. "결론: 분홍색과 파란색은 하나님의 보라색을 만들 것이다",《그 여자가 간절히 바라는 사랑, 그 남자가 진심으로 원하는 존경》(국제제자훈련원).

11. 분홍 공주, 파랑 왕자 양육법

1   "인간 게놈의 3만 개 유전자 중에서 남녀 양성 간에 나타나는 차이는 1퍼센트

미만으로 크지 않다. 그러나 그 사소한 차이가 우리 몸속 세포 하나하나에 영향을 미친다. 쾌락과 고통을 기록하는 신경에서부터 지각, 사고, 감정, 정서를 전달하는 뉴런에 이르기까지 말이다." Louann Brizendine, *The Female Brain* (New York: Broadway Books, 2006), p. 2. 《여자의 뇌, 여자의 발견》(리더스북).

2 "남성과 여성은 다른 종류의 스트레스에 반응을 보인다. 여자아이들은 관계에서 오는 스트레스에, 남자아이들은 자기 권위에 대한 도전에 좀 더 반응한다. 관계에서 오는 갈등은 십대 여자아이들의 스트레스 체계를 교란시킨다. 여자아이들은 사랑을 받고 개인적인 친분을 원하는 반면, 남자아이들은 존경받기를 바란다"(앞의 책, pp. 34-35).

3 Shaunti Feldhahn, *For Parents Only* (Sisters, OR: Multnomah, 2007), 136. 《부모들만 위하여》(미션월드라이브러리).

4 Brizendine, *The Female Brain*, pp. 24, 29.

5 앞의 책, p. 8.

6 앞의 책, pp. 15-16.

13. 이유 불문하고 하나님이 우리를 사랑하시듯,
이유를 불문하고 자녀를 사랑하라

1 시편 127편은 솔로몬 왕이 기록했는데 여기서 '집'은 그가 하나님의 명령에 따라 건설한 이스라엘 나라와 그 성전을 언급하는 듯하다(왕상 5:1-6:14). 히브리어에서 이 단어가 갖는 다른 의미로는 "가정 또는 가족"이 있다. 많은 주석가들은 이 시편에 나오는 '집'의 2차적 의미가 가족이라고 믿는데, 이는 3-5절에서 자식을 강조하고 있기 때문이다. 히브리 단어 '바이트'(*bah'-yith*)가 '하나의 가족'(족속, 식구)을 나타내는 구절들은 역대상 13:14; 역대하 21:13; 스가랴 12:12 등에서 찾아볼 수 있다.

2 전국에서 세미나를 진행하면서 끊임없이 사람들을 만나는데, 많은 어머니들이 이런 이야기를 한다. "제 아들이 존경을 받을 만한 자격이 없다면, 제가 아들을 존경할 필요가 있을까요? 그렇게 해준다면 그저 아들에게 면죄부만 줄 뿐이고, 부모의 권위를 포기하는 게 되지 않을까요?" 여기에 대해 나는 이렇게 답한다. "전혀 그렇지 않습니다. 우리가 지금 이야기하는 게 바로 그겁니다. 아이들을 대면하거나 잘못을 훈육할 때에 우리에게 주어진 모든 권위를 어떻게 사용

할 것인지를 이야기하는 것이지요. 우리가 아이들의 불순종을 바로잡을 때에 존중하는 태도를 보임으로써 그들에게 조건 없는 선물을 주는 셈입니다." 반면, 부모에게 존경하는 태도를 보여야만 한다고 아이들(특히 아들)에게 계속 암시를 준다면, 부모는 자신의 경멸을 정당화할 것이고 자녀는 낙심하게 된다. 아이들의 태도와는 무관하게 우리가 존중하는 태도를 보여야 한다. 핵심은 아이들이 그런 존중을 받을 자격이 있는지의 여부가 아니라, 우리가 어떤 태도를 드러낼 것이냐에 있다. 그래서 성경은 그럴 자격이 없는 사람들에게도 존경하는 태도를 보여주어야 한다고 말씀한다. "범사에… 순종하되… 선하고 관용하는 자들에게만 아니라 또한 까다로운 자들에게도 그리하라"(벧전 2:18). 대부분의 사람들은 성경을 통해 조건 없는 사랑에 대해 많이 듣지만(마 5:46) 조건 없는 존경에 대한 가르침은 간과한다(롬 12:10; 벧전 2:17).

14. 결과라는 함정을 조심하라

1 도덕적·영적 존재인 어린이들을 대상으로 한 가장 주목할 만한 연구 중에 30년간 아동의 생활을 연구한 하버드대학교 로버트 콜스(Robert Coles) 박사의 연구가 있다. 스코트 런던(Scott London)에 따르면, 콜스 박사는 《아이들의 도덕적 생활》(*The Moral Life of Children*)에서 이렇게 썼다고 전한다. "내[콜스]가 느끼기에는, 어린아이들에게도 인생의 의미나 삶의 '도덕적 중요성'에 대해 질문하는 능력이 있다는 사실이 분명한데도 아동정신학 분야나 관련 분야에 있는 전문가 중에서도 이런 부분을 제대로 인식하는 사람이 거의 없는 것 같다." 다음 웹페이지를 보라. www.scottlondon.com/articles/coles.html

2 아버지는 훗날 내가 휘튼 칼리지에 입학하던 해에 그리스도를 영접했다. 주님은 어머니와 여동생, 내게 그러하셨듯 아버지를 사랑하고 용서해주셨다. 아버지는 변했다. 과거의 죄를 모두 버렸다. 아버지는 그리스도와 영원히 함께할 것을 믿고 돌아가셨다. 결국 실패하여 아버지의 목숨을 앗아간 수술을 받기 직전에, 나는 아버지에게 물었다. "만약 수술이 성공하지 못할 경우, 주님께 가실 준비는 되셨나요?" 아버지는 고개를 끄덕였다. 아버지는 주님을 알고, 주님이 주시는 평안이 아버지와 함께했다. 아버지는 용서받았다.

3 예레미야 선지자는 그 위상 면에서 사무엘을 모세와 동등한 위치에 두었다(렘 15:1). 그렇지만 사무엘의 두 아들은 자신의 신념을 탐욕으로 가득 채웠다.

결론: 자녀에게 어떤 유산을 남길 것인가?

1 스터드(C. T. Studd)가 설립한 WEC International의 한 부서인 WEC 출판사에 근무하는 앤드류 보우커(Andrew Bowker)는 〈한 번뿐인 인생〉(Only One Life)이라는 시에 대해 이렇게 말했다. "우리는 박사님이 인용한 그 시를 스터드가 지었다고 믿습니다. 하지만 이런 종류의 시들을 모아 놓은 작품집(*Quaint Rhymes of a Quondam Cricketer*)에는 이 시가 나오지 않습니다. 우리는 이 시의 출처를 확인할 수 없었습니다. 스터드는 방대한 분량의 작품을 썼고, 많은 소책자를 출판했는데 특별히 그 당시 젊은 그리스도인들에게 예수님을 위해 모든 것을 희생하라고 촉구했습니다. 이 시는 아마도 그런 작품 중 하나가 아닐까 싶습니다."

국제제자훈련원은 건강한 교회를 꿈꾸는 목회의 동반자로서 제자 삼는 사역을 중심으로
성경적 목회 모델을 제시함으로 세계 교회를 섬기는 전문 사역 기관입니다.

자녀가 간절히 바라는 사랑,
부모가 진심으로 원하는 존경

초판 1쇄 인쇄 2016년 9월 9일
초판 3쇄 발행 2020년 1월 22일

지은이 에머슨 에거리치
옮긴이 이지혜

펴낸이 오정현
펴낸곳 국제제자훈련원
등록번호 제2013-000170호(2013년 9월 25일)
주소 서울시 서초구 효령로68길 98(서초동)
전화 02)3489-4300 **팩스** 02)3489-4329
이메일 dmipress@sarang.org

ISBN 978-89-5731-710-5 03230